憲法與基本法
研 究 叢 書

"一國兩制"
與基本法：
歷史、現實與未來

"One Country, Two Systems"
and the Basic Law:
History, Reality and the Future

王振民 著

總序

　　基本法是"一國兩制"方針的法律化、制度化，關於基本法的研究一直伴隨着"一國兩制"事業的不斷深化而演進。迄今為止，基本法研究大概可以劃分為三個階段。

　　第一階段是從 1980 年代初"一國兩制"提出，到 1990 年、1993 年兩部基本法分別獲得全國人大通過，這個階段基本法研究的主要任務是如何把"一國兩制"從方針政策轉化為具體的法律條款，成為可以操作的規範，最終的成果就是兩部偉大的法典 —— 香港特別行政區基本法和澳門特別行政區基本法。

　　第二階段從基本法獲得通過到基本法開始實施、香港和澳門分別於 1997 年和 1999 年回歸祖國，這個階段基本法研究集中在兩個方面，一是對基本法文本的詮釋解讀，主要是由參與基本法起草的老一代專家學者進行，也有一些媒體寫作了不少著作，給我們留下了寶貴的第一手資料；二是研究如何把基本法的相關條款與政權移交的政治實踐相結合，實現港澳原有制度體制與基本法規定的制度體制的對接，這是超高難度的政治法律工程，最終實現了政權的順利移交和港澳的成功回歸。

　　第三階段是從 1997 年、1999 年港澳分別回歸、基本法開始實施以來，基本法研究經歷了一段低谷時間，大家都以為既然港澳已經順利回歸，基本法已經開始實施，基本法研究可以劃個句號了，於是刀槍入庫，馬放南山，本來已經成立的全國性研究組織"基本法研究會"也無疾而終。2003 年香港基本法第 23 條立法遇挫後，大家才意識到基本法研究不是完成了，而是從實施之日起，故事才真正全面開始。特別是近年來，在國家和香港、澳門有關部門的大力推動下，基本法研究逐漸成為顯學。2013 年更成立全國性學術團體"中國法學會香港基本法澳門基本法研究會"，內地和港澳的大學紛紛成立關於基本法的研究機構，基本法研究越來越繁榮。

　　有人問，基本法研究前途如何？我認為基本法研究前途光明，無論從法學理論或者政治實踐上，基本法研究都是一項長期的偉大事業。美國憲法只有七千餘字，從起草到開始實施以來，美國人和全世界的學者已經研究了 200 多年，今天還在持續不斷地研究，永無止境。各有一萬多字的兩部基本法，需要研究的問題極其複雜繁多，從某種意義上說，基本法研究比單純研究"一國一制"的美國憲法更複雜，1997 年基本法開始實施才是萬里長征邁出的第一步，漫長的路還在後邊。基本法這本書要讀懂、讀好、用好確實不容易！既然"一國兩制"是國家長期堅持的基本國策，是中國特色社會主義的重要組成部分，"一國兩制"的實踐、創新永無止境，那麼，基本法的研究也就永無止境，是值得終身為之奮鬥的偉大事業，責任重大，使命光榮。

但是，長期以來，基本法研究存在碎片化問題，成果沒有很好地整合，形成規模效應，產生應有的學術和實踐影響力。這正是編輯出版這套叢書的目的。三聯書店的朋友希望我出面主編這套叢書，我欣然應允。一方面為中國內地、港澳和海外研究基本法的專家學者提供出版自己著作的平台，另一方面也為社會公眾特別是國家和港澳從事基本法實踐的部門和人士了解這些研究成果提供方便。

這套叢書的名稱叫做"憲法與基本法研究叢書"，為什麼加上"憲法"二字？我認為這是必須的，研究基本法一定不能離開中國憲法，港澳兩個特別行政區不可能離開國家而單獨存在，兩部基本法也不可能離開中國憲法而單獨存在。基本法不是從天而降獨立存在的法律文件，它們是特別行政區的憲制性法律，但絕對不能說是特別行政區的"憲法"。基本法在港澳地方層面具有凌駕地位，超越任何機關和個人，具有最高法律效力，無論行政長官或者行政、立法和司法機關，或者任何公職人員、市民都要遵守基本法，按照基本法辦事。但是在國家層面，基本法是憲法的"子法"，憲法是其"母法"，基本法的生命來自憲法。如果說"一國"是"兩制"之根、之本的話，憲法就是基本法之根、之本，離開國家憲法來看待基本法、來研究基本法，那就是無源之水，無本之木，基本法研究就一定會枯竭，而不會枝繁葉茂，基本法的理論和實踐就一定會走樣、變形。我們不能假裝香港澳門沒有憲法，只有基本法，不能誤國誤民、誤港誤澳。"一個國家、一部憲法"，這是放之四海而皆準的真理。天無二日，國無二君，同樣國無二憲，一個國家只能有一部具有主權意義的憲法；如果一國有兩部憲法，那就是兩個國家了。既然憲法和基本法共同構成了特別行政區的憲制基礎，我們就必須把基本法研究放在整個中國大憲制架構下，根據“一國兩制”的方針，去詮釋基本法的理論和實踐。

這才是基本法的本來面目，也才是研究基本法所應採取的實事求是的科學態度。這不僅是政治上大是大非的原則問題，而且也是基本的學術誠實（intellectual honest）問題。我們必須以科學誠實的態度，以對國家和港澳高度負責的精神，立場堅定、旗幟鮮明、毫不含糊地去展現事物本來的面目，讓世人看到真相，儘管真相有時讓人痛苦。我們果斷地把“憲法”兩字加上，就是希望把基本法研究放在整個國家的憲制架構和憲法理論體系之下來展開，這樣才真正有可能發展出一套中國憲法關於基本法的次理論體系，才能真正適應香港回歸後憲制的革命性變化，為基本法定好位，為特別行政區定好位，減少無謂的政治法律爭議，把時間和精力放在建設特別行政區上。因此這套叢書就定名為“憲法與基本法研究叢書”。

在這裡，我特別感謝三聯書店（香港）提供的平台，感謝侯明女士和顧瑜女士的大力推動，讓海內外研究基本法的專家學者可以有一個穩定的出版渠道，及時發表自己的著作，為憲法和基本法的實踐、為繁榮“一國兩制”和基本法的學術研究做貢獻。

王振民

2017 年 7 月 4 日於北京

自序

在撰寫這個序言的時候，我一直在思考自己與香港的緣分或者故事應該追溯到何時。經過反覆認真考慮，我決定從著名的 "八十年代三大任務（三件大事）" 說起，因為任何人的成長、擇業離不開所處的時代大背景。如果沒有結束 "文化大革命"、沒有上世紀 80 年代把實現國家統一列入中國共產黨和中國政府的議事日程，也就沒有過去 30 多年波瀾壯闊、彪炳史冊的港澳回歸大業，也就沒有今天我為之努力的 "一國兩制" 研究事業。

1982 年秋天，中國共產黨第十二次全國代表大會召開，鄧小平在 9 月 1 日的開幕致辭中鄭重提出："加緊社會主義現代化建設，爭取實現包括台灣在內的祖國統一，反對霸權主義、維護世界和平，是我國人民在八十年代的三大任務。" "八十年代三大任務" 或者口語所講的 "三件大事" 由此成為國家政治的主題詞，也成為幾乎所有政治課考試的必考題目，那個年代的青年學生對此都耳熟能詳。我 1982 年初中畢業，進入當時河南省重點名校密縣第二高級中學。當時的政治考試總是少不了這道題，考查學生知不知道中華民族要完成的這三件大事，依稀記得年少的我還真的思忖過自己能否參與其中哪一件大事的解決。其實，任何人要想成就一番事業，都必須參與到自己祖國、自己民族面對的重大使命中去。

從那以後，在每五年一次的中國共產黨全國代表大會上，這三件大事都以不同的方式被提出，2002 年後統一改稱為 "三大歷史任務"。2012 年 11 月 8 日，胡錦濤在中國共產黨第十八次全國代表大會上的報告《堅定不移沿着中國特色社會主義道路前進 為全面建成小康社會而奮鬥》中提出："在新的征程上，我們的責任更大、擔子更重，必須以更加堅定的信念、更加頑強的努力，繼續實現推進現代化建設、完成祖國統一、維護世界和平與促進共同發展這三大歷史任務。" 可見，這三大歷史任務不僅是上世紀 80 年代的三件大事，而且是中華民族很多代人都要持續不斷努力才能真正全面完成的歷史使命。

1985 年我中學畢業，進入大學讀法律，當時我的學術興趣就是憲法，志向是推動國家的民主法治大業，讓人民富裕幸福。我沒有想到自己以後會與三大歷史任務中的第二個"實現國家統一"、與港澳有什麼聯繫。再說那個年代談國家統一，指向都是台灣，人們一直熱衷的是研究兩岸如何實現統一的問題。也許由於新中國成立後我們對港澳的基本政策是"暫不收回，維持現狀，長期打算，充分利用"這16個字，不追求立即統一港澳，很多人對港澳問題所知不多，只是知道那時中國地圖上香港、澳門兩個地名下面都很彆扭地加了括號，一個寫着"英佔"，一個寫着"葡佔"。

長期以來，在聯合國安理會常任理事國中，中國是唯一一個尚未實現統一的國家。這是中華民族19世紀、20世紀100多年屈辱歷史遺留下來的國族傷痛。粉碎"四人幫"、國家恢復正常政治秩序之後，這件事情就迅速被提上議事日程，其重要性與現代化建設、改革開放是一樣的。1978年12月26日，第五屆全國人民代表大會常務委員會第五次會議討論通過著名的《告台灣同胞書》，1979年元旦發佈。熟悉中國內地政治制度和運作的人士都注意到這封"家書"不是慣常由中共中央或者國務院通過並發佈，而是破例以最高國家權力機關常設機構的名義發佈，被賦予了濃厚的法律意涵。可見"一國兩制"從萌芽開始，就以嚴謹的法律形式出現。此後幾年，鄧小平頻繁接見海外華人和港澳台同胞，不斷闡釋、發展和完善他的"一國兩制"構想，最終形成了完整的"一國兩制"理論，從解決台灣問題擴展到解決港澳問題，形成了"一國兩制"的港澳版，並成功運用於1982-1984年中英關於香港問題的談判過程中。1984年《中英聯合聲明》簽訂，1985年香港基本法的起草工作啟動，後來澳門問題也順利解決，港澳終於踏上了回家的征程，三項歷史任務第二項的解決獲得重大進展。

後來常講"一國"是"兩制"的前提和基礎，今天結合"一國兩制"當時產生的歷史大背景，我們更加認識到"一國兩制"必須首先滿足"一國"的基本要求，因為提出"一國兩制"的初衷和目的就是實現國家統一（即"一國"），完成祖國統一大業，也就是基本法序言所說的實現"長期以來中國人民收回香港的共同願望"。如果"兩制"不能滿足"一國"的基本要求、甚至威脅"一國"自身的存在和

「一國兩制」與基本法：歷史、現實與未來

安全，讓香港得而復失，人們就要質疑我們是否忘記了實現並維護國家統一這個初衷。我內心深處堅信"一國兩制"，希望"一國兩制"事業永葆青春、歷久彌新，不希望個別人的不理性行為毀掉"一國兩制"，才提出這樣的逆耳忠言。

1989 年我從鄭州大學本科畢業，到中國人民大學讀憲法學專業研究生，直到 1995 年畢業，在那裡完成了碩士和博士學位。當時中國人民大學憲法學科的掌門人許崇德教授是香港和澳門基本法起草委員會委員，作為他的弟子，我很自然地選擇了基本法作為我的博士論文選題。從那時候開始我接觸基本法、研究基本法和港澳問題，迄今已有 20 多年時間。30 多年前在家鄉農村中學飢腸轆轆、背誦"八十年代三件大事"的我，沒有想到我的學術生涯和事業發展真的與國家統一大業結下不解之緣。

1992 年許崇德教授組織了一次高規格紀念中國現行憲法頒佈十週年的國際研討會。時任香港大學法律學系主任韋利文（Raymond Wacks）教授和佳日思（Yash Ghai）教授都參加了會議。韋利文教授提出會後希望訪問河南省，由於我是河南人，許崇德教授就把組織這次河南之行的光榮任務交給了我。成功的河南之行後，韋利文教授邀請我到香港大學學習，許崇德教授幫助我解決了生活費問題。1993 年 9 月，我從中國人民大學來到香港大學法律學院學習並進行研究工作，1995 年 4 月結束學習，回到北京。能夠出國出境學習，在那個年代還是很特別的。在香港這不到兩年的學習生活，對我認識"一國兩制"和基本法，對我認識香港司法、法治、法律教育和香港社會，起到十分重要的作用。1995 年我完成在香港的學習，並從中國人民大學博士畢業正式加盟清華大學，參與到清華法學院的籌備復建工作，一直從事法學院的管理工作，其中從 2008 年到 2016 年擔任法學院院長，同時從事憲法、基本法的教學研究，是典型的"雙肩挑"。清華大學法學院的建設不僅得到香港法律界、工商界的大力支持，而且辦學模式也借鑒了香港的法律教育，例如對普通法教學的重視。我的學術研究集中在憲法和基本法，後來也從事國家安全法和中國共產黨黨內法規的研究工作。2015 年底我借調到中央人民政府駐香港特別行政區聯絡辦公室工作。20 年後重新回到香港，直接從事"一國兩制"和基本法的實踐，耳聞目睹、親身見證了幾場大的選戰，特別是今年第五任行政長官的選舉，更新了我對香港的很多認識，修正、改變了很多看法和想法。

1994 年我用英文寫了一篇關於"一國兩制"的文章，題目是 One Country Two Systems: Its Historical Background, Present Operation and Future Development（"一國兩制"：歷史背景、實際操作和未來發展），1995 年 7 月發表於亞太法協會會刊《比較憲法》〔LAWASIA: Comparative Constitutional Law, July 1995 (Vol. 1, No. 11, Australia)〕這是本人第一篇關於"一國兩制"和基本法的論文。在文中我首先從中國政治歷史的角度分析了"一國兩制"的巨大進步意義，之後從香港、澳門兩部基本法的異同分析"一國兩制"在兩地的差異，認為"一國兩制"的實質是"一國多制"，因為香港和澳門各自的那"一制"也有很大不同，至於未來台灣的那"一制"只會更加不同；文章最後展望"一國兩制"，堅信"一國兩制"一定能夠取得成功，一定會得到長期堅持，表達了對貫徹實施"一國兩制"堅定的信心。今天我對"一國兩制"的未來仍然是這個看法。20 多年來，"一國兩制"事業不管遇到多大的挫折，我對"一國兩制"的信心從未動搖過。自這篇文章之後，除了我的博士論文《論中央與特別行政區的關係》，我一半的學術創作都是關於"一國兩制"和基本法的。2004 年後我開始擔任澳門基本法委員會委員（其中一段時間同時擔任香港基本法委員會委員），還兼任眾多與港澳有關的學術職務，港澳研究佔據了我學術研究的大部分時間和精力。

本書精選了 20 多年來我在"一國兩制"和基本法研究方面的主要文章、評論，記載了 20 多年來我對相關問題的學術探索歷程，時間截至 2017 年 4 月。全書正文共分為五個部分：第一章收錄關於"一國兩制"的文章，共計十篇。前三篇是關於"一國兩制"的基本理論和實踐，接着是關於"一國"和"兩制"的關係，強調"一國兩制"的初衷是先"一國"，然後在"一國"前提下維持兩種制度長期不變，之後講如何處理"兩制"之間關係的問題、特區居民的公民身份問題等；第二章關於憲法和基本法，共計八篇。這一章講回歸後香港新憲法秩序的確立及其構成、憲法與基本法的關係、以及中央與特區的關係包括相關職權劃分等；第三章關於人大釋法，共計五篇。這部分首先分析了回歸前後香港法律解釋制度的變化，之後結合五次釋法的經驗對"人大釋法"本身進行研究，並對國家憲法在香港法院的適用進行了整理研究；第四章關於政制發展，共計六篇。這部分包含了政制發展與"一國兩制"和基本法的關係，如何看待全國人大常委會關於普選的決定，如何在政改中鞏固特區行政主導的政治體制；第五章關於普通法與大陸法，共計四篇。這部分主要是對普通法的觀察，涵蓋特區行政、立法和司法機構在普通法制度下的角色。"結語"概括總結了我對"一國兩制"和基本法的主要學術觀點，特別是對學術研究的基本立場和取態。全書梳理了香港20多年來發生的主要政治法律事件，特別是回歸以來發生在香港的重大憲法、基本法事件，可以說是香港回歸20年憲制發展的學術見證。

20年是很好的回顧與展望的時間節點。根據基本法，1997年香港回歸祖國，保持原有的資本主義制度和生活方式，50年不變。現在已經進入50年不變的中期。當初與很多學者一樣，我也曾經認為隨着1997年香港回歸、1999年澳門回歸，需要研究的問題就沒有多少了，這件大事很快可以完成，可以刀槍入庫、放馬南山，去研究其他問題了！現在看來這不符合實際。其實"一國兩制"和基本法實施中產生的問題比起草制定基本法時遇到的問題更多、更複雜，更需要研究。美國憲法最初的文本只有幾千字，實施200多年來，美國一代又一代學者可以說前赴後繼地開展研究，到今天很多問題還沒有研究清楚。基本法作為一部非常年輕、非常特別、非常複雜的憲制性法律，需要研究的問題只會更多，肯定不是更少，需要我們世世代代發奮努力，不斷把"一國兩制"事業推向前進。

目錄

總序 | iv

自序 | vii

第一章 | "一國兩制"

"一國兩制" 是政治寬容精神的體現 | 002

"一國兩制" 和基本法成功實施的十年 | 010

"一國兩制" 下國家統一觀念的新變化 | 016

"一國兩制" 的初衷是實現並維護國家統一 | 036

"一國" 之下 "兩制" 的相處之道 | 042

"一國兩制" 下港澳居民在國家的權利和義務 | 050

憲法與公民身份認同 | 068

"一國兩制" 事業需要代代相傳 | 073

香港觀察：理性前行或者勇往直前地後退 —— 一個中國歷史的視角 | 078

中央處理港澳事務的機構及其工作原則 | 084

第二章 | **憲法與基本法**

論港澳回歸後新憲法秩序的確立 | 104

"英國入盟" 與香港回歸 —— "主權革命" 帶來的憲制變革和法制嬗變 | 117

"一國兩制" 實施中的若干憲法問題淺析 | 124

略論中央和特區的關係 —— 國家主權和高度自治 | 131

基本法下中央和香港特區的關係 | 141

一個香港、一部基本法、一種命運 | 159

基本法是香港法治的靈魂和核心 | 163

香港基本法的高級法背景 —— 國家憲制的故事 | 166

第三章 | 人大釋法

論回歸後香港法律解釋制度的變化 | 176

論全國人大常委會對特區的違憲審查權 | 192

關於 "人大釋法" 的幾個問題 | 212

對基本法關於特首任期規定的理解 | 221

五次人大釋法與中央對港治理二十年 | 227

第四章 | 政制發展

"一國兩制" 與特區政制發展 | 242

國家對香港的民主承諾 | 249

嚴格依據基本法處理香港政制問題 | 255

2007/2008 政改立法屬授權立法 —— 試論特區就兩個產生辦法修改而進行的本地立法的性質 | 263

為了全體香港民眾的根本利益 —— 香港普選方案的法理和情理 | 269

論特別行政區的行政主導體制 | 274

第五章 | 普通法與大陸法

普通法的治理哲學 | 280

從香港律政司署的性質功能看普通法對律師職業的理解 | 287

論特別行政區立法權的一個問題 | 290

關於香港 "司法覆核" 的若干問題 | 306

結語

香港為什麼依然重要？ | 322

後記 | 328

第一章

"一國兩制"

"一國兩制" 是政治寬容精神的體現

原載香港《紫荊》2005 年 10 月號，收錄時略有刪減

———— • ————

　　"一國兩制" 是鄧小平先生 20 世紀 80 年代初提出的政治構想，是關於國家統一乃至人類未來發展的科學理論。在這個方針指引下，中國成功解決了歷史遺留的香港和澳門問題。總結過去 20 多年，尤其是港澳回歸以來 "一國兩制" 實踐的經驗，我們獲得更多的歷史空間和時間，就越發能夠窺見其全貌和精髓，對 "一國兩制" 產生許多新的認識。"一國兩制" 並非僅僅是中國解決國家統一問題的方法，它更是一種全新的世界觀和方法論，是中國改革開放整個大戰略的有機組成。它既是處理一個國家內部不同社會制度如何共存的方針，也為我們處理世界上實行不同社會制度的國家之間關係提供了新思維。

一、"一國兩制" 是一種新型的世界觀

　　1949 年中華人民共和國成立後，中國的主體開始逐漸實行社會主義制度。在相當長的一段時期，由於極 "左" 思想影響，更由於 1950 年代內地社會主義改造的提前完成，資本主義在內地被迅速消滅，從此我們就認為無產階級可以很快在世界範圍內戰勝資產階級，社會主義可以立即代替資本主義並推行於全球。因此，社會主義與資本主義不僅不可以在一個國家中共存，而且在整個世界上也不可以共存，而必須儘快用社會主義取代資本主義。在這種思想指導下，我們長期認為，中國應該在社會主義的旗幟下實現國家的統一。從某種

意義上說，1949 年後中國不能很快實現統一，主要是意識形態上的原因。

　　肇始於 20 世紀 70 年代末的改革開放為中國各方面事業帶來了深刻的變化。隨着馬克思主義實事求是思想路線的恢復，中國認識到，儘管社會主義制度比資本主義制度優越，但是社會主義最終代替資本主義、無產階級最終戰勝資產階級，是一個相當長的歷史過程。不僅在國際上，在國內也是如此。在可以預見得到的未來，中國內地將長期處於社會主義初級階段，[1]中國既無意繼續消滅自己國內港澳台的資本主義，也無意消滅其他國家的資本主義，無意向其他國家輸出共產主義紅色革命。在相當長的歷史時期內，中國的社會主義既要與內部港澳台的資本主義共存，也要與國際範圍內的資本主義國家共同存在。這兩種制度在國內和國際都應該和平共處、共同發展、平等競爭，而不是人為地拿一種制度取代另一種制度。[2]

　　這是中國共產黨世界觀的重大轉變。這種新的世界觀更加強調對客觀存在的東西的承認。社會主義和資本主義是近代人類創造的兩種主要的社會制度。資本主義給人類帶來了高度的物質文明和法治文明，帶來了社會的巨大進步，我們應當予以承認。當然我們也必須認識到資本主義給人類帶來的各種問題，有些問題如今越來越嚴重。社會主義正是建立在對資本主義制度批判的基礎之上，其目的是為了避免資本主義的各種問題和負面效應，創造出更加科學合理的社會制度，它是人類試圖利用自己的主觀能動性、掌握自己命運、把握自己未來的偉大嘗試。儘管社會主義的實踐在一些國家遇到了重大挫折，但是我們應該認識到這種同樣產生於西方的社會政治理論，其產生也是人類社會發展的必然，具有自己的政治邏輯和社會基礎，有其存在的合理性和優越性。

　　因此，這兩個 "主義" 都是人類近代先進文明的產物，是我們的先人獨立思考、科學研究的成果。我們無法選擇自己的祖先，人類也無法選擇自己的歷史。主觀能動性必須建立在對客觀現實的承認和尊重的基礎之上。資本主義和社會主義既然誰也無法改變誰，誰也不能取代誰，那就要老老實實相互承認，與自己的 "敵人" 和平共處，讓時間和實踐來做最後的決定。存在決定意識，而非意識決定存在。意識不能改變存在，意識更無法改變歷史。我們只能尊重客觀存在，尊重先人的選擇，在這個大前提下，才可以產生正確的小前提和結論。

二、意識形態和社會制度的不同，不應該成為國家不統一的理由，不應該成為不團結、甚至搞分裂的藉口

　　中國對社會主義與資本主義相互關係的認識和世界觀的重大轉變，極大地影響了中國共產黨關於國家統一的政策。社會制度的不同和意識形態的差異是客觀存在的，但是這不應該成為影響國家統一的藉口。一個統一的中國完全可以包容兩種不同的社會制度、包容兩種不同的意識形態。中國不再主張把社會主義制度推行到全國，不再主張必須用社會主義來實現統一，當然也不能同意用 "三民主義" 或者資本主義來統一國家，而是主張在香港、澳門和台灣與中國的主體實現統一後，這三個地區保留各自原有的資本主義制度和生活方式，中國內地主體仍將實行社會主義制度，既不用內地的社會主義來吃掉港澳台的資本主義，同時港澳台的資本主義也不能吃掉內地的社會主義。兩種制度在一個中國共同存在，共同發展，"井水不犯河水，河水也不犯井水"。

　　"一國兩制" 打開了實現國家統一的思路，我們不再由意識形態來決定國家統一，而是把意識形態放在一邊，在互相尊重對方意識形態的前提下來謀求國家的統一。雙方擯棄政治成見，求同存異，相互尊重對方對自己生活方式的選擇，不代替別人選擇人家的生活方式，共同謀取關於國家和社會發展其他方面的共識，構建一個具有廣闊包容性的政治框架結構。

　　當然，"一國兩制" 必須以 "和平統一" 為前提。因為如果國家統一不是通過和平談判實現的，而是通過戰爭實現的，也就很難允許那些特別的不同制度的存在，只能是 "一國一制"，而不可能是 "一國兩制"。所以，"和平統一" 是 "一國兩制" 的應有之意，是實施 "一國兩制" 的前提。

三、意識形態和社會制度的不同，不應該成為國家與國家之間不和平的理由，不應該成為戰爭的藉口

同樣，在處理國際問題的時候，基於人類的偏見和人性的弱點，以前無論社會主義或者資本主義國家，都是意識形態掛帥，都容不得其他國家採取與自己不同的政治制度。人類過去發生的很多戰爭，都是由於意識形態和宗教信仰不同造成的。尤其冷戰時期，兩大陣營為了不同的政治理念花費巨大的人力和物力製造足以毀滅地球很多次的武器，這實際上是人類的自殺行為，十分不值得，而且很危險。

大千世界，芸芸眾生，不同的人民、不同的種族選擇不同的信仰、不同的社會制度，這是完全正常的。我們不能因為看不慣人家的生活方式，就強行把自己的意識形態和生活方式"推銷"給人家。正如前文所言，任何一種社會制度都是我們中的一部分人對自然、對歷史和社會長期思考的結果，都有其產生的客觀依據。我們可以不同意它，甚至可以批判它，但是，武器的批判不可隨意取代批判的武器。況且，如果產生某種意識形態的社會基礎還存在的話，僅僅通過戰爭消滅一些持有這種意識形態的人，那是根本不能解決問題的。要改變一種意識形態，必須從源頭上改變產生這種意識形態的土壤。戰爭可以殺死那些持有不同意識形態的人，但是戰爭無法改變產生那種意識形態的土壤，反而會成為使那種土壤變得更肥沃的化肥，以至於這種意識形態還會不斷產生和擴大。人類必須學會與自己的同類和平相處，國與國必須學會共存雙贏乃至多贏。正如鄧小平指出的："世界上有許多爭端，總要找個解決問題的出路。我多年來一直在想，找個什麼辦法，不用戰爭手段而用和平方式，來解決這種問題。……如果不要戰爭，只能採取我上面講的這類的方式。這樣能向人民交代，局勢可以穩定，並且是長期穩定，也不傷害哪一方。"他還說："有好多問題不能用老辦法去解決，能否找個新辦法？新問題就好用新辦法。……要把世界局勢穩定下來，總要想些主意。"他要求"好好了解和研究一下我們對台灣、香港問題提出的解決方式。總要從死胡同裡找個出路。"[3]

把 "一國兩制" 推而廣之，運用於解決國家與國家之間的關係，可以概括為 "一個世界，兩種制度" 乃至 "一個世界，多種制度"。只有如此，讓各種制度和意識形態和平存在，平等競爭，讓時間和後人來做選擇，人類才有和平。意識形態和社會制度的不同，不應該成為國家與國家之間不和平的理由，不應該成為戰爭的藉口。

四、"一國兩制" 是十一屆三中全會後解放思想的重要成果，是國家改革開放大戰略的有機組成部分

"一國兩制" 是改革開放精神在國家統一問題上的反映，其本身也是中國整個改革開放大戰略的重要組成部分，是解放思想，恢復實事求是的思想路線的重要成果。沒有整個改革開放戰略的實施，也就不會有 "一國兩制" 國策的產生。

"一國兩制" 是政治寬容精神的體現。改革開放以來，這種政治寬容精神在中國逐漸得到發展。這主要表現在兩個方面，首先是經濟上，在堅持社會主義公有制的前提下，允許多種經濟成份並存，鼓勵發展私營經濟和外資經濟，在沿海建立了四個經濟特區和一些開放城市。這在傳統的計劃經濟體制之下是根本不允許的。其次就是國家統一問題上，在國家的主體實行社會主義的前提下，為了實現國家的和平統一，允許香港、澳門、台灣在與中國內地實現統一後，保留其各自的資本主義制度和生活方式不變，並在這些地區建立 "行政特區"，即特別行政區，中央政府賦予其高度的自治權。這就從根本上放棄了傳統的一個國家只能實行單一社會制度即 "一國一制" 的政治觀念。可見，"一國兩制" 是對中國傳統的國家觀念、統一觀念的巨大突破。[4] 用鄧小平的話來說，這 "是個新語言，是前人未曾說過的"。[5] 只要改革開放的基本方向不變，"一國兩制" 的決策也就不會改變。

五、“一國兩制”並不限制兩種制度之間相互學習，甚至鼓勵兩種制度互相學習，從而創造更好的制度文明

“一國兩制”的首要功能固然是為了防止把內地的社會主義制度推行到港澳台去，並防止把港澳台的資本主義推行到內地。但是，“一國兩制”並不禁止兩種不同制度互相學習借鑒對方好的做法，甚至鼓勵“兩制”之間的互相學習，互相取長補短。這也是之所以要保持“兩制”的重要目的之一，是“兩制”的價值之所在。如前所述，社會主義和資本主義是近代人類創造的兩種主要的社會制度，兩種制度各有所長，也各有所短。世界上其他國家或者只實行資本主義，或者只實行社會主義，而我們兩種制度都有。這樣可以就近相互學習，學習對方好的做法，把兩種制度的優勢結合起來，並擯棄兩種制度不好的因素，從而不斷完善自己。我們要善用“兩制”，最大限度地挖掘、利用“兩制”的價值。

這裡涉及“變”與“不變”的問題。“一國兩制”的一個重要指導思想就是保持港澳台原有的各種制度和生活方式不變，保持各自制度“不變”是“一國兩制”的重要特點。但是，任何事物都是在發展變化的，完全靜止的東西是不存在的。我們固然強調保持原有的制度不變，但是如果變化朝着好的方向，有利於祖國和港澳台同胞的根本利益和長遠利益，便是符合“一國兩制”精神的。該“不變”的，就堅決不變；該變的，就堅決地、主動地推動其良性地演變。把“變”與“不變”辨證地、有機地統一起來，要堅持原則，保持特色，又不因循守舊，要敢於大膽探索，大膽創新，辨證地處理“變”和“不變”的關係。

六、“一國兩制”適用於台灣問題，是解決台灣問題的起點，但並非全部

眾所周知，提出“一國兩制”的初衷是為了解決台灣與中國大陸的統一問題，一開始並非為了解決港澳問題。即便如此，“一國兩

制"能夠被成功地運用來解決香港和澳門問題,足見它不是為了一時一事,而是長久之計,具有普適性。如果我們把"一國兩制"視為一種新的世界觀和新的政治哲學,而不是狹隘地來看待"一國兩制"的話,我們可以說,毫無疑問,"一國兩制"同樣適用於台灣問題的解決。

對於台灣問題,最起碼要適用"一國兩制","一國兩制"是起點,是基礎,但並不是全部。對於將來兩岸統一,我們只能採取"一國兩制"。不實行"一國兩制",難道我們能夠實行"一國一制"嗎?"一國一制"既然行不通,當然就要實行"一國兩制"。香港、澳門在"一國兩制"之下所享有的一切高度自治權,台灣當然都會享有。除此之外,在一個中國的大框架下,未來統一後,台灣與內地的關係還有更為豐富的內容和廣闊的發展空間,絕對不是到此為止。至於這些"更為豐富的內容和廣闊的發展空間"到底是什麼,這需要兩岸中國人發揮聰明才智,共同去構思、去創造。運用"一國兩制"解決台灣問題,必然會極大地擴大"一國兩制"的內涵和外延,形成"一國兩制"的新形式。

結語

胡錦濤主席去年(編按:2004 年)在慶祝澳門回歸祖國五週年大會上指出,"一國兩制"是一項開創性事業。在國家主體實行社會主義制度的同時,按照"一國兩制"方針把實行資本主義制度的香港、澳門兩個特別行政區管理好、建設好、發展好,保持香港、澳門長期繁榮穩定,是中央政府和兩個特別行政區政府面臨的嶄新課題。因此,我們需要在貫徹"一國兩制"的實踐中積極探索、不斷前進。[6]

總之,"一國兩制"是我們的制度優勢,具有豐富的內涵和極高的價值,值得我們深入挖掘。我們要繼續創造性地全面貫徹實施"一國兩制",探索"一國兩制"的新內涵、新價值,為實現並鞏固國家的統一、為人類的和平進步發展作出我們的新貢獻。

| 註釋 |

1. 1993 年和 1999 年中國兩次修改憲法，規定社會主義初級階段問題。見憲法修正案第 3 條和第 12 條。

2. 參見《鄧小平論祖國統一》，24、36、41、42 頁，北京，團結出版社，1995。

3. 《鄧小平文選》第 3 卷，49-50 頁，北京，人民出版社，1993。

4. Wang Zhenmin, "One Country Two Systems: Its Historical Background, Present Operation and Future Development," (1995) *LAWASIA: Comparative Constitutional Law* 1.

5. 《鄧小平文選》第 3 卷，101-102 頁。

6. 胡錦濤：《在慶祝澳門回歸祖國五週年大會暨澳門特別行政區第二屆政府就職典禮上的講話》，2004 年 12 月 20 日。

"一國兩制" 和基本法成功實施的十年

原載《人民日報》2007 年 7 月 1 日第 6 版

————— • —————

　　"一國兩制" 是國家解決統一問題的戰略方針，也是統一後維繫國家統一、處理中央與特區關係的根本指導原則。"一國兩制" 是否可行，不僅要看回歸前，更要看回歸後能否據此妥善處理 "兩制" 之間產生的各種矛盾和問題。如果說 1997 年以前 "一國兩制" 主要是作為政策加以實施的話，1997 年以後 "一國兩制" 主要是通過其法律載體——基本法加以實施。回首過去十年，"一國兩制" 和基本法的實施是非常成功的，主要表現在以下六個方面：

一、憲法和基本法賦予中央的職責得到了切實履行

　　香港回歸後，中央根據 "一國兩制" 的方針和基本法，履行起了憲法和法律賦予的神聖職責。根據基本法的規定，中央負責香港的防務、外交、立法的備案審查、基本法的解釋等事務。回歸後，在涉及香港的外交和國防方面中央做了大量工作。回歸前港人普遍對駐軍有很大的疑慮，回歸十年的實踐證明，中國人民解放軍香港駐軍確實是一支 "文明之師"、"威武之師"，得到香港居民的廣泛稱讚。外交部在全世界範圍內為港人提供服務，及時處理了多起涉及港人的事件，為香港居民提供了充分保護，得到了特區居民的高度肯定。

　　從香港發展的長遠利益和根本利益出發，全國人大常委會三次解

釋香港基本法的有關條款（1999年、2004年、2005年），兩次作出有關決定（2004年、2006年），有力地維護了香港的繁榮穩定，解決了特區發展中遇到的重要問題。此外，在1998年亞洲金融危機和2003年"非典"肆虐的時候，中央政府都給予特區巨大支持。例如兩地建立更緊密經貿關係安排（CEPA），開放"個人遊"，支持大型國企到港上市等，都極大促進了香港經濟的復甦，使香港渡過了難關。

實踐證明，"一國兩制"成功實施，有賴於特區政府和全體市民的努力，也有賴於中央切實履行自己的憲制權力和職責。中央對維護國家的主權和安全負有憲制上的責任，對特區的繁榮穩定也負有重大責任。國家"十一五"規劃強調支持香港繼續發揮國際金融、貿易和航運中心地位的作用，這是中央貫徹"一國兩制"的又一重大舉措。

二、兩種社會制度保持了不變

香港回歸後，根據"一國兩制"和基本法，"港人治港"、高度自治得到全面落實，原有資本主義制度保持不變，生活方式不變。香港沒有"內地化"，香港的資本主義依然繁榮昌盛，香港的"那一制"沒有被社會主義同化。與此同時，回歸十年實踐也證明，中國內地的"這一制"即社會主義也沒有被香港同化，社會主義事業在內地依然蒸蒸日上地發展。

這樣就達到了"一國兩制"和基本法的設計目標：資本主義和社會主義兩種制度在統一後的中國共同存在，"我不吃掉你，你也不吃掉我"。這充分證明在維持"兩制"方面，十年實踐也是成功的。在如何處理"一國"和"兩制"的關係方面，我們也積累了寶貴的經驗。經過十年磨合，"一國"和"兩制"的辯證統一關係已經得到普遍認可，二者沒有根本矛盾，應該是一體兩面、互補互惠的統一關係。

三、香港實現了持續繁榮穩定

"一國兩制"和基本法並非僅僅是靜態地維持兩種制度不變，而是要在不變的基礎上，繼續往前發展。1997 年前後，一些人士曾經懷疑 "一國兩制" 和基本法是否可行，擔心 1997 年香港回歸可能會導致大倒退甚至 "災難"。實踐證明，這些擔心是多餘的，今天的香港仍然是亞太區主要的國際金融、貿易、航運、旅遊和信息中心，是世界第 11 大貿易體、第六大外匯交易市場以及亞洲第二大股票市場，是全球最繁忙的集裝箱港之一，也是世界主要的黃金交易中心。2006 年香港新股集資額超越紐約及東京，全球排名第二，僅次於倫敦，香港國際金融中心地位更加鞏固。香港失業率降到八年半來最低，恒生指數超過兩萬點，創歷史最高。

最近倫敦市政府發表 "全球金融中心指數" 報告，認為香港已逐步成為亞洲地區最主要的國際金融中心，綜合實力全球第三，緊隨紐約與倫敦之後。美國傳統基金會日前公佈 2007 年 "經濟自由度指數" 報告，香港連續第 13 年被評為全球最自由經濟體系。今年（編按：2007 年）4 月 15 日，英國首相貝理雅會見到訪的中國客人時表示，香港政權移交中國時，人們曾對香港的前途抱有各種擔憂，但事實證明，香港在過去的十年保持着繁榮穩定。可見，十年來 "一國兩制"、"港人治港"、高度自治方針在香港得到落實，香港不僅實現了繁榮穩定，而且相比回歸前在許多方面取得了更大的進步。

在中央政府支持下，回歸後香港國際活動空間不斷擴大，國際地位顯著提升。

四、在法治和人權保障方面取得驕人成績

香港本來就有很好的法治傳統，十年來在維護法治方面取得了驕人的成績。回歸後談法治，首先是 "基本法之治"，因為基本法作為香港新的憲制性法律在香港具有凌駕地位。基本法實施十年來的經驗證明，它是完全符合香港實際、切實可行的，基本法規定的各種制度和體制都得到了很好的落實，基本法作為憲制性法律的地位正在確立。由於兩地法律制度的不同，對具體的法律條款有不同認識也是很正常的現象。通過 "人大釋法" 和其他法律機制，兩地法律界已經初步找到了 "一國兩制" 下兩地法治的磨合機制。

此外，香港立法機關制定了大量本地法律，進一步完善了本地的法制。

香港司法制度也得到了很好的維護，司法保持了獨立，無論是中央政府或者特區政府，均沒有干預特區的司法，對法院給予了應有的尊重。香港特區的司法和政府清廉得到了社會各界和投資者的廣泛認同。

回歸後，港人繼續享有廣泛的自由和人權，香港的人權保障比回歸前更加完備；有關人權保護的國際公約適用於香港的有關規定繼續在香港生效，並通過香港特區的法律予以實施。

香港居民中的中國公民回歸後依法享有參與國家事務管理的權利。香港同胞通過人民代表大會和政治協商制度與內地同胞一道成為國家的主人，參與國家各種事務的管理。回歸後，香港特區第一次組織代表團參加全國人大的工作，特區居民有些還擔任了國家部長級的官員，有的代表國家成功競選成為國際組織的總幹事。國家越來越多專業資格考試對港人開放。這些都為港人提供了更多的權利自由和發展空間。

<u>五、政制民主不斷往前推進</u>

基本法的一個重要立法指導思想就是要推動香港民主的發展，使民主制度化、法律化。香港特別行政區行政長官和主要官員必須由香港永久性居民中的中國公民擔任，中央不派官員到特區政府任職。從"英人治港"到"港人治港"這本身就是巨大的民主進步。基本法還規定，根據香港的實際情況和循序漸進的原則，行政長官和立法會全體議員將最終實現普選產生。

在民主發展方面，回歸十年香港居民獲得了前所未有的民主權利。根據基本法，香港居民有史以來第一次通過法定形式參加了行政長官的產生過程，剛剛結束的第三任行政長官的選舉結果與各種事前民意調查結論高度一致，表明了行政長官具有廣泛的民意基礎。在立法會 60 名議員選舉方面，分區直接選舉議員人數 1998 年第一屆立法會是 20 名，2000 年第二屆立法會擴大到 24 人，2004 年第三屆立法會直選議員擴大到 30 人，佔到議員人數的一半。

　　為了進一步推動香港民主政治的發展，全國人民代表大會常務委員會 2004 年 4 月 6 日解釋了基本法附件一第 7 條和附件二第 3 條，明確了政制發展的啟動程序。據此，4 月 15 日行政長官董建華向全國人大常委會提交了關於 2007 年行政長官和 2008 年立法會產生辦法是否需要修改的報告。4 月 26 日全國人大常委會通過了決定，批准香港特別行政區朝着更加民主化的方向修改 2007 年行政長官和 2008 年立法會產生辦法。香港特區政府經過 18 個月的廣泛諮詢，2005 年 12 月 21 日向香港立法會提出了一個更加民主的政制改革方案。儘管這個方案沒有獲得立法會通過，中央和特區政府仍然表示將依照基本法進一步推動香港民主的發展。目前，香港社會各界還在就政制發展進行廣泛的討論。只要嚴格按照"一國兩制"和基本法辦事，香港一定能夠最終實現行政長官和立法會全體議員普選產生的目標。

六、港人對國家的認同程度有極大提升

　　作為實現並維繫國家統一的新方式，實施"一國兩制"和基本法的首要目標是實現"一國"。1997 年，中國恢復行使對香港的主權，這是從法理上、主權上和地理疆域上實現了"一國"。隨着 1997 年 7 月 1 日凌晨五星紅旗在香港升起、中國軍隊和平接管香港，這個階段的"一國"圓滿完成了。此後"一國"問題就轉變為如何使香港居民從內心深處接受並認同祖國。回歸十年來，中央和特區政府在這方面進行了不懈的努力，港人的"一國"意識有很大提升，對國家的認同得到加強。

　　判斷港人國家認同轉變的一個重要指標是港人持有護照的變化。2007 年 4 月，在 700 萬居民中持有特區護照的人數已經超過 400 萬，持有英國 BNO 護照的為 150 萬人。另外，當年移民外國的港人現在越來越多返回香港，"鳳還巢"現象方興未艾。香港中文大學最新調查結果顯示，大部分港人都自覺愛國愛港。以 10 分為滿分計，受訪者自覺愛國的平均分近 6.5 分，愛港的平均分近 7.6 分。當

然，儘管在實現 "一國" 方面已經取得了巨大成就，但實現人心回歸仍然還有很多工作要做。

結語

根據香港大學 2007 年 4 月進行的調查，香港市民對 "一國兩制" 的信心大幅上升至 78%，創歷史新高；81% 的市民表示對香港前途有信心，89% 表示對中國前途有信心，均達到 1997 年以來的新高。儘管還存在這樣那樣的問題，但是都是前進中的問題，是可以克服的。總結實施 "一國兩制" 和基本法十年的經驗，我們可以得出以下結論："一國兩制" 作為一個科學的理論體系，其本身也要在實踐中得到檢驗和發展。基本法既是 "一國" 之法，也是 "兩制" 之法，要全面加以貫徹實施。

總之，"一國兩制" 是我們的制度優勢，是中國對人類當代政治文明的一大貢獻。我們要用全面的、發展的眼光看待 "一國兩制"，既要看到 "兩制"，也要看到 "一國"，把 "一國" 和 "兩制" 有機結合起來。我們應該深入挖掘 "一國兩制" 和基本法帶來的各種好處、便利和機遇，讓兩種制度相互學習，把兩種制度的優勢結合起來，實現 "兩制" 的雙贏，並進而創造出更高級的制度文明，為香港和祖國的繁榮穩定、為人類的進步事業作出更大的貢獻。

03

"一國兩制"下國家統一觀念的新變化

原載《環球法律評論》2007 年第 5 期。國務院台灣事務辦公室、海峽兩岸關係協會刊物《兩岸關係》2007 年 12 月（總第 126 期）摘登。中華全國台灣同胞聯誼會《台聲》2007 年第 9、10 期全文轉載（中國大陸第一份台灣同胞主辦的刊物）。台灣《海峽評論》第 202 期，2007 年 10 月號

　　改革開放以後，為了解決歷史遺留的台灣和香港問題，中國提出了"和平統一、一國兩制"的新思想。[1] 根據這一方針，中國與英國成功解決了香港問題。香港回歸十年的歷史驗證了這個構想是可行的。"一國兩制"的提出和成功實踐，標誌着中國人關於國家統一的觀念發生了重大變化。

一、傳統的統一觀：只有"一制"，才為統一

　　關於國家是否實現了統一，中國自古不僅要看國家的統治權能否達到那個地方，還要看那個地方實行的政治、經濟、文化等各方面的制度是否與全國統一。也就是說，只有全國實現了"一制"，才算實現了國家統一。

　　這種統一觀自秦始皇實現統一後開始逐漸形成。公元前 221 年，秦王嬴政用武力統一了東方六國，實現了"六王畢，四海一"，[2] 建立起中央高度集權的政治體制。秦建立大一統的國家對中國以後兩

千多年的政治發展產生了根本影響，對中華民族政治遺傳基因乃至民族性格的形成發揮了決定性作用。中華民族從此以後，無論國家發生什麼變化，不管是王朝更迭還是外族入侵，可能天下三分，也可能地方割據，但最終國家都要走向統一。國家統一始終是中華民族重要的核心價值，始終是人心所向，大勢所趨。這早已內化為中華民族的政治習性，深入每一個中國人的骨髓，構成民族的政治基因。

與此相應的是在全國實行的制度和體制上，追求整齊劃一。每一個王朝統一全國後，都建立起全國一體的集權體制，不允許地方有什麼自治乃至靈活性。[3] 秦統一東方六國後，不僅把其他六國原有的政治、經濟、軍事制度統統廢除，一律採取秦的制度和體制，還在以下方面實現了統一：

法律："海內為郡縣、法令由一統。"[4] 全國實行同樣的法律和司法制度。

度量衡：衡同器。全國統一以秦國的度量衡為標準。[5]

貨幣：幣同一。廢除各國原用貨幣，採用半兩圓錢為通行全國的法定貨幣。[6]

交通：車同軌。統一全國車輛的輪距為六尺，這據說是世界上最早的車輛標準化法規。[7]

文字：書同文。廢除各國原有的各種異體文字，以簡化秦文"小篆"作為標準字體，用於公文法令，通行全國。[8]

思想：思一統。實行焚書坑儒，統一全民意識形態。[9]

這種統一觀的基本主張是，只有實現了政治、經濟、法律、軍事、文化、社會乃至思想等方方面面的統一，國家才是統一的。我們把中國人這種傳統的政治統一觀翻譯成現代語言，那就是"一個國家，一種制度"，即實行"一國一制"，建立全國高度集中統一的單一制國家。換句話說，只有"一制"了，才算實現了"一國"，即"一制一國"，存在"兩制"就不構成"一國"，就不視為完成了統一大業。

在實現國家統一的方法上，中國古代追求使用武力，極少通過和平談判實現國家統一。在中國傳統政治文化裡邊，缺乏通過建設性談判妥協以獲得雙方進步的"雙贏"精神。這種統一方式付出的代價很大，往往要經過長時間的內戰，統一後國家元氣大傷。

總而言之，秦以後中國政治文化的這種精神可以概括歸結為兩句話，即“武力統一、一國一制”。

二、“一國兩制”下的新統一觀

通過“一國兩制”的方式實現國家統一，最少從三個方面改變了上述中國人關於國家統一的觀念。

第一，以前的觀念是，只有事事實現了統一，國家才算統一。只有“一制”，才是“一國”。根據“一國兩制”的新思維，我們不再追求所有事情上都統一，允許很多方面不一樣，一些特殊地方實行不同的制度也可以視為實現了國家統一。國家是否統一，不再看每一個地方實行的制度和體制是否完全相同，而只看是否滿足了幾個關鍵條件，達到了特定標準。“一國兩制”把國家統一的標準降到了最低。

第二，以前為了一統江山，往往要經過長時間的戰爭，讓人民和國家付出巨大的代價和成本。香港回歸的經驗說明，我們可以用最低的成本和代價，甚至零代價實現國家統一。我們一定要實現國家統一，同時要保證不讓任何一方因統一而遭受傷害或者損失，一方面讓香港得以繼續維持繁榮穩定，不能以犧牲香港的繁榮穩定為代價，另一方面國家的正常發展、人民的生活不受影響，在不知不覺中實現統一。這樣就把實現國家統一的成本和代價降到了最低。當然換一個角度來看，我們對統一的要求提高了。

第三，以前實現國家統一是單一的政治使命，現在則要求不僅不改變現狀，不讓人民遭受不必要的損失，不讓國家為統一付出過大代價，而且還要求統一必須讓各方獲益，讓兩地人民能夠從國家統一當中獲得實實在在的好處，追求各方利益的最大化。

按照“和平統一、一國兩制”實現香港順利回歸，從這三個方面改變了中國人的統一觀。這可以簡單概括為兩個“最低”，一個“最大”。現在國家對實現統一的要求有降低的部分，也有提高的部分。降低的部分就是統一的標準降低了，不再事事要求統一了；提高的部分是，既要實現統一，又要維持繁榮穩定，不僅不讓任何一方受傷害，反而還要讓各方從中獲益。下面對這三個方面加以展開論述。

（一）最大限度降低了國家統一的標準

根據"一國兩制"的統一觀，"一制"固然是"一國"，如果實行不了"一制"，而是存在"兩制"乃至"多制"，也可以視為統一，實現了"一國"。即便一些地方實行的制度不一樣，全國在有些方面不是一盤棋，可能是兩盤乃至三盤棋，但只要滿足了幾個主要條件，同樣可以視為實現了統一。

香港實施"一國兩制"的經驗證明，國家是否統一，關鍵不是看各地實行的具體制度是什麼，而是看主權上是否統一，是否滿足了統一的最基本要求。只要滿足了這些最基本要求，允許不同的地方保持自己原有的制度，不再事事追求全國統一，這樣就把統一的標準儘可能降到了最低。

1. 根據憲法和香港基本法，在以下九個方面中國不再追求全國統一，而是允許香港與內地不一樣：

（1）社會制度、生活方式可以不統一。香港特別行政區成立後不實行社會主義的制度和政策，保持香港原有的資本主義制度和生活方式，50 年不變。[10]

（2）法律和司法制度可以不統一。"一國兩制"在具體的法律和司法體制上表現為"一個國家，兩種法律制度"，"一個國家，兩個司法管轄區"。法律和司法是否統一不再視為國家統一的必要條件。

香港統一後，可以擁有不同於全國其他地方的獨立的法律制度。香港享有立法權，自己制定本地的法律，本地的法律可以與全國的不同。香港原有法律（即普通法及衡平法、條例、附屬立法、習慣法）除與基本法相抵觸或香港特別行政區的立法機關作出修改者外，予以保留。[11]

香港有獨立的司法制度。香港特別行政區享有獨立的司法權和終審權。[12] 香港特別行政區成立後，除因香港特別行政區法院享有終審權而產生的變化外，原在香港實行的司法體制予以保留。[13] 香港特別行政區法院除繼續保持香港原有法律制度和原則對法院審判權所作的限制外，對香港特別行政區所有的案件均有審判權。這樣就形成了一個國家有兩個乃至多個終審法院的獨特現象。

過去我們把法律統一視為國家統一的重要標誌，現在，我們允許香港在回歸後成為獨立的法律和司法區域，說明一個統一的國家可以有兩套甚至多套獨立的法律和司法制度。這種情況在其他聯邦制或者單一制國家也存在，例如在英國，蘇格蘭和英格蘭就實行不同的法律制度。在美國，各州具體的法律制度也不盡相同。這些都不妨礙英國和美國各自在政治上的統一。但是，即便在英國和美國，在國家憲法層面全國仍然只有一個司法管轄區，即只有一個司法終審機構，在英國是上議院上訴委員會（編按：英國於 2009 年設立了最高法院，擁有終審權），[14] 在美國是美國聯邦最高法院。因此，一個國家，允許存在兩個相互獨立的司法管轄區，全國沒有一個統一的終審法院，這是中國"一國兩制"思想的獨創。

　　（3）在行政管理上不再追求全國統一。香港特別行政區政府獨立制定並且執行有關政策，管理各項行政事務，例如獨立的出入境管制（包括護照）、教育、科學、文化、體育、宗教、勞工和社會服務等。獨立編制並提出財政預算、決算；獨立擬定並提出法案、議案、附屬法規。[15]

　　（4）不再追求經濟上的全國一體，在國際和國內經濟體系中，允許香港成為獨立的經濟實體。在經濟事務方面，中央沒有香港的戶頭，國家的有關經濟統計數字也不包括香港：

　　香港特別行政區保持原在香港實行的資本主義經濟制度和貿易制度。[16]

　　所有制上不要求統一，香港繼續實行財產私有制。[17]

　　香港特別行政區保持國際金融中心的地位。原在香港實行的貨幣金融制度予以保留。允許香港繼續使用自己的貨幣。[18]

　　香港特別行政區為單獨的關稅地區。[19]

　　香港特別行政區保持原在香港實行的航運經營和管理體制。[20]

　　香港特別行政區保持國際和區域航空中心的地位。[21]

　　香港特別行政區政府在保留原有的專業制度的基礎上，自行制定有關評審各種專業的執業資格的辦法。[22]

　　獨立的交通管理制度，車可以不同轍。[23]

　　香港可以採用不同的度量衡標準。[24]

（5）獨立的文化教育和思想，也就是說意識形態可以不統一。香港特別行政區保持原在香港實行的教育制度。[25] 各類院校均可保留其自主性並享有學術自由。宗教組織所辦的學校可繼續提供宗教教育。[26] 書可以不同文。中文和英文都是正式語文，[27] 香港繼續使用中文繁體字。

（6）獨立的人權保障標準和機制。香港特別行政區政府保持香港居民原有的權利和自由，包括人身、言論、出版、集會、結社、組織和參加工會、通信、旅行、遷徙、罷工、遊行、選擇職業、學術研究和信仰自由、住宅不受侵犯、婚姻自由以及自願生育的權利。[28]《公民權利和政治權利國際公約》和《經濟、社會與文化權利的國際公約》適用於香港的規定繼續有效，[29] 港人除了治港之外，還有權參與治國。[30]

（7）允許香港有自己的區旗、區徽。香港特別行政區除懸掛中華人民共和國國旗和國徽外，還可使用香港特別行政區區旗和區徽。[31]

（8）不同的國家安全標準。內地有關國家安全的立法和標準不適用於香港。香港特別行政區被授權自行立法禁止任何叛國、分裂國家、煽動叛亂、顛覆中央人民政府及竊取國家機密的行為，禁止外國的政治性組織或團體在香港特別行政區進行政治活動，禁止香港特別行政區的政治性組織或團體與外國的政治性組織或團體建立聯繫。[32]

（9）在國際上相對獨立的地位。香港可以“中國香港”的名義參加有關國際組織和國際貿易協議，包括優惠貿易安排。在有關國際組織中，香港可以“中國香港”的名義發表意見，並可採取與中國中央政府不同的立場。[33]

上述很多安排都是“一國兩制”的獨創，是中國共產黨理論創新、制度創新的結果。

2. 新的國家統一標準

關於國家是否統一的新標準是什麼呢？根據“一國兩制”和基本法，香港只需要在以下五個方面與國家保持一致，就視為實現了與國家的統一。

（1）統一防務，香港不能有獨立的軍隊，國家有權派遣軍隊到香港特區實施防衞。[34]

（2）統一外交，中央統一處理涉港外交事務。[35] 外交上全國必須步調一致，這是任何一個主權國家的必然要求。

（3）名稱和旗幟統一。香港政府名稱之前冠以 “中華人民共和國”，成為 “中華人民共和國香港特別行政區政府”。香港政府大樓要懸掛中華人民共和國國旗。香港在國際上的身份改為“中國香港”。

（4）國籍上的統一。香港不能有獨立的國籍，居民中的中國居民的政治法律身份改為 “中國公民”，[36] 儘管他們可以持有不同的中國護照。

（5）憲法上的統一。憲法是國家主權的法律表現形式，全國在某種程度上、以某種形式擁有同一部憲法文件，是國家統一的重要法律象徵和保障，一個統一的國家一定要有一部統一的憲法。即便在聯邦制國家例如美國，各州可以有自己的州憲法，但是在各州之上還是要有統一的美國聯邦憲法，而這個統一的全國憲法對每一個州都是適用的，與各州的州憲法同時發生效力，而且州憲法不得違反聯邦統一的憲法。一個國家的憲法對一個地方生效，就意味着這個地方已經實現了與國家的統一。

香港回歸後，儘管中國憲法並非每一個條款都適用於香港，但是從整體上講，中國憲法毫無疑問對香港特別行政區是有法律效力的，與基本法同時在香港生效。[37]

憲法上的統一還意味着國家最高權力機關有權為香港制定、修改並解釋憲制性法律，即基本法。[38] 儘管香港特區有立法權，但是香港無權制定基本法這樣的憲制性法律。制定憲制性法律的權力是國家主權的重要內容。如果一個地方能夠獨立為自己制定憲制性法律，就說明這個地方是擁有獨立主權的國家。也就是說，如果一個地方執意獨立行使制憲權，為自己制定憲法，那就意味着這個地方宣佈獨立。如果一個地方不能為自己制定憲制性法律，就說明這個地方在法理和法律上不是一個獨立國家。儘管聯邦制下，各州、各邦可以制定自己的州或者邦 “憲法”，但是這些 “憲法” 是不具有獨立主權的；而且各州、各邦的制憲還有一個重要的政治和法律大前提，即在承認同屬 “一個國家”、尊重聯邦中央政治主權的前提下，才得以制定自己的

"小憲法"。

憲法上的統一還意味着，儘管一個地方可以擁有很大的自治權，包括行政權、立法權和司法權，但是全國還是應該有統一的主權機關：包括全國統一的最高立法機關（全國人大有權為特區制定少量涉及國家主權的法律）、全國統一的國家元首機關和全國統一的最高行政機關。

全國統一的最高主權機關有權任命特別行政區行政長官和主要官員，[39] 有權決定特區的重大政治問題（例如政制發展問題）。特區可以是獨立的經濟實體甚至是獨立的法律和司法實體，也可以是獨立的文化教育實體，但是特區不是一個獨立的政治實體。我們不再追求經濟、法律、文化教育和意識形態等方面的統一，但是在政治問題上中央應該有最終決定權。

政治上的統一主要表現在授權與被授權關係上。[40] 1997 年香港回歸，儘管根據 "一國兩制" 香港在很多方面可以與內地不統一，雖然內地各省不享有香港享有的高度自治權，但是香港從此與內地各省一樣，它享有的所有權力來自中央的授權，香港的基本規範、[41] 一切行為的合法性均來自於中國中央政府。與內地不同之處在於中央授予權力的大小和多少不同，兩地的社會制度不同。中央與地方的這種授權與被授權關係是全國統一的。

總之，根據 "一國兩制" 的新理念，上述九個方面的不統一和五個方面的統一，顯示了 "一國兩制" 的真諦，即 "求大同，存大異"。"大同" 就是國家的獨立和主權不容分割，這是我們最大的公約數。"大異" 就是允許在具體制度、體制上不一樣。以前這種 "大異" 可能是妨礙國家統一的因素，現在我們從寬界定國家統一的概念，這九個方面的不統一不影響國家政治上和主權上的統一，我們只在最重要、最基本的方面求得統一，其他方面則不再視為必須統一的因素，這樣就把國家統一的標準降到了最低。換句話說，雙方可以保持在許多問題上的不同認識，但是我們可以把分歧放在一邊，共同謀取關於國家和社會發展其他方面的共識，構建一個具有廣泛包容性的 "統而不同" 的政治大框架、大格局。香港回歸十年的實踐生動地說明了這一點。

（二）最大限度降低了實現國家統一的成本和代價

通過"一國一制"的方式實現國家統一，往往讓人民和國家付出沉重的代價和昂貴的成本，通常要通過長年的戰爭和混亂，很多人付出生命，大量的財富付之戰火。這樣的統一往往要等幾百年乃至上千年後人們才會感覺到可貴，當時的人們卻要付出巨大的代價，統一對於他們而言是一個十分艱難的過程，國家在這個過程中也元氣大傷。固然，追求統一是中華民族的核心價值，國家一定要統一。但是能否盡可能降低統一的成本和代價呢？甚至把統一的代價降為零，不讓人民遭受損失，實現"無痛"統一，進而讓統一帶給人民和國家以和平繁榮，帶給人民以更多的實惠、好處，成為國家提升、社會發展的新契機呢？統一不是減法，而應該是加法，各方都不遭受任何損失，各方的利益都非但不能有減少，反而都應有增加，是一種雙贏乃至多贏的安排。這樣的統一不僅幾百年、上千年後的人們說好，而且當時的人們也說好，因為統一沒有給他們帶來任何痛苦和損失。

可見，"一國兩制"是有條件地維持兩個地方的制度現狀，在不破壞目前實際現狀的情況下實現國家統一，因此通過"一國兩制"實現國家統一是零代價的解決方法。誠如鄧小平本人指出的："世界上有許多爭端，總要找個解決問題的出路。我多年來一直在想，找個什麼辦法，不用戰爭手段而用和平方式，來解決這種問題。……如果不要戰爭，只能採取我上面講的這類的方式。這樣能向人民交代，局勢可以穩定，並且是長期穩定，也不傷害哪一方。"他還說："有好多問題不能用老辦法去解決，能否找個新辦法？新問題就得用新辦法。……要把世界局勢穩定下來，總要想些主意。"他要求"好好了解和研究一下我們對台灣、香港問題提出的解決方式。總要從死胡同裡找個出路"。[42] "一國兩制"就是這樣一種實現國家統一的方法，盡可能降低了實現統一的成本，保證各方都沒有什麼損失，實現了統一成本和代價的最低化。

（三）各方都能夠從統一中獲益，追求各方利益的最大化

"一國兩制"不僅能夠保證任何一方都不受傷害，誰也不遭受任何損失，相反還能給各方帶來益處和實惠。經常有港澳台的人士說，

從不惜一切代價實現國家統一到零代價、低成本、任何一方都不遭受損失實現統一，這固然是一個進步，值得稱讚；但是，允許我們不變的，都是實現統一前已經有的現狀，"一國兩制"只不過不讓我們遭受什麼損失，保留我們既有的財富，但是"一國兩制"能給我們帶來什麼好處呢？這種新的統一方式能否給我們帶來什麼具體實惠呢？答案是肯定的。"一國兩制"，不僅保護現狀，保護統一前各自已經創造的財富不因統一遭受損失，而且還能夠帶來更多的實惠，讓大家都從統一中得到實實在在的好處。

1. 統一後，香港居民中的中國居民既是香港的主人，也成為政治上和法律上的中國公民，與全國人民一樣也是國家的主人，國家既是內地人的國家，也是香港人的國家，港人與全國人民一起共同享有中國的主權和榮耀。基本法規定，香港特別行政區居民中的中國公民依法參與國家事務的管理，[43] 這說明，儘管統一後，"國人"不可以參與治港，香港由港人治理，但是港人卻有權參與國家事務的管理。這極大擴大了港人的權利空間，帶給香港同胞更多的權利和自由。回歸前香港無非是英國一個普通的海外佔領地，回歸後香港成為國家直轄的特別行政區，港人在許多方面享有超國民待遇。

2. 統一後，香港同胞正式開始與祖國同舟共濟、同甘共苦。正是基於統一的事實，中央才會在金融危機、禽流感和 SARS 肆虐的時候，不惜一切代價伸出援手，與香港同胞一起經歷了艱難的日子，渡過了難關；正是基於統一的事實，才會有"自由行"，中央政府和特區政府才得以簽署《內地與香港關於建立更緊密經貿關係的安排》，[44] 讓香港的個人和企業在內地享有更多的優惠；正是基於統一的事實，國家才會開放各種專業資格考試給香港同胞；[45] 正是基於統一的事實，國家駐外使領館才會給不論持何國護照的香港同胞提供周到及時的領事保護；正是基於統一的事實，奧運會馬術比賽才得以移師香港舉行，讓港人一起親身感受奧運的精彩與魅力。回歸以後，香港國際大都會的色彩更加豔麗。國家"十一五"規劃首次把香港考慮進去，[46] 讓香港同胞同樣從國家發展中獲得更大的好處，這更是只有實現了統一才能有的安排。

目前，香港仍然是亞太主要的國際金融、貿易、航運、旅遊和信息中心,是世界第 11 大貿易體、第 12 大銀行中心、第六大外匯交易市場以及亞洲第二大股票市場,擁有全球最繁忙的貨櫃港,也是世界主要的黃金交易中心。根據倫敦市政府最近發表的 "全球金融中心指數" 報告,香港已逐步成為亞洲地區最主要的國際金融中心,綜合實力全球第三,緊隨紐約與倫敦之後。2006 年香港新股集資額超越紐約及東京,全球排名第二,僅次於倫敦,港股市值在全球排名躋身第七。恒生指數由 1997 年的 15,000 點上升到現在的 22,000 左右,創歷史最高。到 2007 年 4 月底,香港官方外匯儲備資產達 1,368 億美元,全球排行第八位。香港失業率降到五年來最低,根據世界各國各地區 2006 年 GDP 總量的排名,香港 GDP 總量達 1,871.12 億美元,世界排名第 34 位;人均 26,961 美元,世界排名第 15 位,無論總量或者人均都超過很多國家。[47]

美國傳統基金會也曾公佈 2007 年 "經濟自由度指數" 報告,香港連續第 13 年被評為全球最自由經濟體系。根據瑞士洛桑管理學院(IMD)剛公佈的世界競爭力報告,香港位居第三,僅次於美國和新加坡,在大中華經濟圈中仍然是領頭羊,亞洲四小龍之一的風采依然光彩耀人。[48]

3．統一後,香港的國際活動空間不斷擴大,國際地位顯著提升。十年來,香港以 "中國香港" 的名義參加了超過 190 個不以國家為單位的國際組織;以中華人民共和國代表團成員,或中央人民政府和有關組織所允許的身份參加了超過 20 個以國家為單位的組織,包括世界衛生組織及國際勞工組織;以 "中國香港" 的名義單獨地與世界各國、各地區及有關組織簽署了超過 160 份雙邊協議。在中央的授權及協助下,香港簽訂了超過 90 份在司法互助、民航運輸、互免簽證等方面的雙邊協議。香港成功主辦了世界貿易組織第六次部長級會議和世界電信展(首次在日內瓦以外的地方舉行)。香港特區前衛生署署長陳馮富珍女士在國家的大力支持下,當選世界衛生組織總幹事。香港特區護照已有 134 個國家和地區給予免簽證入境或享有落地簽證的待遇。共有 117 個國家和國際組織在香港設有領館或官方機構。這一切都說明,回歸後香港的國際空間和地位非但沒有減少和降低,反而有很大的擴大和提升。[49]

4. 由於實行"港人治港"、高度自治，中央政府不派官員到特區行政、立法和司法任何部門任職，使得香港人獲得了前所未有的民主權利，民主政治不斷往前推進，人權和自由也得到了大大加強和提升。

香港從統一當中獲得實惠，國家同樣從統一當中獲得好處。完成統一大業本身就是國家一個重要戰略目標，事關中華復興大業的成敗。香港回歸把完成祖國統一的偉大事業大大往前推進一步，而且香港回歸不費一兵一卒，國家不傷一點元氣，當然獲益。在過去近30年裡，香港累計給內地投資達 2,700 多億美元，[50] 比內地吸收來自其他所有國家和地區的投資總額還要多，這些投資對內地改革開放事業的成功具有重大意義。此外，"一國兩制"還帶給國家其他的實惠。社會主義和資本主義是近代人類創造的兩種主要的社會制度。資本主義給人類帶來了高度的物質文明和法治文明，帶來了社會的巨大進步，我們應該予以承認。當然我們也必須認識到資本主義給人類帶來的各種問題。社會主義正是建立在對資本主義制度批判的基礎之上，它試圖避免資本主義的各種問題，它的產生也是人類的必然，具有很大的優越性。其他國家或者只有資本主義，或者只有社會主義，而我們兩種制度都有。這樣我們可以就近相互學習，學習對方好的做法，把兩種制度的優勢結合起來，並擯棄兩種制度不好的因素，從而不斷完善自己。香港高效廉潔的管理、健全的法治、成功的市場經濟對於內地的改革具有很大的影響，事實上，內地從香港學習到不少好的經驗。相對其他社會主義國家尤其前蘇聯，中國的改革開放能夠成功，香港的貢獻是很大的。"和平統一、一國兩制"，不僅香港受益，國家也受益。

可見，通過"一國兩制"實現統一不僅沒有讓我們付出什麼代價，任何一方都不受任何傷害，反而還都有所獲，都從統一中得到很大的好處和便利。香港因為有一個強大的祖國而受益，這是新加坡所沒有的。祖國因為有一個香港而對資本主義不陌生，這是俄羅斯所沒有的。

三、新統一觀的形成是解放思想的成果

1949 年後中國共產黨對國家統一的基本政策最初也是 "武力統一、一國一制"，[51] 也就是說用武力徹底消滅中國境內的資本主義，用社會主義統一全中國。改革開放以來，隨着解放思想和實事求是思想路線的恢復，中國認識到儘管社會主義制度比資本主義制度優越，但是社會主義最終代替資本主義、無產階級最終戰勝資產階級，將是一個相當長的歷史過程。不僅在國際上，在國內都是如此。在可以預見的未來，中國內地將長期處於社會主義初級階段，中國既無意消滅自己國內港澳台的資本主義，也無意消滅其他國家的資本主義，無意向其他國家輸出革命。在相當長的歷史時期，中國的社會主義既要與內部港澳台的資本主義共處，也要與國際範圍內的資本主義共存。這兩種制度在國內和國際都應該和平共處、共同發展、平等競爭，而不是因為統一就人為地拿一種制度取代另一種制度，讓一種制度遭受重大損失。[52]

我們不再由僵化的觀念來決定國家統一，而是把社會制度和意識形態分歧放在一邊，在互相尊重對方的前提下謀求國家的統一。意識形態和社會制度的不同，不應該成為國家不統一的理由，更不應該成為不團結、甚至搞分裂的藉口。雙方應擯棄政治成見，求同存異，尊重對方對自己生活方式的選擇，不代替別人選擇人家的生活方式和意識形態，共同謀取關於國家和社會發展其他方面的共識，構建一個具有廣泛包容性的 "統而不同" 的政治大框架、大格局。"一國兩制" 的核心和精髓就是和平、和諧、相互尊重。

這是中國共產黨世界觀的重大轉變。這種新的世界觀更加強調對客觀存在的東西的承認。社會主義和資本主義都是人類近代先進文明的產物，是前人獨立思考、科學探索的成果。二者既然誰也無法改變誰，誰也不能取代誰，那就要老老實實相互承認，與自己的 "敵人" 和平共處，讓時間和實踐來做最後的決定。存在決定意識，而非意識決定存在。意識不能改變存在，意識更無法改變歷史。我們只能尊重客觀存在，在此基礎上尋求一種雙贏的制度安排。

把 "一國兩制" 推而廣之，運用於解決國家與國家之間的關係，

可以概括為"一個世界，兩種制度"乃至"一個世界，多種制度"。意識形態和社會制度的不同，不應該成為國家與國家之間不和平的理由，不應該成為戰爭的藉口。只有如此，讓各種制度和意識形態和平存在，平等競爭，讓時間和後人來做選擇，人類才有和平。

當然，"一國兩制"以"和平統一"為前提。因為如果國家統一不是通過和平談判實現的，而是通過戰爭實現的，也就很難允許那些特別的不同制度的存在，只能是"一國一制"，而不可能是"一國兩制"。所以，"和平統一"是"一國兩制"的應有之意，是實施"一國兩制"的前提。

"一國兩制"體現了可貴的政治寬容精神。改革開放以來，這種政治寬容精神在中國得到逐漸發展。這主要表現在兩個方面，首先經濟上在堅持社會主義公有制的前提下，允許多種經濟成份並存，鼓勵發展私營經濟和外資經濟。其次就是在國家統一問題上，在國家主體實行社會主義的前提下，為了實現國家的和平統一，允許香港、澳門、台灣在與中國內地實現統一後，保留其各自的資本主義制度和生活方式不變，並建立特別行政區，中央政府賦予其高度自治權。這就從根本上放棄了傳統的一個國家只能實行單一社會制度的政治觀念。"一國兩制"是對中國傳統國家統一觀念的巨大突破，用鄧小平的話來說，這"是個新語言，是前人未曾說過的"。[53]

可見，這種新統一觀是解放思想、進行理論創新和制度創新的重要成果，體現了一種新的世界觀，形成了新的方法論。

四、新統一觀未來的發展

如果說運用"一國兩制"解決香港問題是"求大同，存大異"的話，那麼運用"一國兩制"解決台灣問題，那就是"求更大的同，存更大的異"。所謂"求更大的同"就是說只要兩岸實現和平統一，關於國家統一的標準可以更加寬鬆。所謂"存更大的異"就是說台灣在更多的問題上可以採取不同的制度和政策，在更多方面可以與大陸不一致。

提出"一國兩制"的初衷是為了解決台灣與中國大陸統一問題

的，一開始並非為了解決港澳問題。即便如此，"一國兩制" 能夠被成功地應用於解決香港和澳門問題，足見它不是為了一時一事，而是長久之計，具有普適性。如果我們把 "一國兩制" 視為一種新的世界觀和新的政治哲學，而不是狹隘地來看待 "一國兩制" 的話，毫無疑問，"一國兩制" 同樣適用於台灣問題的解決。

對於台灣問題，最起碼要適用 "一國兩制"，"一國兩制" 是起點，是基礎，但可以不是全部。對於將來兩岸統一，我們只能採取 "一國兩制"。香港、澳門在 "一國兩制" 之下所享有的一切高度自治權，台灣當然都會享有。除此之外，在一個中國的大框架下，未來統一後，台灣與大陸的關係還有更為豐富的內容和廣闊的發展空間。至於這些更為豐富的內容和廣闊的發展空間到底是什麼，"更大的同" 是什麼，"更大的異" 又是什麼，這需要兩岸中國人發揮聰明才智，共同去構思、去創造。運用 "一國兩制" 解決台灣問題，必然會極大擴大 "一國兩制" 的內涵和外延，形成 "一國兩制" 的新形式，而且必然會進一步擴大我們關於國家統一的概念。

根據有關兩岸統一的政策和法律，起碼在以下幾個方面是明確的：

1. 統一後，台灣人民與大陸人民一道成為國家的主人，共享中國的主權和榮耀，從中華崛起當中獲得好處。

2. 台灣可以繼續保留軍隊。[54] 這是全世界都沒有的對國家統一最寬鬆的定義。

3. 在外交方面，兩岸可以協商台灣地區在國際上與其地位相適應的活動空間。[55]

4. 名稱方面，2005 年全國人大通過的《反分裂國家法》沒有冠以 "中華人民共和國" 的名稱，這為未來兩岸協商預留了足夠的空間，顯示了大陸的極大誠意。《反分裂國家法》第 2 條還指出：

"世界上只有一個中國，大陸和台灣同屬一個中國，中國的主權和領土完整不容分割。維護國家主權和領土完整是包括台灣同胞在內的全中國人民的共同義務。

台灣是中國的一部分。國家絕不允許 "台獨" 分裂勢力以任何名義、任何方式把台灣從中國分裂出去。"

這一條是《反分裂國家法》的核心和靈魂，是迄今為止對兩岸現狀、對"一個中國"最權威的表述。概括而言，就是說只要追求兩岸統一，堅持兩岸同屬一個國家的原則，其他問題都可以協商。"一個中國"原則實際上就是"一個國家"原則。

至於其他方面，例如國籍問題、憲法及相關政權問題、台灣當局的政治地位問題等都可以在"一個國家"原則框架下得到合理解決。

如果採取"一國兩制"實現統一，就能保證不讓台灣同胞付出任何成本和代價，台灣不受任何傷害，不僅可以保留目前已有的一切成果，包括民主成果，還可以從統一中得到更大更多的好處和便利。如果說台灣居民大部分追求維持目前現狀的話，"一國兩制"其實就是維持現狀的最好方法，其精神實質就是維持台灣和大陸各自的現狀，在不改變目前現狀情況下實現國家統一。如果統一是必然的，那麼能夠維持現狀的統一當然就是最好的統一方式。至於是否叫做"一國兩制"並非問題的關鍵，如前所述，"一國兩制"其實是一種新的世界觀，一種新的政治哲學和思維方式。解決台灣問題，實現祖國完全統一，一定要有這種新的世界觀。

<u>結論：三套國家統一標準</u>

關於"國家統一"的概念是不斷變化的，不同國家、不同時期、不同情況下有不同的理解和要求。什麼情況下才叫做實現了"統一"，"統一"要滿足哪些基本條件，儘管古今中外的認識不一樣，但還是有一些最重要的共同標準，例如政治主權的統一和憲法上的統一。"一國兩制"的提出及其實施，使得我國關於國家統一的標準多樣化，根據本文的分析，目前已經形成或者正在形成的共有三套統一標準。

第一套是適用於中國內地（大陸）31個省、直轄市和民族自治區的統一標準，根據憲法規定，中央與這些地方的關係按照"一國一制"或者叫做"一制一國"的原則來處理，所有這些地方都必須遵循"中央的統一領導"，在這個大前提下，可以發揮地方的積極性和主動性。[56]即便是民族自治地方享有較大的自治權，但總體上也是實行同一種社會制度和體制。

第二套是適用於香港和澳門兩個特別行政區的、根據"一國兩制"方針形成的新統一標準。"一國兩制"就是有條件維持兩種制度的現狀，在不怎麼改變某些現狀的情況下實現國家統一，因此它極大限度地擴大了統一的概念，非常寬鬆地闡釋了統一的含義。人民為國家統一付出的成本和代價也降到了最低。此外，任何一方不僅都可以保持各自既有的一切，還可以從統一當中獲得最大最多的好處和利益，追求各方利益的最大化。

第三套是適用於未來台灣地區的、正在形成的最新統一標準。這個標準同樣建立在"一國兩制"原則基礎之上，它將最大限度地擴充"一國"的概念，最為寬鬆地解釋統一的含義，形成更具有彈性的統一觀。但是，這第三套統一標準能否最終形成和實施，取決於兩岸統一的方式。如果是和平統一，這套新標準肯定可以成形和實施。反之，如果最後不得不採取武力實現統一，那麼兩岸將不得不採取第一套統一標準實現最終統一。

運用"一國兩制"解決香港問題是思想解放和理論創新的結果。鑒於兩岸問題的複雜性、獨特性，要防止台灣向獨立的泥潭越陷越深，促進國家早日實現完全統一，更需要解放思想，大膽進行理論探索和理論創新。大陸方面要解放思想，台灣方面也需要解放思想。中華民族是充滿智慧的民族，相信當代兩岸中國人有足夠的聰明才智解決這個千古難題。

1. 早在 20 世紀 50 年代，中國政府就曾設想以和平方式解決台灣問題。1955 年 5 月，周恩來在全國人大常委會會議上即提出：中國人民解決台灣問題，有兩種可能的方式，即戰爭的方式和和平的方式，中國人民願意在可能的條件下，爭取用和平的方式解決問題。《周恩來統一戰線文選》，353 頁，北京，人民出版社，1984。1978 年 12 月 5 日，在研究中美建交後的對台工作時，鄧小平提出，統一後，台灣的 "社會經濟制度，生活方式，外國投資不變。軍隊變成地方武裝"。這實際上是 "一國兩制" 構想的最早表述。《鄧小平文選》第 3 卷，67 頁，北京，人民出版社，1993。關於 "和平統一、一國兩制" 思想的詳細內涵，參見王振民：《"一國兩制" 的偉大構想及其成功實踐》，《光明日報》2007 年 7 月 1 日。

2. 杜牧：《阿房宮賦》，載朱碧蓮選註：《杜牧選集》，225 頁，上海古籍出版社，1995。

3. "天下之事無大小皆決於上"，引自《史記‧秦始皇本紀》。

4. 《史記‧秦始皇本紀》。

5. 林劍鳴：《秦史稿》，374-376 頁，上海人民出版社，1981。

6. 同上，372-374 頁。

7. 同上，381 頁。

8. 同上，378-380 頁。

9. "秦廷的焚書分為三類：一、史官書，除秦記外全燒；二、詩書百家語，非博士官所職全燒；三、秦史及秦廷博士官書猶存。" 另外，秦廷還制定了幾項禁令，以控制人的思想和言論。如，"敢偶語詩書者，棄市" 等。詳見錢穆：《秦漢史》，22-27 頁，北京，生活‧讀書‧新知三聯書店，2004。

10. 香港基本法第 5 條。

11. 香港基本法第 2 條。

12. 香港基本法第 19 條。

13. 香港基本法第 81 條第 2 款。

14. 英國享有對其海外殖民地包括回歸以前的香港的司法終審權，該終審權由英國樞密院司法委員會行使，上議院上訴委員會則是英國本土所有案件的終審法院。根據英國的憲法改革計劃，英國將要成立美國式的最高法院以取代上議院上訴委員會行使終審權。

15. 香港基本法第 16、62 條。

16. 香港基本法第 5 條。

17. 香港基本法第 6 條。

18. 香港基本法第 111 條。

19. 香港基本法第 116 條。

20. 香港基本法第 124 條。

21. 香港基本法第 128 條。

22. 香港基本法第 142 條。

23. 香港基本法第 119 條。

24. 香港基本法第 139 條。

25. 香港基本法第 136 條。

26. 香港基本法第 137 條。

27. 香港基本法第 9 條。

28. 香港基本法第 27-38 條。

29. 香港基本法第 39 條。

30. 香港基本法第 21 條規定，香港特別行政區居民中的中國公民依法參與國家事務的管理。

31. 香港基本法第 10 條。

32. 香港基本法第 23 條。

33. 香港基本法第 151-152 條。

34. 香港基本法第 14 條。

35. 香港基本法第 13 條。

36. 1996 年 5 月 15 日，第八屆全國人大常委會第十九次會議通過了《關於〈中華人民共和國國籍法〉在香港特別行政區實施的幾個問題的解釋》，該《解釋》規定，"凡具有中國血統的香港居民，本人出生在中國領土（含香港）者，以及其他符合《中華人民共和國國籍法》規定的具有中國國籍的條件者，都是中國公民……"，詳見藍天主編：《"一國兩制"法律問題研究》（總卷），156-160 頁，北京，法律出版社，1997。

37. 關於憲法在特別行政區的適用問題的分析，可以參見拙文：《"一國兩制"實施中的若干憲法問題淺析》，《法商研究》2000 年第 4 期。

38. 憲法第 31 條，香港基本法第 158-159 條。

39. 香港基本法第 15 條。

40. 中央和特別行政區之間的授權與被授權的關係在基本法第 2 條中有明確規定："全國人民代表大會授權香港特別行政區依照本法的規定實行高度自治，享有行政管理權、立法權、獨立的司法權和終審權。"

41. 〔奧〕凱爾森：《法與國家的一般理論》，沈宗靈譯，126 頁，北京，中國大百科全書出版社，1996。

42. 《鄧小平文選》第 3 卷，49-50 頁，北京，人民出版社，1993。

43. 香港基本法第 21 條。

44. CEPA 即《內地與香港關於建立更緊密經貿關係的安排》，於 2003 年 6 月 29 日在香港簽署。該《安排》的總體目標是：逐步減少或取消雙方之間實質上所有貨物貿易的關稅和非關稅壁壘；逐步實現服務貿易的自由化，減少或取消雙方之間實質上所有歧視性措施；促進貿易投資便利化。

45. 在 CEPA 的進一步開放措施下，內地允許符合相關規定的香港居民參加 38 項內地專業技術人員資格考試，參見香港特別行政區工業貿易署網站：http://www.tid.gov.hk/print/sc_chi/cepa/legaltext/cepa2_note. html。

46. 國家 "十一五" 規劃綱要指出：保持香港、澳門長期繁榮穩定。堅持 "一國兩制"、"港人治港"、"澳人治澳"、高度自治的方針，嚴格按照特別行政區基本法辦事，加強和推動內地同港澳在經貿、科教、文化、衛生、體育等領域的交流和合作，繼續實施內地與香港、澳門更緊密的經貿關係安排，加強內地和港澳在基礎設施建設、產業發展、資源利用、環境保護等方面的合作。支持香港發展金融、物流、旅遊、資訊等服務業，保持香港國際金融、貿易、航運等中心地位。支持澳門發展旅遊等服務業，促進澳門經濟適度多元發展。參見 "十一五" 規劃綱要第 48 章。

47. 2007 年 6 月 6 日香港特首曾蔭權在 "紀念特區基本法實施十週年座談會" 上的發言。新華網：http://news.xinhuanet.com/poli-tics/2007-06/06/content_6204376.htm。

48. 同上。

49. 同上。

50. 參見新浪網：http://news.sina.com.en/c/2006-11-29/084110636603s.shtml。

51. 在 1949 年建國前夕至 1954 年 12 月期間，大陸準備使用武力解放台灣，即通過戰爭的方式來實現中國全部領土的統一，並實行 "一國一制"。詳見程林勝：《鄧小平 "一國兩制" 思想研究》，283 頁，瀋陽，遼寧人民出版社，1992。

52. 《鄧小平論祖國統一》，24、36、41、42 頁，北京，團結出版社，1995。

53. 《鄧小平文選》第 3 卷，101-102 頁。

54. 1985 年 1 月 20 日鄧小平在會見香港核電投資有限公司代表團時講話指出："下一步要着手解決台灣問題，解決台灣問題的條件更寬，所謂寬就是台灣可以保留軍隊。解決台灣問題也不能一廂情願。"參見，《人民日報》1985 年 1 月 20 日。

55. 《反分裂國家法》第 7 條。

56. 憲法第 3 條。

04

"一國兩制"的初衷是實現並維護國家統一

原為作者 2017 年 4 月 29 日在香港基本法推介聯席會議
舉行的"紀念基本法頒佈 27 週年暨慶祝香港回歸祖國 20
週年研討會"上的演講稿全文

———— • ————

　　"一國兩制"構想產生於 20 世紀 70 年代末、80 年代初，通過基本法的起草成形於 20 世紀 80 年代末，隨着國家最高立法機關——全國人民代表大會 1990 年 4 月 4 日通過基本法而被法律化、制度化。任何偉大政治思想的產生都與當時的歷史條件、時代背景分不開。40 年前的中國剛剛結束"文化大革命"，經歷十年內戰內耗和高度政治掛帥，國家一窮二白、滿目瘡痍、百廢待興。當時的中國亟需撥亂反正、解放思想。中華民族面臨三大任務，或者說有三件大事：現代化建設、實現國家統一和維護世界和平。在聯合國安理會五大常任理事國中，中國是唯一尚未實現統一的國家。這三大任務之間可能是相互矛盾衝突的，比如按照當時的思維，實現國家統一要靠武力，而武力統一就沒辦法順利開展現代化建設。這就要求我們必須解放思想，運用超常規思維把推動現代化建設與實現國家統一、維護世界和平統一起來，一舉兩得乃至三得，三者相互促進，齊頭並進。這就產生了"一國兩制"。"一國兩制"是運用超常規思維解決歷史遺留問題的超常規解決方案。換句話說，正常情況下，一個國家是不會採取這樣的方式實現國家統一的。中國經歷了太多戰爭內亂，大亂之後人心思治，不希望繼續通過戰爭實現國家統一，希望和平統一，也希望國家統一可以成為國家現代化的助力並為世界和平做貢獻，而不對現代化建設和世界和平產生消極影響。"一國兩制"恰恰同時滿足了這兩方面乃至三方面的需要，自然成為國家的第一選擇。

從國家的角度看，提出"一國兩制"的目的、初衷首先是為了解決國家統一問題，完成第二件大事，也就是實現"一國"，這是前提和基礎。在此前提下，允許港澳台保留自己原有的資本主義制度和生活方式不變，也就是"兩制"。事實上，港澳回歸前與內地就是兩種制度，只不過那時候是"兩國兩制"。回歸後繼續保持"兩制"，但最大不同是已經成為"一國兩制"。對於港人而言，1997年以後"兩制"不是新鮮的，"一國"才是新鮮的。如果我們只談"兩制"，不談"一國"；或者人為突出"兩制"，淡化"一國"，我們就會迷失方向，甚至產生錯覺，以為還是"兩國兩制"。我曾經給一位美國朋友講"一國兩制"，故意只講"兩制"和高度自治，不講"一國"，結果那位美國朋友聽了後突然問我，如果這樣，香港與中國還有什麼關係？接着我就講基本法關於"一國"的規定，聽了後這位美國朋友才明白"一國兩制"的全部含義。可見，如果我們在講"一國兩制"和基本法的時候，如果有意無意只講"兩制"，不講"一國"，聽眾對"一國兩制"的理解就會產生重大偏差。這也許解釋了為什麼回歸20年，我們講"一國兩制"和基本法20年，近年來反而產生了不可思議的極端"港獨"或者"獨港"思潮。

我們必須認識到，實行"兩制"的前提條件是必須首先滿足"一國"的基本要求，能夠實現並維護國家的統一，這是大前提，是"兩制"賴以存在的根和本。如果沒有"一國"，"兩制"就成為無源之水，無本之木。如果"兩制"不僅滿足不了維繫"一國"的基本要求，走形、變樣太厲害，甚至被用來對抗"一國"、破壞"一國"，更有甚者以"兩制"為藉口鬧獨立，"兩制"反而成為維繫"一國"的障礙和阻力，讓國家感覺到不再安全，國家自身的存在都因為"兩制"而成為問題，在這種情況下，對於任何一個國家而言都會對"兩制"的安排產生深深的疑慮，出於生存的本能需要，都不會說我寧可不要國家主權、安全和統一，寧可丟掉自己的性命，也要堅決維護"兩制"和高度自治！如果真的出現這種情況，一個符合邏輯的自然發展就是寧捨"兩制"，也不能不要"一國"。國家都沒有了，"一國"的大前提消失了，"兩制"如何存在？所謂，皮之不存，毛將焉附？當然這絕對不是我們希望看到的，我相信國家希望看到"一國兩制"長長久久、順順利利，不斷取得圓滿的成功。但是我們確實需要防止想當然，以為一切都是必然的，耗盡了"一國"對"兩制"的包容、耐心和信心以及兩地之間形成的政治默契。

其實，1949 年後中國與英國就形成了這樣的默契：中國暫時不收回香港，由英國人繼續管治，但是英國必須確保香港不能成為反華基地，不能成為危害中國國家安全、統一和主權的地方。這就是為什麼 1997 年以前港英政府反而嚴格控制各種反華活動的原因，因為他們十分明白一旦把香港變成反華基地，拿香港來對抗整個中國，中國將毫不猶豫地運用一切辦法包括武力拿回香港，即便實行"一國一制"、即便沒有了繁榮穩定，也在所不惜。

1997 年後實行"一國兩制"實際上也有這樣的政治默契和前提，即一方面國家允許香港繼續原有的資本主義制度和生活方式，國家允許香港高度自治，自己管理絕大部分事務，另一方面"兩制"和高度自治不能危及到國家統一、不能威脅到國家安全和存在，不能讓國家感覺到"兩制"反而給自己帶來很大麻煩，自己的存在都天天受到威脅、受到挑戰，自己反而很不安全，有人試圖要把香港從我身上割走，利用"兩制"帶來的空間肆無忌憚地從事推翻中央的活動，而且不斷得寸進尺、步步緊逼，這些人甚至還可以當選議員、進入建制，並瘋狂地進入學校、毒害下一代！更令人擔憂的是，人們越來越對此見怪不怪，不加以制止，任其放任自流，沖毀香港繼續實行"兩制"和高度自治的底線和堤壩！這樣不僅不能擴大高度自治，更不可能實現"獨立"，也推翻不了中國共產黨和中央政府，反而會葬送"一國兩制"和高度自治。

還有一種現象就是只能你"兩制"，不能我"一國"，你高度自治可以，我一旦根據基本法履行自己的憲制責任、行使自己的憲制權力，就採取各種方法抵制抗拒，造成"一國"空洞化、形式化，把國家變成君主立憲之下沒有任何實權的"君主"，最後實際造成只有"兩制"而沒有"一國"。一旦產生上述這樣的情況，如果你是國家，你將如何選擇？你會冒着自己的生命危險繼續讓香港實行"兩制"和高度自治嗎？

因此，"一國兩制"的順利實施，除了堅守基本法之外，還有賴於香港與中央維持這樣的政治默契和互信。中央有誠意繼續堅定貫徹實施"一國兩制"，習近平主席和張德江委員長多次重申要堅持"一國兩制"的不改變，不動搖。但是我們在香港不能目中無國，只見"兩制"，不見"一國"，一定要誠心誠意地接受香港 1997 年已經永久回歸祖國的現實，1997 年是永久回歸，香港再也不可能離開祖國一分一秒，再沒有任何一個國家、任何一種勢力可以把香港從中國分離出去！在國家積貧積弱的時候，我們都不曾丟掉香港，以今日中國之強大怎麼可能會讓香港得而復失呢？

中央一再重申，國家會信守承諾，繼續讓香港高度自治，基本法規定的高度自治權一分一毫都不會打折扣，都會全面實施。與此同時，我們也要以對國家和香港高度負責的精神，展現同樣的善意和誠意，也要接受國家主權，接受中央依據憲法和基本法行使自己的權力，不能只許你自治，不許我主權。不要消費、消耗國家的好心好意、誠心誠意。我們要大大方方、光明正大接受國家主權及其派生的全面管治權，堅定地與自己的祖國站在一起，歸入祖國這一邊。要嘗試理解國家的苦心、真心。國家依法行使主權，做依法應該做的事情，不是干預，外國這樣做才是干預，就像不能說你的大腦干預你的手腳一樣，因為你本來就是國家的一部分。這樣才能夠形成"一國兩制"的良性循環：國家堅決保證香港繼續依法高度自治，堅決兌現各種承諾，香港堅決捍衛國家的主權、安全和發展利益。香港越能夠自覺捍衛國家的主權、安全和發展利益，國家就越放心讓香港高度自治，給的空間就越大。反之，我們越不能捍衛國家的主權、安全和發展利益，國家對我們的高度自治和"兩制"就越有戒心疑慮，自治的空間就越小，這就是"一國兩制"的惡性循環。中國人講，你敬我一尺，我敬你一丈，就是這個道理。中央在香港沒有設立專門維護國家主權、安全的法律機構，只能拜託特區了，這也是基本法對特區所有政權機構和所有居民的要求。

我們必須認識到，特區政權也是整個中國政權架構的有機組成部分，本來就有捍衛"一國"的法定職責和義務。如果國家是一條大船的話，香港就是這個大船的一個部位。如果這個部位出問題了，比如說有漏洞、進水了，威脅的不僅是這個部位的安全，而是整個船的安全，威脅船上包括 700 萬港人在內的 13 億人的生命安全。因此，香港的安全與國家的安全本質上是一個問題，不是兩個問題。維護包括香港在內的全中國的安全是中央和特區的共同責任。我們還必須認識到，成就一件事情需要很多人共同努力，但是破壞一件事情往往只需要很少人即可。因此，對待"港獨"這種似乎只有很少人從事的破壞活動，絕不能掉以輕心，麻痹大意。在處理這些大是大非問題上，我們必須頭腦清醒，高度負責，不猶豫，不懈怠，不含糊，不矯情，不打折。

　　既然"一國兩制"是在特定歷史條件下的超常規安排，因此既具有必然性，也具有偶然性。我們要認識到"一國兩制"和基本法來之不易，確實值得每一位同胞倍加珍惜，不要因為個別人的不理性行為破壞了整個"一國兩制"的大業。既然"一國兩制"前無古人，這就是一場偉大的試驗；既然是試驗，那就既可能成功，也可能失敗。一旦失敗，國家損失很大，但主要是面子，香港損失的既有面子，更多的是裡子，是全部。因此對於香港，"一國兩制"只許成功，不能失敗。

　　作為學者，我希望講真話，講實話。為了國家好，為了香港好，為了每一位港人的切身利益，我們必須講真話、講實話，做應該做的事情。忠言逆耳，良藥苦口，也許大家不希望聽這樣的話。正是因為愛香港，熱愛"一國兩制"事業，我才講出來，這完全是善意提醒，不代表任何官方立場。令人高興的是，"一國兩制"迄今 20 年的實踐總體上是很成功的（so far so good），成績舉世公認。環顧世界，相比其他發達經濟體，香港 20 年來的表現相當出色出彩，"一國兩制"展現了強大的生命力和旺盛的活力。在中華民族如此接近全面復興的今天，我們有充分的智慧、頑強的毅力、足夠的耐心解決前進中遇到的各種問題和挑戰。

　　我真心希望在香港回歸祖國 20 週年之際，在已經取得的成就基礎上，"一國兩制"偉大事業再啟蒙、再出發，牢記初衷，"一國兩制"全面進入良性循環，基本法全面準確貫徹實施。這既是為了偉大

祖國，更是為了香港 700 萬民眾的根本利益和福祉。我堅信 "一國
兩制" 偉大事業前途無限，香港和祖國的明天更加美好，誰也阻擋不
了我們前進的步伐！

05

"一國"之下"兩制"的相處之道

2016 年 7 月 16 日，作者以清華大學教授、香港基本法澳門基本法研究會會長的身份在"一國兩制"與基本法研討會頒獎禮暨《紫荊論壇》創刊五週年慶典上作主旨演講，本文是作者根據演講內容充實整理，原文刊載於《紫荊》雜誌 2016 年 8 月號

————— ● —————

　　香港自古以來即為中國領土。公元前 221 年秦始皇統一中國後，很快就派大軍深入嶺南地區，在此設立郡縣，開始對廣東地區包括當時的香港一帶實施管轄，自此歷朝歷代中央政權莫不如此，到今年（編按：2016 年）已經 2,237 年。雖然 1840 年鴉片戰爭後，香港被英國強佔並進行了 150 多年的統治，中國政府已於 1997 年 7 月 1 日恢復對香港行使主權，實現了香港回歸，迄今已經 19 年。展望未來，一百年、一千年，永遠永遠，香港都是中國的一部分，沒有人能把香港從祖國分離出去。從歷史長河來看，與香港是中國的一部分已有兩千多年而且還要一直是中國的一部分相比，英國管治香港這 150 多年實在是彈指一揮間，根本改變不了香港的血脈和中國屬性，香港的本質和本源是中國 / 東方，不是英國 / 西方。隨着時間的推移，香港與祖國的聯繫將更加緊密，中國人的認同將更加堅定和牢固。無論回歸後發生了多少風風雨雨，無論 150 多年外族統治發生了什麼事情，香港最終都要堅決、堅定地與自己的祖國站在一起，這是誰也改變不了的歷史潮流和時代大勢。

　　既然"一國"是永遠的，是誰也無法改變的歷史、現實和未來，

"兩制"就是最佳的選擇，而且最好是長遠的安排，我堅信"兩制"必將跨越 2047 年。既然"一國"是永恆的，"兩制"又是長遠的，我們就應該認真尋找"一國"之下"兩制"長遠融洽相處之道，最大限度地取其利、避其短，實現互利雙贏。我認為，要實現這個目標，需要解決以下三個問題。

一、香港如何正確看待自己的祖國

要處理好"兩制"之間的關係，香港首先要對自己的祖國有正確、全面、客觀的認識。我們不僅要認識祖國的過去，也要認識祖國的現在，既要接受過去的祖國、歷史上的中國，也要接受現在的祖國。一些香港朋友表示，他們很接受歷史上的中國、文化上的中國，但現實的、現在的中國，讓他們接受很困難。今天的中國和過去的中國是不可分割的，因為她是過去中國的自然延伸和發展。今天，中國的政治、經濟、社會、文化也是兩千多年特別是過去 100 多年中國社會發展的必然選擇和歸宿，我們沒有辦法選擇我們的過去，沒有辦法選擇我們的歷史，我們只能把握好今天。所以我們必須接受今天的中國、現在的中國，而不僅僅是歷史上、課本上的中國。

第二，我們不僅要接受苦難、貧窮、落後的中國，更應該接受繁榮、富強、進步的中國。我們對國家的歷史記憶，一直是苦難的中國、貧窮的中國、落後的中國。在香港被英國人佔領統治的 150 多年裡，香港人大部分時間裡看到的是一個落後、貧窮、艱難的祖國。到現在一些沒有親自到內地訪問、參觀的人，腦海中"認識"的祖國仍然貧窮落後。但是經過改革開放 30 多年的發展，我們國家已逐漸繁榮、強盛起來。我們應當了解和認識到，今天的國家已經變化，祖國正在進步。但無可否認有些人對祖國的發展、變化和進步不適應，習慣於看到一個落後的家鄉。這是一個心態調適的過程，港人要和祖國內地人民一樣，為國家的進步、為國家的繁榮、強盛感到驕傲，感到自豪，而不應做局外人。《論語》中有一句話：己欲立而立人，己欲達而達人。意即如果你想站起來，你一定要幫助其他人站起來；如果你要想被人理解，你要幫助其他人去理解。香港比祖國先發達起來，也要幫助祖國發達起來。經過這些年的努力，祖國內地和香港確實一同站起來、發展起來了，我們應該以此自豪，應該接受發展起來的祖國。

第三，祖國雖然還有不少不足的地方，還有不少缺點，但也要看到並承認國家一直在進步。一些媒體報道祖國負面的東西很多，有的是事實，但有的並不客觀。沒有一個國家沒有負面東西，沒有一個國家是完美的，除了解國家存在的負面東西外，我們更要看到祖國的進步、祖國的優點和祖國的長處，特別是改革開放以來取得的巨大成就。我在 20 多年教學歷程中有一個很深的感受，如果看不到學生的優點，只看他的缺點，這個學生的缺點就會越來越多，缺點不斷被人為放大。如果你不斷欣賞、鼓勵學生的優點，這個學生的優點會越來越多，進步越來越快。我們非常歡迎媒體監督，特別是港澳同胞對國家有很多批評建議，國家絕對歡迎，但是我們也要看到國家的進步。與人一樣，國家如果有進步，也需要大家給予鼓勵，國家也需要掌聲。

第四，要客觀、科學認識國家的政治體制。最近，全世界發生了很多的事情，前不久英國舉行了“脫歐”公投，7 月 16 日法國發生恐怖襲擊，包括美國、土耳其等發生了非常恐怖的事情。南中國海因仲裁不公而風雲激盪。今天的世界很不平靜、不太平，有一個根本的原因，就是有一些國家自認為自己的制度最好，從而不斷向其他國家推銷，你不接受，就強迫你接受。結果是什麼？不僅是所謂的“好制度”沒有建立，反而使這些國家失去了秩序，失去了基本人權，發生人道災難，大量平民喪生。我在清華大學教過的一個學生今年（編按：2016 年）從哈佛大學肯尼迪學院研究生畢業，回到上海，在一間大國際律師事務所工作。她有位敘利亞同學說：“我很羨慕你有一個和平的祖國可以讓你隨時回去，我無家可歸，我的家鄉現在戰火紛飛，滿目瘡痍。” 她的敘利亞同學因為戰爭失去了父母、失去了家園，他的國家失去了基本秩序。國家的基本功能就是能夠為國民維持良好秩序，提供和平的環境，這是最寶貴的，也是人的第一需求。中國今天政治制度的形成不以任何人的意志為轉移。近代以來中國嘗試過各種制度，包括西方的政治體制例如三權分立、議會制、總統制、君主立憲制等都曾經嘗試過，但最後都以失敗而告終，有些甚至引起國家內戰。今天中東很多國家正在經歷的，歷史上我們都似曾相識。想當年，中國也有大量的難民。難道我們今天來之不易的和平環境、繁榮的局面能隨便不要了嗎？一些香港朋友對國家的政治體制和制度有各種各樣的看法，這很正常。比如為什麼要中國共產黨領導？在香港談中國共產黨領導比較敏感。本人曾經應邀到很多國家的大學去講中國共產黨，他們沒有請我去講憲法，卻請我講中國共產黨。包括美國 MBA 學生到清華大學來交流也讓我講中國共產黨。我問他們為什麼要學習、了解中國共產黨？他們說因為中國共產黨是中國政治制度的組成部分，要了解中國，就要了解中國的政治；要了解中國政治，不可能不了解中國共產黨。他們希望了解的是真實的中國。我們不能假裝中國沒有共產黨。所以香港同胞應真正認識和了解自己祖國的制度，包括共產黨的領導，這是自然形成的，是中國社會發展的必然規律。我們沒有辦法選擇歷史，也沒有辦法選擇祖國，我們只能共同努力把自己的祖國建設得更好。

我在準備這篇演講稿的時候，收到一條微信，說突然感覺自己的祖國真不容易：國力要和美國比，軍事要和美國、俄羅斯比，福利要和北歐比，環境要和加拿大比，法治要和英國比，製造業要和德國、日本比，華為中興要與蘋果三星比，聯想要與 IBM 比，長城奇瑞要與通用豐田比，龍芯要與 intel 比，中國自己研製的大型客機 C919 要與波音空客比！祖國真的不容易，這麼多要求放在一起，都要同時滿足，能做到嗎？近代以來，受西方列強欺凌，中國丟掉了 300 多萬平方公里的領土，生靈塗炭、民不聊生，被西方列強打得趴在地上 100 多年。今天我們終於站起來了，中國人可以揚眉吐氣了。但是我們對國家的各種要求，遠遠超出了國家所具備的條件。國家這些年取得的成績我們往往忽略，而且還會不斷提更多新要求。但是，不管你認識不認識，祖國就在那裡，她就是你的祖國，你也沒辦法選擇。祖國跟你有密切的關係，不會因為你假裝沒有祖國，祖國就沒有了。你不認識祖國，損失不是祖國的，是你自己的。如果香港是一本厚厚的書，祖國可以說是一本更厚重的書。我們要全面深入認識今日之中國，理解國家面臨的各種挑戰和困難，要主動地為國家的發展做貢獻，在中華民族復興的偉大事業當中做一個參與者，而不是一個旁觀者。當然你也可以不參與，但不管你參與不參與，中華民族都要振興，都要發展，但香港可能會失去很多機會。我們必須認識到，香港不能沒有祖國，離開了祖國，我們沒有辦法生存。總之，從中國和世界歷史長河來看，香港的根、香港的本、香港的源，香港的過去和未來都在中國，這是絕對跑不掉的。

二、香港是中國改革開放最大的受益者

我們要客觀認識、評價英國的殖民統治。有人覺得英國150多年的統治從頭到尾都非常美好，每一天都非常美好。客觀地說，在上世紀50年代，香港各方面的狀況還不如上海，當時上海是遠東的大都會，無論哪方面，發展都比香港好。上世紀60-70年代，香港的生活要比內地好一些，但也不是說非常繁榮。香港真正的發展是從上世紀70年代中末期開始的，在此以前，香港不敢說自己有法治，那時候香港也曾經腐敗橫行，特別是英國殖民統治者對我們中國人，沒有什麼公平正義，沒有什麼法治。必須承認，香港經濟的騰飛和國家的改革開放幾乎同步。我觀察，香港實際上是中國改革開放最大的受益者。

由於特殊的地理和歷史地位，香港一直扮演着中國內地跟世界各方面的"聯絡人"的角色。"聯絡人"一定是雙向的，如果一方不開放，你沒辦法擔當聯絡人的角色。所以改革開放使香港"聯絡人"的功能和作用充分發揮了。當然內地也在這個過程中發展壯大起來。

改革開放38年來，香港和祖國內地同舟共濟，共同發展。國家在發展，香港更在發展，才取得了今天這樣的成績。當然最近這些年，內地發展得更快，香港因為政治上的一些爭拗，影響了經濟、社會的發展，但上世紀80-90年代，香港的發展速度超過內地。港人靠自己的勤奮和努力，靠"超級聯絡人"的地位，取得了令人羨慕、令人驕傲的成績。香港是國家重要的資產，沒有香港，中國的現代化可能要摸索更長的時間。香港為國家的改革開放，特別是市場經濟建設作出了巨大的貢獻，這是中國其他任何一個地方都沒辦法取代的。

俄羅斯的市場經濟改革為什麼失敗？因為俄羅斯沒有一個具有像香港一樣地位、功能和角色的地方，沒有市場經濟的經驗。

除了香港要認識祖國外，國家也要認識、理解香港。如何認識香港的過去？如何在中國大發展的背景下為香港定位？這也是我們必須面對和解決的問題。我們要欣賞香港，欣賞香港的文明、法治。我聽到不少內地來香港工作的同事講，在香港不會丟東西，手機甚至信用卡丟在出租車上，丟在地鐵上都能找回來。香港人辦事都自覺排隊。香港有非常多的值得我們學習的地方。祖國內地跟香港比，不少地方還有很大的差距，所以要充分發揮香港所長，把香港的發展與祖國的改革開放戰略更加密切地聯繫在一起。

三、"兩制" 要融洽相處

內地與香港相處要做到以下幾點：首先，要堅守法治的原則，合情合理地處理兩地關係。英語有一句格言："Good fences make good neighbors." 意思是，有好的籬笆，才會有好的鄰居。香港同廣東省，同內地其他地方相處也好，要做 good neighbors，有 good fences。中國也有一個類似說法："親兄弟，明算賬。" 在兩地關係上，可以解釋為，我們要嚴格按照法律來處理問題。同時，在合法的情況下，還要合情合理，要考慮到兩地是一家人，是骨肉同胞。

第二，共同維護憲法的尊嚴。憲法既是國家的根本大法，也是事關中央與特區關係的最高法律依據。"一國兩制" 從哪裡來的呢？有人說基本法，其實不對。"一國兩制" 最早是中央的文件，它的法律化是在 1982 年，而香港基本法是 1990 年制定的。1982 年，國家制定了今天的憲法，就已經把 "一國兩制" 的精神原則寫進了憲法。那麼對 "一國兩制" 最大的保護就是國家憲法。特別行政區實行的制度由全國人大以法律規定，這就是 "一國兩制" 與憲法的淵源。香港作為中國的一個特別行政區，要尊重國家憲法規定的制度，要尊重我們的祖國。這是基本的相處之道，我不改變你的資本主義制度，但是你也不要改變我的社會主義制度。香港實行什麼樣的體制、實行什麼樣的法律，國家給予高度尊重，但也希望香港尊重國家的憲法和憲法制度。

第三，國家要嚴格地依據憲法和基本法行使主權，擔負起對香港的憲制責任。不應該把中央依據基本法行使職權、履行職責的行為視為是對特區的“干預”。我經常聽到有香港朋友講，為什麼不喜歡西環，因為西環老“干預”香港。如果基本法規定的高度自治的事項，西環去干預、北京去干預，那可以說是違反了基本法。但是基本法本來規定了就是中央的職責，就是中央該做的事情，那不是“干預”，是在履行憲制職責，履行法定的職能。中央行使自己的職權，是合法合憲的行為，既是權力，也是責任。

第四，確保特別行政區依照基本法充分行使高度自治權。特區政府的高度自治權都是寫入基本法的，包括行政管理權、立法權、獨立的司法權和終審權，以及基本法第 5 章、第 6 章規定的那些高度自治的事項。兌現這些權力，也是落實“兩制”的需要，中央給予認可和尊重。當然，特區擁有這些自治權的同時，意味着也要獨立地承擔責任。比如，最近關於今年（編按：2016 年）立法會選舉的問題，我們要尊重、支持特別行政區嚴格依據基本法和本地的法律處理選舉當中出現的問題，特別是“港獨”人士參選的問題。特區政府和選舉管理委員會發表聲明、作出決定，要求參選人在聲明中擁護基本法、效忠特別行政區，要對此進行確認。我覺得這是合法、合情、合理的。因為，“港獨”意味着要把香港從國家分離出去，要建立一個獨立的國家，要廢除基本法，要成立一套新的政府架構、政權機關，也就是他們不承認香港的立法機關、不承認香港的行政長官、行政機關、司法機關，“港獨”要推翻整個特別行政區政府，那我們還允許他參選立法會？這邏輯上通嗎？我們必須要明確，任何法律之外的行為都是非法的，這是法治的基本原則。

香港一直以法治健全為驕傲，我們非常支持特區堅守法治的底線，依法處理關於“港獨”人士的參選問題。因為參加選舉是一種政治行為，不是開一般的研討會。“港獨”分子參選，本質上是要把“港獨”理念注入到香港特區依據基本法確立的政治過程當中。所以我們非常理解、也非常支持特區政府能夠面對、解決“港獨”問題，這是香港長治久安所必需的。

最後，古人當年所講的人與人之間的相處之道，可以給"兩制"之間如何相處提供參考。"君子和而不同，小人同而不和。"中文的意思大家聽得太多了，講得太多了，覺得很平常。但是翻譯成英文，可能會讓人有更深刻的理解：Gentlemen get along with each other without compromising their principles and values. Petty persons always compromise their principles and values without getting along. 就是說，兩地永永遠遠、世世代代生活在一起，一定要 get along（和），在 get along 的前提下，你的 values 及 principles 不需要 compromise（妥協、讓步），這就是兩地相互之間的尊重。希望兩種制度都是 gentle system。只要嚴格貫徹法治原則，合情合理地處理兩地的關係，香港的明天、祖國的明天一定會更加美好，一加一，一定大於二。

祝福香港，祝福大家！謝謝！

06

"一國兩制" 下港澳居民在國家的權利和義務

寫作於 2008 年 11 月 21 日

————————— • —————————

香港和澳門回歸中國並成立特別行政區後，這兩個地方的中國公民在國家應該享有什麼樣的權利，履行什麼樣的義務，一直不為學界所關注。近年來，隨着中國國際地位的不斷提升以及港澳兩個特別行政區國民教育的加強，特區居民中國公民的意識也得到不斷提高。一些現實問題比如特區居民在內地的升學就業應該享有什麼樣的權利逐漸提出來。這個問題的妥善解決，不僅是特區居民自身的需要，也是加強國家凝聚力的需要，對鞏固國家統一具有重要意義。

前言：公民權利與國家統一

公民是組成國家的重要元素之一。[1] 現代國家都宣稱一切權力屬於人民，人民是國家的主人。憲法還據此規定了本國公民享有的眾多權利，這些權利是國家賦予自己公民的特權，因為居住在本國的外國公民是不能享有這些權利的。這也是人權與公民權的不同之處。人權是人人都享有的，不管是否本國公民都享有；而公民權則必須以具有公民身份為前提。

公民權利與國家統一有何關係呢？所謂國家統一，對於公民而言，主要就表現為一種身份認同，即一個人不僅在法律上屬一個國家，而且心甘情願承認自己是該國家的一分子。一個人為什麼要心甘情願、誠心誠意地承認自己屬於一個集體，而不是屬於另外其他的群體，這其中的原因很複雜。自然的血緣因素很重要，比如子女承認父母和自己的家庭，這是自然形成的，不論自己家庭的好壞都要承認和接受。一個人不能選擇自己的出身、選擇自己的父母，但是可以選擇與什麼人交朋友、和什麼人結婚、參加什麼樣的社會組織。一個人決定與另外一個人交朋友乃至結婚，組成一個家庭，很大程度上是因為這兩個人的興趣愛好相投，當然也有因為經濟、政治原因走到一起來的。而一個人決定加入一個社會組織，例如俱樂部或者一個社團，通常的原因都比較實際，大多是因為加入這個組織會給自己帶來好處，這些好處是其他一般人無法享有的，是基於成員身份而享有的特權。同樣，當一個地方決定歸屬一個國家的時候，除了歷史的原因外，很大程度上是因為加入這個國家、或者這個國家集團（例如北約、歐盟），能夠給自己帶來很大的政治上、經濟上的好處。

反過來，一個國家或者國家集團給自己的成員越能夠帶來各種權利和利益，她的成員（人民）就越熱愛這個國家或國家集團，這個國家或國家集團的凝聚力就越強。如果一個國家賦予公民的權利太少，公民待遇很差，權利沒有保障，那就很難讓國民熱愛自己的國家，國家的凝聚力也就很難維持，而國民也很難有自豪感。因此，一國公民權利的大小、多少及其實施狀況如何，對實現並維護國家統一，可謂至關重要。

要享有一國公民的權利，就必須具有這個國家的國籍。現代國家國籍的取得，除了出生取得外，還可以通過後天加入而取得。一般國家也都允許國民改變國籍。如上所述，一個人決定加入另外一個國家的國籍，通常的原因都是非常實際的，即那個國家的國籍身份能夠給自己帶來特殊的權利，比如那個國家的公民可以不用辦理任何簽證而到很多個國家自由旅行，或者那個國家的福利好，也就是說那個國家公民身份的 "含金量" 高。而一個國家要鞏固自己的統一，增加國民對國家的認同感和向心力，讓公民自覺愛國，非常高興承認自己是某國人，甚至以成為某國公民而驕傲和自豪，就必須不斷做好以下工作：

第一，不斷提高公民權利保障的水平，從量和質兩個方面保護好自己公民的各項權利，也就是提高公民身份的 "含金量"。首先要不斷擴大公民權利的範圍，增加公民的社會福利；其次要提高公民權利保障的水平，減少乃至杜絕侵犯公民權利事件的發生。

第二，要讓公民與國家尤其中央政府直接發生關係，讓公民有國家主人的感覺，對國家大事有參與的機會。如果國家大事與自己無關，都是"肉食者謀之"，布衣百姓根本無從問津，那麼，公民與國家的關係就會漸行漸遠，就會離心離德，乃至最終要脫離國家，導致一個地方的獨立。中國古代科舉考試的其中一個功能就是在中央政權與社會草根尤其天下讀書人之間建立了一個直通車機制，也是最高統治者與民間的一個對話機制，任何一個公民無論出身多麼卑微，只要通過考試即可"朝為田舍郎，暮登天子堂"。儘管通過考試很難，但這為所有公民提供了法律上的平等機會，讓所有人感覺到這個政府是屬於自己的，中央並不遙遠，從而產生自然的向心力。聯邦制下聯邦政府依據憲法負責的事項，聯邦政府一定會直接負責到底，不通過任何中間環節，其中道理也是要與人民直接打交道，讓人民能夠真實感覺到"中央"的存在，而不僅僅是地方政府。因此，讓人民享有一定權利，尤其政治權利，是實現並鞏固國家統一的重要機制。

第三，必須加強在國際範圍內對公民和僑民的保護。一個人在異鄉他國發生了問題，在孤立無援的情況下，是最需要自己祖國關懷的。如果在這種情況下，自己的祖國不管不問，那就很難讓他對國家產生歸屬。反之，如果立即有政府官員給他提供各種幫助，他立即就認識到自己國民身份的價值，對國家的歸屬感就會油然而生。

可見，一個國家如何對待自己公民的權利、如何在國內外保護自己的公民，的確關乎國家的統一問題。只有不斷加強公民權利的保護，公民才會產生對國家的認同和歸屬，才不會與祖國保持距離、視祖國如他國。

按照"一國兩制"的方針，我們已經實現了香港和澳門的回歸。根據全國人大常委會對《國籍法》在港澳實施所分別作出的解釋，港澳永久性居民中的中國公民自回歸之日起，都是中國公民。[2] 根據兩部基本法的規定，這些特殊的中國公民除了享有基本法規定的各種權利和自由外，還依法享有參與國家管理的權利。[3] 中國憲法第 33 條又規定，公民在法律面前一律平等。因此，從憲法上講，特區居民應該享有與內地居民完全相同的公民權利，包括平等的政治權利。

但是，我國處理港澳問題採取的是"一國兩制"的政策，我們一方面肯定特區居民的中國公民身份，允許他們享有相當一部分公民權利，實際上在有些方面他們長期享有比內地居民權利更多的權利，甚至是特權；另一方面，我們又不得不對其在內地享有的權利施加一定的限制，短期內不可能賦予他們與內地居民權利完全相同的公民權利。如果這樣做，我們在理論上和實踐上，又如何能夠自圓其說，我們到底應該賦予特區居民哪些權利，給予他們什麼樣的政治待遇，這就是我們必須認真研究的課題。

一、特別行政區中國居民在最高國家權力機關的代表權問題

特別行政區中國居民在最高國家權力機關的代表權包括三個問題，一是以特區的名義單獨組團出席全國人大的權利，二是特區全國人大代表的名額問題，三是特區在全國人大常委會的代表問題。

（一）特區（特區居民）有權單獨組團出席全國人大

在我國行政區劃中，香港、澳門本來屬廣東省。回歸後，他們都升格為與廣東省平級的特別行政區。香港、澳門特別行政區作為中國的地方區域，不僅享有高度自治權，可以自主處理大部分地方事務，而且還有權以集體的名義單獨組團出席全國人大，參加管理全國性事務。這說明，特別行政區作為省級地方政權，有權以本地方名義直接參加國家最高權力機關的工作。回歸後，兩個特別行政區立即組成自己的代表團出席全國人大會議，人民大會堂也分別建立了香港廳和澳門廳。特別行政區代表團享有與其他省代表團平等的憲法權利，有權以代表團的名義提出議案，並參加對有關議案、決定的表決等等。通過這些形式，一方面維護了本特別行政區的利益，另一方面也行使了憲法賦予中國公民當家作主的權利。

根據全國人大組織法的規定，任何一個代表團都有權單獨向全國人大提案，儘管其代表人數可能達不到法定的 30 人提案人數的要

求。[4] 由於我國代表機關實行一院制，因此，只能通過這樣的方式讓人口特少的組成單位，例如澳門、西藏、寧夏、海南等，在全國人大也有平等的代表權。這種安排類似西方國家上議院（參議院）的功能，即國家的每一個組成單位，無論地方大小、人口多少，都應該有平等的代表權。例如美國參議院議員名額的分配，各州無論人口的多少，地方的大小，都有兩個議員名額。而眾議院議員名額的分配，則按照各州人口的多少來分配，以體現民主原則。如果參眾兩院都按照人口的多少來分配名額，一些小州根本就不可能產生一個議員。

因此，全國人民代表大會在確定代表名額和代表產生辦法的時候，也要考慮大省（直轄市、自治區、特別行政區）和小省（直轄市、自治區、特別行政區）的平等問題，不能完全按照各地人口的多少來決定代表的名額。

（二）特區全國人大代表的名額

根據憲法，全國人民代表大會由省、自治區、直轄市、特別行政區和軍隊選出的代表組成。全國人民代表大會代表的名額不超過3,000 人。名額分配由全國人大常委會根據情況決定。香港特別行政區、澳門特別行政區應選全國人民代表大會代表的名額和代表產生辦法，由全國人民代表大會單獨規定。

如果以 3,000 個代表計算，全國 13 億人口，大約每 43.3 萬可以選舉一名代表（如果完全按照人口多少來決定的話）。這樣澳門只能產生大約一名全國人大代表，香港只能產生大約 16 名全國人大代表。但是，根據 2007 年 3 月 16 日第十屆全國人民代表大會第五次會議通過《香港特別行政區選舉第十一屆全國人民代表大會代表的辦法》和《澳門特別行政區選舉第十一屆全國人民代表大會代表的辦法》，在 2007 年選舉產生的第十一屆全國人大 2,987 名代表中，香港特別行政區有 36 名，佔代表總數的 1.2% 多；澳門特別行政區有 12 名，佔代表總數的 0.40%。與此同時，中國人口最多的省——河南省（人口近億）卻只有 166 名，與其龐大的人口不成比例。山東代表團的代表人數最多，有 181 名。[5] 由此可見，特區在最高國家權力機關中的代表名額與其人口相比，比例是偏高的。

（三）特區在全國人大常委會的代表

全國人大常委會是全國人大的常設機關，在全國人大閉會期間，行使最高國家權力。全國人大常委會共有 175 名委員。按照慣例，每一個特別行政區通常有一名全國人大常委會委員，參加全國人大常委會的工作。

二、特區居民的選舉權和被選舉權：特別行政區全國人大代表的選舉

人民代表大會制度是中國的根本政治制度，特別行政區居民應循着人民代表大會的途徑參與國家管理。但是由於特別行政區並不實行人民代表大會制度，因而其選舉全國人大代表、行使選舉權和被選舉權的辦法既不同於產生本地議員的方法，也不同於內地一般省市區產生人大代表的方法。

（一）特區居民不在內地參加人大代表的選舉

根據中國的戶籍制度，內地居民的選民登記原則上依照經常居住地或戶口所在地進行，即參加選舉的選民在其經常居住地或戶籍所在地登記並參加選舉。[6] 香港、澳門特區居民由於不納入內地戶籍管理制度，所以並不登記為內地選民，也就不能在內地參與人大代表的選舉，包括全國人大代表和地方人大代表的選舉。他們只能在 "戶籍所在地" 即特別行政區參與特區全國人大代表的產生。

（二）特區全國人大代表的選舉

特區居民只能在特區內行使公民的選舉權。由於目前我國全國人大代表不採取直接選舉的辦法，而是由省級人大間接選舉產生，因此特別行政區的全國人大代表也不由直接選舉產生，而是由一個選舉會議選舉。具體的選舉辦法由全國人大專門以法律規定。

特別行政區選舉全國人民代表大會代表的辦法，基本法並沒有作出規定。1997 年 3 月 14 日第八屆全國人民代表大會第五次會議通過了《香港特別行政區選舉第九屆全國人民代表大會代表的辦法》，

這是我國人大代表選舉法的特別法。其中規定，香港特別行政區選舉第九屆全國人民代表大會代表由全國人民代表大會常務委員會主持。香港特別行政區應選第九屆全國人民代表大會代表的名額為 36 名。香港特別行政區選舉的全國人民代表大會代表必須是香港特別行政區居民中的中國公民。

同樣，1999 年 3 月 15 日第九屆全國人民代表大會第二次會議通過《澳門特別行政區第九屆全國人民代表大會代表的產生辦法》，這也是人大代表選舉法的特別法。依據該規定，澳門特別行政區成立後選舉產生了 12 名全國人大代表，組成代表團，代表澳門的中國公民履行他們的憲法職責。

2002 年 3 月 15 日第九屆全國人民代表大會第五次會議和2007 年 3 月 16 日第十屆全國人民代表大會第五次會議對這兩個產生辦法分別進行了修改，特別行政區據此分別選舉產生了第十屆和第十一屆全國人民代表大會代表。這兩個選舉辦法是中國選舉法的特別組成部分。

（三）特區全國人大代表的權利

特別行政區的全國人大代表在人大會議上，享有和其他省、市、自治區選舉產生的全國人大代表同樣的權利。全國人大代表是最高國家權力機關的組成人員，依照憲法和法律賦予全國人民代表大會的各項職權，參加行使國家權力。全國人大代表的這些職權包括：在全國人大會議期間，出席大會，審議列入大會議程的各項議案和報告，依法提出議案，以及建議、批評和意見，參加各項選舉活動，聯繫群眾、聽取意見，向全國人大常委會提出對各方面工作的建議、批評和意見等。

（四）特別行政區全國人大代表和特別行政區的關係

根據憲法、全國人大組織法和地方組織法的規定，內地的全國人大代表在本地方事務的決策上有一定的參與權，而且可以列席本地的人大會議，有法定的職責監督地方政府的工作和法律在本地的執行情況。

但是，特別行政區的全國人大代表不可以列席特別行政區立法機關的會議，對特別行政區政府的施政也不應干預。因為他們的工作是在中央，參與的是全國性大政方針的決策，應該關注全國性事務。

根據全國人大常委會的有關規定，特別行政區的全國人大代表不干預特別行政區自治範圍內的事務；除正常行使人大代表參政議政的權利之外，可向人大常委會提出對內地各方面事宜的建議、批評和意見；向人大常委會轉達本地居民對內地各方面事宜的意見和申訴。[7]基本法明確規定，監督特別行政區政府是特別行政區立法會的職責，而不是特區全國人大代表的職責。他們可以通過中央人民政府駐特區聯絡辦公室與特別行政區政府溝通。[8]

可見，特別行政區全國人大代表的職責嚴格限制在中央事務方面，特別行政區選出的這些“國會議員”在自己的“選區”即特別行政區內的權力有嚴格限制，其目的是保證“一國兩制”的實施。

香港基本法第 159 條和澳門基本法第 144 條規定，特別行政區如果提議修改基本法，須經特別行政區的全國人民代表大會代表 2/3 多數、特別行政區立法會全體議員 2/3 多數和特別行政區行政長官同意後，交由特別行政區出席全國人民代表大會的代表團向全國人民代表大會提出。這說明，特區全國人大代表在特區還是有一定的職責，而且是非常重要的責任，即參與提案修改基本法，並代表特別行政區向全國人大提出修改基本法的提案。

三、特區居民在中央政府擔任公職的權利

在參與管理全國性事務權利方面，特別行政區的中國公民有擔任國家領導職務的權利。以前港澳同胞在中央的職務較多是全國人大及其常委會和全國政協的職務，目前特區居民擔任最高的國家領導職務是全國政協副主席。最近這些年中央政府開始啟用港澳人士擔任重要的行政職務，如香港著名大律師梁定邦和史美倫曾經分別擔任中國證監會首席顧問和副主席，對中國證券行業的發展發揮了很大作用。在中央政府的大力支持下，香港特區前衛生署署長陳馮富珍成功當選世界衛生組織總幹事。

在國家層面擔任重要行政職務與擔任全國人大代表一樣，強調必須是特區居民中的中國公民。根據基本法規定，港澳的外國永久性居民不可以參與治理國家，中國國家層面的權利僅限於中國公民行使。

四、特區居民通過政治協商會議參政議政的權利

特區居民除了通過人大直接參加國家事務管理和擔任國家公務員外，還有權通過人民政協參政議政。中國人民政治協商會議全國委員會特邀香港人士和澳門人士作為特邀委員參加人民政協的工作。儘管政協不是國家機構，但是它在國家政治生活中扮演重要角色。有些學者把它視為中國 "議會" 的 "上院"，這個比喻雖然不準確，因為中國的政協和英國議會的上院、美國的參議院性質上是根本不同的，但是它從一個層面說明了政協的重要性。根據《政協章程》的規定，人民政協的主要職能是政治協商和民主監督，組織參加政協的各黨派、團體和各界人士參政議政。

港澳回歸後，中國人民政治協商會議第九屆全國委員會特邀香港人士 119 名、澳門人士 26 人作為港澳委員參加全國政協的工作，並設立了專門的港澳台僑專門委員會，負責有關港澳台事務和僑務。政協九屆全國委員會共有委員 2,272 名，因此港澳地區委員的比例是比較高的。中國人民政治協商會議第十屆全國委員會特邀香港人士 122 名、澳門人士 27 人。中國人民政治協商會議第十一屆全國委員會共有委員 2,237 名，其中特邀香港人士 126 名、澳門人士 29 人，人數略有增加。

除了全國政協外，還有許多特區居民在各省、直轄市、自治區、省轄市乃至區縣的政協擔任委員。

特別行政區的全國政協委員享有其他省、市、自治區委員同樣的權利和待遇。除此之外，他們還享有其他一些特殊的便利。

五、特區居民的身份證件和領事保護問題

（一）公民身份證問題

在我國，確定公民身份的基本方式是頒發居民身份證。居民身份證通常是根據公民的申請由其戶籍所在地的公安機關製作、發放。隨着香港、澳門的回歸，我國區域可分為內地（相對台灣稱為大陸地區）、香港特區和澳門特區以及台灣地區。相應地，在我國境內，公民的身份也有上述四種不同類型。內地居民持有的是中華人民共和國《居民身份證》，香港和澳門特區居民領取的是《回鄉證》。台灣居民在大陸旅行、工作、居住持有的是《台灣同胞證》。這些都是我國公民身份的證明，目前還沒有全國統一的公民身份證。

2006 年 3 月 16 日公安部宣佈，隨着港澳台同胞不斷到內地或經商或就學，為便於工作生活，港澳台同胞在具備兩個條件後可以申領內地身份證。這兩個條件分別為：一、必須遷入內地定居，這說明是內地居民了；二、要辦理內地的常住戶口。港澳台同胞要拿到常住戶口，須根據《中國公民因私事往來香港地區或澳門地區的暫行管理辦法》第 3 章第 18 條辦理，該條規定：港澳居民要求回內地定居，應當事先向擬定居地的市、縣公安局提出申請，獲准後，持註有回鄉定居簽註的港澳居民來往內地通行證，到定居地辦理常住戶口手續。

至於特區居民的護照問題，已經圓滿解決。他們可以持有中華人民共和國特區護照自由進出國境。

（二）對港澳同胞的領事保護問題

港澳回歸以後，香港和澳門同胞正式成為我國領事保護的對象，外交部對他們和內地同胞一視同仁提供領事保護。在沒有建立外交關係的國家生活的中國公民，包括港澳同胞，也是中國外交部提供領事保護的對象。香港同胞無論持 "英國屬土公民護照" 或者是 "英國國民（海外）護照" 都屬中國公民，因此他們在國外遇到任何麻煩都可以向我國駐外使領館求助，使領館工作人員會在第一時間趕到現場提供優質的服務。對於在入境時受阻或受到不公正待遇，受到肢體的侵害、受到拘留，或是遇到了刑事案件執法人員的不公正對待，以及傷

亡或者是尋親等情況，中國使館都可以提供幫助。[9] 在這方面，我國外交部門已經做了大量工作。

六、特區居民取得國家各種專業資格的權利

（一）一般情況

目前，中國內地人事部門與有關部門一起建立推行了 30 多項職業資格，例如執業藥師、註冊建築師、註冊律師等。[10] 這些專業資格以前不對港澳地區的居民開放，後來逐漸開始開放試點。2003 年 6 月 29 日內地和香港簽署了《內地與香港關於建立更緊密經貿關係的安排》（CEPA），中央承諾在上述其中一些領域，逐漸實現專業人員資格的互認，例如 2003 年 11 月由內地房地產估價師學會與香港測量師協會聯合簽署了內地房地產估價師和香港測量師資格互認協議書。在其他領域，要進一步擴大港澳台專業人士參加內地專業資格考試的範圍。另外，在專業技術職務任聘資格考試方面，也規定可以允許港澳台專業人員參加，如計算機技術與軟件專業技術資格考試。[11] 國家仍在繼續增加 "單方批准" 及 "開放內地專業資格考試" 兩地專業資格互認措施，內地已有不多於 40 項專業技術人員資格試中的 30 項讓港澳居民參加。[12]

有些專業團體拒絕對港澳開放，其中一個重要考慮是擔心港澳的專業人士進入內地後，可能會搶了他們的飯碗。這種認識是不正確的。首先，這是港澳專業人士作為中國公民的憲法權利，是必須開放的。其次，國家的市場也是港人和澳人的市場，本來就有他們一份。在回歸以前他們無法完全進入中國市場，在回歸後，他們理所當然有權以主人翁的身份進入自己國家的市場。況且港澳專業人士所從事的工作往往是內地的專業人士的弱項，是他們不擅長的。港澳專業人士進入內地，與內地同行可以形成互補關係，實現雙贏。

（二）司法考試

1994 年國家首次對港澳台地區居民開放內地律師資格考試，[13] 當年共有 300 多名港澳台居民參加了考試，只有 15 名港人及三名台

灣人通過考試，並於 1995 年獲得國家頒發的律師資格證書。但是，一直到 2004 年，根據司法部第 81 號令，[14] 他們才可依照有關法規在內地律師事務所實習和執業。2005 年 9 月才有第一位港澳台居民真正取得內地的律師執業證，可以在內地開始從事法律職業。[15]

為了落實《內地與香港關於建立更緊密經貿關係的安排》和《內地與澳門關於建立更緊密經貿關係的安排》，2003 年 11 月司法部發佈了《香港特別行政區和澳門特別行政區居民參加國家司法考試的若干規定》，重新允許港澳居民自 2004 年起參加國家司法考試。2005 年 5 月 24 日司法部修改了該規定，重新發佈。

根據這個規定，香港、澳門永久性居民中的中國公民，可以報名參加國家司法考試。參加國家司法考試合格的，可以根據司法部制定的《法律職業資格證書管理辦法》的規定，向司法行政機關申請授予《中華人民共和國法律職業資格證書》。香港、澳門永久性居民中的中國公民取得內地法律職業資格，在內地申請律師執業，依照《中華人民共和國律師法》、兩個安排和司法部有關規定辦理。

自 2004 年開始允許港澳居民參加國家司法考試，迄今已經有五年。根據司法部《取得內地法律職業資格的香港特別行政區和澳門特別行政區居民在內地從事律師職業管理辦法》規定，獲准在內地執業的香港、澳門居民，可以以法律顧問、代理、諮詢等方式從事內地非訴訟法律事務，享有內地律師的執業權利，履行法定的律師義務；獲准在內地執業的香港、澳門居民，符合規定條件的，可以成為內地律師事務所的合夥人，但不能出庭從事訴訟活動。

七、特區居民在內地的社會經濟權利

香港、澳門居民在內地的投資，根據現行的法律仍然比照外資待遇。依照國家有關稅收的法律和行政法規的規定，他們可以享受稅收、用工、用地等方面的優惠待遇。除此之外，根據國家工商總局關於《港澳居民在內地申辦個體工商戶登記管理工作的若干意見》的文件精神，自 2005 年 1 月 1 日起，香港、澳門永久性居民中的中國公民無需經外資主管部門審批就可以在北京設立個體工商戶。港澳居民與北京市民一樣，申辦個體工商戶只需繳納 20 元人民幣的登記費以及營業執照副本成本費三元人民幣。

以前港澳居民及其企業在內地享受的各種優惠實際上是超國民待遇。港澳回歸後，特區的中國居民已經不再是外國公民，今後他們的待遇問題，將越來越多地基於公民的身份而確定。這樣就要求我們必須普遍提高我國公民的待遇。

在福利方面，目前有些地方允許港澳台人員參加社保，參保險種涵蓋養老、醫療和工傷三大險種。例如珠海市勞動保障局規定，凡是依照規定在珠海市勞動保障行政部門辦理了《台港澳人員就業證》，與珠海市用人單位建立了勞動關係，並且未達到國家規定的退休年齡的台港澳人員，可參加珠海市基本養老、醫療及工傷保險，按規定繳納社會保險費和享受社會保險待遇。[16]

另外，在“一國兩制”之下，由於實行“港人治港”、“澳人治澳”和高度自治，根據基本法的規定，特別行政區的經濟社會發展是特區高度自治範圍內的事項，不屬中央政府的責任，特區政府應該承擔起發展特區經濟和社會的職責。因此，過去中央不需要過問特區的經濟問題，儘管中央給特區提供了許多幫助。但是，中央政府對“一國兩制”的成功實施，對特區的繁榮穩定，承擔着整體憲制責任，因此，中央不能不關心特區的經濟問題。作為中國的一個特別行政區，特區也有權從國家取得它應該享有的一份資源和好處。基於這些考慮，國家的“十一五”規劃首次把港澳的發展納入國家經濟社會發展的大戰略中去，這是非常必要的，對特區經濟社會發展、增強特區人民的國家意識具有很大意義。

八、關於特區居民在內地接受教育的權利

作為中國公民，港澳居民無疑應該享有與內地居民同樣接受教育的權利。但是，他們的受教育權主要是由特區政府滿足的。但是國家也應該鼓勵特區的學生到內地接受各種教育。以前他們在很多方面處於非常尷尬的角色，在收費方面，他們要支付外國留學生的學費；但是在住宿方面又不能享受外國學生的安排。在管理上，他們既不納入

一般中國學生的管理系統，也不納入外國學生的管理。近年來，國家開始重視這方面的工作，情況在逐步改觀。

教育部、國家發展和改革委員會、財政部和國務院港澳事務辦公室於 2005 年 12 月 9 日聯合發佈《關於調整內地普通高校和科研院所招收香港、澳門特別行政區學生收費標準及有關政策問題的通知》，調整了內地普通高校和科研院所招收港澳地區學生的收費標準。從 2006 年下半年開始，對已錄取到內地普通高校和科研院所學習的港澳地區本科生、專科生、碩士研究生和博士研究生，執行與內地學生相同的收費標準，即在同一學校、同一科研院所、同一年級、同一專業學習的港澳學生與內地學生的學費標準一致。

中央財政並安排專項資金設立港澳學生獎（助）學金，專項用於獎勵、資助港澳地區到內地普通高校和科研院所學習的全日制本科生、專科生、研究生。對內地普通高校和科研院所招收港澳地區學生，國家財政對招收上述港澳學生的有關高校和科研院所，根據每年的招生數量，據實安排財政生均定額補助。

在招生考試上，教育部專門針對港澳台學生舉辦普通高等學校聯合招收港澳台學生考試和從港澳台地區招收研究生的統一入學考試。

九、有關法律適用問題

（一）訴訟權利問題

隨着兩地交往的不斷增多，特區居民在內地觸犯刑法或者打官司的情況越來越多。毫無疑問，他們應該享有完全的訴訟權利。由於特區特殊的國際和國內地位，今後在處理涉及特區居民的刑事訴訟問題時，最好也在第一時間知會特區駐內地辦事處，並允許他們以適當方式了解訴訟過程。而且，一定要注意保障法律規定的每一項訴訟權利，充分保證特區居民的辯護權、上訴權和申訴權。

（二）法律適用問題

在"一國兩制"下，特區中國公民享受的權利是"雙份的"，即憲法和基本法規定的權利都享有。但是，對於憲法和特區基本法有不同規定的權利內容，特區居民在內地應該按照屬地原則處理，即應該按照憲法辦事，以憲法規定為準。

（三）外國公民在特區的權利問題

特區基本法第 3 章沒有用 "公民" 而是用了 "居民" 的概念。那就意味着基本法第 3 章規定的基本權利甚至包括政治權利，所有在特區的居民，包括中國公民和外國公民都可以行使。這在全世界都是獨一無二的，因為任何國家都不可能賦予本地永久性居民中的外國公民以選舉權乃至被選舉權。根據基本法，特區的任何永久性居民不管其國籍如何，都享有特區的選舉權和部分被選舉權。基本法只要求特區行政長官和主要官員、立法會主席、首席法官必須是特區的中國公民。其他行政官員、法官和立法會議員可以是特區永久性居民中的外國公民。[17] 因此，"港人治港" 是 "在香港的所有永久性居民治港"，"澳人治澳" 是 "在澳門的所有永久性居民治澳"。但特區永久性居民中的外國公民沒有參與中國國家治理的權利，不能享有國家層面的權利。

十、特區中國公民的國家義務

特區基本法規定特區居民的權利義務是按照 "一國兩制" 的原則，從香港、澳門的實際情況出發的。我國憲法規定了公民的基本權利，同時也規定了公民的基本義務。作為中國公民，特區居民在享受中國憲法規定的權利的同時，理應履行憲法規定的公民義務。但是，特區基本法沒有規定特區居民的義務，或者說免除了特區居民應盡的公民義務。其中最重要的是，免除了特區居民繳納國稅的義務和服兵役的義務。

納稅既是國民的義務，也是國民享受權利、當家作主的基礎，是國民身份的重要象徵。國家徵稅更是國家行使主權的行為，是國家主權的重要表現。英國資產階級早期曾經有 "不出代議士，不納稅" 的口號，也就是說，國王不讓推舉議員，我就不給你納稅。最能讓公民與國家聯繫在一起、難捨難分的法律機制就是，讓公民與國家產生政治上、法律上、經濟上、文化上和社會上的實際關係，讓公民對國家有"固定投資"，有恆產才有恆心。這種"固定投資"既包括政治上的選舉權，也包括經濟上繳納國稅。然而根據基本法，特區居民不需要納稅，甚至連特區駐軍的費用也不需要承擔，但仍然可以產生自己的全國人大代表。

同樣，服兵役也是國民身份的重要象徵，徵兵也是國家的主權行為。現在已經有特區的大學生提出願意服兵役的問題，如何解決這個問題需要我們認真研究。

國家可以免除特區居民納稅和服兵役的憲法義務，但是熱愛祖國、維護國家安全和統一的憲法義務是不能免除的。無論特區政府或者特區的中國公民，都必須維護國家的安全和統一。與內地不同的是，特區居民維護國家安全不需要依據內地的國家安全法律法規，基本法第 23 條授權特區自行立法維護國家安全。相信特區會在適當時間完成有關國家安全的立法，承擔起特區政府和特區中國公民對國家的憲制責任和義務。

結語

根據上述分析，香港、澳門特區居民在"一國兩制"之下是特殊的中國公民，他們在國家享有廣泛的政治、經濟、文化等各方面的權利，有很多甚至是特權，但又可以被免除很多公民義務。一方面他們在法律上的身份是中國公民，享受特區和國家兩個層面上的雙重權利，在特區享受基本法保障的各種權利和自由，另外一方面，作為中國公民他們享有憲法保障的大部分權利，但又不需要履行憲法規定的大部分公民義務。"一國兩制"之下特區居民中的中國公民不僅有權"治港"、"治澳"，而且有權參與"治國"，但是內地居民在"一國兩制"之下不能參與"治港""治澳"。

為了讓特區居民對國家事務有更多的參與機會，增加主人翁意識，將來國家作出重大決策，應主動通過適當形式徵求特區各界的意見，特區居民可以按照法律規定的方式對國家事務提出意見和建議。另外，可以考慮繼續任命港澳人士到中央政府擔任職務。各種專業資格考試都應該對特區居民開放，為港澳年輕人提供更多的選擇和出路。在社會經濟權利方面，也應該給港澳企業提供更多的機會，凡是對外國開放的領域，首先要對港澳開放。

從某種程度上說，這種單方面開放、單方面保護的安排可以說是"不平等"的。在"一國兩制"之下，基於港澳的特殊地位，在相當長的時期內這種特殊安排將會繼續。

長遠來看，解決港澳同胞的權利問題，需要提高我國全體公民權利保障的水平，公平善待所有公民，不斷提高中國公民身份的"含金量"，讓全體公民能夠以國家和民族為自豪，形成全新的"中國公民"概念和身份。

| 註釋 |

1. 除了國民外，其他組成國家的元素包括領土、政府和主權。

2. 《關於〈中華人民共和國國籍法〉在香港特別行政區實施的幾個問題的解釋》，1996 年 5 月 15 日第八屆全國人民代表大會常務委員會通過。《關於〈中華人民共和國國籍法〉在澳門特別行政區實施的幾個問題的解釋》，1998 年 12 月 29 日第九屆全國人民代表大會常務委員會第六次會議通過。

3. 香港基本法第 21 條規定：香港特別行政區居民中的中國公民依法參與國家事務的管理。

4. 《全國人民代表大會組織法》第 10 條規定：一個代表團或者三十名以上的代表，可以向全國人民代表大會提出屬全國人民代表大會職權範圍內的議案，由主席團決定是否列入大會議程，或者先交有關的專門委員會審議、提出是否列入大會議程的意見，再決定是否列入大會議程。

5. 見：http://news.sina.com.cn/c/2005-03-08/15196009140.shtml.

6. 詳情參見選民登記辦法附件《關於做好 2006 年海淀區區、鄉鎮人大代表同步換屆選舉選民登記工作的意見》。

7. 《明報》美東版，2001 年 1 月 10 日。

8. 《南華早報》，1998 年 3 月 4 日。

9. 中新社北京，2006 年 4 月 28 日。

10. 范勇（國家人事部專業技術人員管理司副司長）：《中國內地專業人員資格制度及兩地資格認定——在"香港專業服務融入內地市場的展望——CEPA 商機與專業人員資格認定"研討會上的發言》，香港《京港學術交流》第 62 期，2004 年 6 月。

11. 同上。

12. 人民網香港，2006 年 1 月 30 日。

13. 見《司法部關於認真組織香港澳門台灣地區居民參加今年全國律師資格考試工作的通知》，1994 年 8 月 13 日。

14. 司法部：《取得內地法律職業資格的香港特別行政區和澳門特別行政區居民在內地從事律師職業管理辦法》，2003 年 10 月 30 日。

15. 2005 年 9 月 13 日，香港居民吳志強在內地律師事務所實習一年後，根據有關法律規定，在深圳領到了中華人民共和國律師執業證，成為自 2004 年 1 月 1 日 CEPA 正式實施以來，首個獲得內地律師執業資格的港澳居民。

16. 《文匯報》2006 年 5 月 1 日。

17. 香港基本法第 67 條規定，20％立法會議員可以是特區永久性居民中的外國公民。澳門基本法第 72 條規定澳門立法會副主席也必須是中國公民。兩部基本法對特區主要官員和議員國籍限制的規定略有不同。

07

憲法與公民身份認同

寫作於 2015 年 6 月 27 日，澳門

—————— • ——————

　　今天我想談談憲法與公民身份認同。公民概念是近現代的一個法律政治術語。古代沒有公民概念，只有臣民，沒有公民；就像中國古代沒有國家、只有天下一樣。古人有強烈的血緣、部落意識，沒有公民意識，這種意識到今天仍舊有很大影響。比如，兩個陌生人一坐下來，如果是同一個姓，比如都姓王，或者來自同一個家鄉，馬上就感覺關係親近一些，這就是人類早期部落意識、血緣意識在今天的潛在體現和反映。現代國家的建立，特別是通過憲法實現統一的國家，國家和憲法的一個主要功能就是打破血緣和部落意識，建立統一的公民身份，以此建構一個政治共同體。中國憲法第 33 條規定的中華人民共和國公民的定義，就是為着這樣的目的。至於特別行政區居民，在回歸之前全國人大常委會對《國籍法》的解釋（1996 年和 1998 年），實際上就是要把港澳居民和內地居民從憲法層面上聯繫在一起，樹立統一的中華人民共和國公民的新認同。法律上的認同已經解決了，但是法律認同需要有具體的制度保障，僅僅是法律制度不足以實現公民的身份認同。制度保障上，至少有這幾方面的制度需要完善或者確立。

　　第一，要有統一的身份證明。全國所有公民，不論種族和地域，他們的身份證和護照應該是統一的，不搞兩本護照、兩個身份。美國沒有統一身份證，但是有統一的社會安全號碼，這種編碼是全國統一的。但在“一國兩制”下，我們全國還沒有統一的身份證件，護照也

是兩個特區各有不同的護照，雖然都叫中華人民共和國，但是兩者之間是沒有什麼聯繫的。而且國家的主體護照，也就是我們拿的中華人民共和國護照，含金量還不夠高，不足以吸引港澳同胞統一持有使用。為什麼大家願意取得港澳居民的身份，就是因為特區護照去很多國家不用辦理簽證。最近外交部發言人說我們國家的護照也有多達99個國家單方面或雙方面豁免簽證，我還沒意識到現在我們去這麼多國家可以不辦或簡化簽證。但是我覺得這還不足以解決問題，現在港澳居民回內地拿的通行證儘管不叫回鄉證了，回歸以前叫回鄉證，回歸後叫通行證，比原來的回鄉證好一點，現在可不可能更進一步，即便是沒有全國統一的證件，有沒有可能實現全國統一的身份證號碼，就像美國的 social security number，它是全國統一的。我們有沒有可能把港澳特區政府發行的特區居民身份證和內地的身份證統一排序號碼，比如 13 億零 5,500 萬多少？台灣有學者建議發全國統一的 "中華卡"，港澳台居民和內地居民都用同樣一張卡出入境，這是非常有利於樹立統一公民身份認同的，我覺得我們在 "一國兩制" 情況下處理身份證件問題上造成了事實上的分離，而不是事實上的統一。儘管法律身份上已經統一，但是港澳與內地身份證件是分離的。這是身份證件上要逐步實現統一。

第二，公民權利的統一。在一個統一的現代國家，要使公民對國家有認同，就必須像建立公共股份公司一樣，讓公民擁有國家這個 "公司" 的 "股票"，與國家建立直接的切身利益關係，國家就是自己的，一榮俱榮，一損俱損，這樣每一個人才能產生對國家的擁有感和歸屬感，才能真正關心國家，把國家的事情當成自己的事情，事事認認真真對待。你買了一個公司的股票，當然就會特別關心這個公司的前途命運。國家的 "股票" 是什麼？就是憲法規定的公民權利，國家要賦予所有公民同樣的權利和義務。在 "一國兩制" 之下，國家既沒有賦予港澳居民與內地居民同樣的權利，港澳居民也不需要盡同樣的公民義務，例如繳納國稅。可以說港澳居民對國家是沒有足夠 "投入" 的，不實際擁有國家的 "股份"，雖然法律上都是中國公民，是中國的組成部分，但是並沒有真實的物理上、物質上的聯繫，也就是說沒有大家庭的 "股份"。這樣國家的前途命運和他們似乎就沒有直接關係，你好也好，不好也好，與我無關。我們要讓港澳中國居民對國家相互都有擁有感，有投入感，相互"持股"，你中有我，我中有你，我們共同擁有一個命運共同體。這需要一些制度建構。

國家的事情，港澳居民怎麼參與呢？基本法第 21 條規定，特別行政區居民中的中國公民依法參與國家事務的管理。這就是說，港澳居民中的中國公民，除了"港人治港"、"澳人治澳"外，還有權利參與國家治理。這說明在起草基本法時已經意識到這一點，需要讓他們有參與感。葡萄牙來澳門舉行選民登記，我們在人大換屆時能不能在港澳地區也舉行中華人民共和國選民登記，在內地都要搞，在港澳我看也應該這樣，每五年進行一次公民登記。港澳地區全國人大代表的選舉包括政協委員的產生，應該更加規範化，讓更多本地人參與其中。而且應該允許全國人大代表在本地設辦事處，接受港澳中國公民的投訴，讓他們能夠工作起來，能夠把特區的民意帶到中央，參與國家的治理。還有政治權利，應該允許港澳居民中的中國公民參與國家公務員考試以及各種專業資格考試等等，至少先搞些部門試試。他們能夠參加國家公務員考試，能夠到北京做中央公務員，這是樹立公民意識最有效的辦法，也是主權最好的宣示。古代中國維繫統一，一個重要制度就是科舉考試，一個地方可能幾十年才出一個舉人或者進士乃至狀元，但是每年都有人參考，重在參與，當地人民對國家就會產生參與感、認同感，這實際上也是一種特殊的民主，讓讀書人先民主起來。我們的公務員考試，也有這樣的作用，對港澳地區可以先開放一些特殊部門，比如說外交部、商務部，有幾個港澳人士到國外當大使，包括聯合國等國際組織，一定特別能夠樹立他們的國家意識。還有參軍，我們老是將參軍作為義務，事實上也是一種權利，也是一種"投資"，也是一種"股份"，中國的軍隊也是我的軍隊，這都是非常容易樹立公民意識的，都很管用，我們現在還沒有落實。

第三是經濟權利，就是全民擁有同樣的經濟權利，既不特殊優待，也不歧視，一視同仁，同等對待。我們現在對港澳居民要麼歧視，要麼就是沒有原則的優惠。只要是公民，就應該一律平等，同甘共苦。以前港澳居民在內地享有特權，被視為外國人，特別在投資時，港資一直是外資待遇。現在一定要強調公民一律平等，港澳居民是一樣的，實際上人家也沒有期待享有更多特權，只要平等就很好。這種特權太多，不利於鞏固國家的統一。要普遍提高一般公民身份的含金量，而不是提高少量特權的含金量。另外一個方面，國家對公民的基本物質權利，比如最低生活保障線，對港澳居民家裡特窮的那些人，全國公民都有的最低生活保障，儘管國家的保障可能微不足道，但是應該顯示出來，表達出來。特區政府發你的一份，國家也發一份。如果港澳真有這樣的居民，生活在全國最低生活保障線之下，國家還真得救濟，發放國家的最低生活保障金。這也是所有公民都享有的權利，我都給你，這是經濟權利。還有納稅，納稅作為一個公民對國家的投入，也是建立"股份"意識、歸屬意識的最好制度。比如在港澳地區，可以每人每年自願交一塊錢的國稅，對這一塊錢的國稅，中央可以再加倍返還設立國家獎學金，比如一年有 1,000 萬元。這對於青年人，是很大的榮譽。實際上，你交的稅，不僅國家一分錢沒要，還加倍返還了。按照常理常識，該交的國稅還是要交的。國家該返還就返還，把中央以前花的那麼多錢，要花到明處。

第四是司法的統一。世界上各國維繫國家統一，樹立統一的公民身份，很多時候是靠司法機關通過一個個判例塑造出來的，由司法機關通過判例把地方分離勢頭一個個打掉。地方可以有分權，可以搞自治，但是司法應該全國統一。這一點我們也是很清楚的，例如民族區域自治的自治機關是當地的人大和政府，司法機關就不是自治的。然而，在"一國兩制"之下，全國沒有統一的司法機關和統一的司法制度。為什麼"一國兩制"下，特別行政區的司法可以是自治的？這是對特別行政區非常非常特別的安排和照顧，舉世無雙。也就是說，港澳回歸後，中國從政治上、憲法上是統一的，但是根據基本法，中國在司法上、法律上則仍然是不統一的。特區應該十分珍惜司法自治和司法終審，善加行使這樣的特殊授權。目前唯一的就是全國人大常委會解釋憲法和基本法，法律最終解釋是統一的。全國人大常委會也要善加利用釋法權，通過釋法增強港澳居民的公民意識，這是通過憲法、基本法樹立統一公民身份認同的重要制度保障。

最後還有一點，一國之內必須對國家的歷史有統一的認識，有統一的論述，特別對中國近代現代歷史的看法應該是基本統一的。現在我們四個地方，港澳台和中國內地對中國近現代歷史的認識南轅北轍。港澳的歷史教科書怎樣描述中國近現代史，需要與內地進行溝通銜接。建議港澳和內地首先要共同編寫中國近現代史教科書，這個教科書是統一的歷史論述。特別是中小學歷史，要樹立價值觀、國家觀，一定要高度重視。

08

"一國兩制" 事業需要代代相傳

原為作者在 2017 年 4 月 30 日 "一國兩制青年論壇成立
典禮暨回歸 20 週年研討會" 上的致辭（根據錄音整理）

張建宗司長、湯大律師、陳教授、各位嘉賓、兩地的青年朋友：

大家上午好！

今天我很高興出席一國兩制青年論壇成立典禮和研討會。一國兩制青年論壇特點很鮮明。首先這是青年論壇，不是中年論壇，也不是老年論壇。我發現今天在座的除了年輕人，也有中年人，包括張司長、我以前在香港大學讀書時的老師陳弘毅教授、資深大律師湯家驊先生等。這讓我想起一個故事，當年拿破崙在招兵打仗的時候，很多年輕人報名參軍，但是有一個年紀很大的人也來報名，別人問他年紀這麼大了也來報名幹什麼，你也打不了仗。他說，我想這麼多年輕人報名，總需要有人來管理他們，我報的是管理崗位，不是打仗的崗位。今天的論壇以青年人為主，同時也有非常資深的 "一國兩制" 研究的專家、"一國兩制" 實踐部門非常權威的官員，這是一個非常好的組合。還有一個特點是兩地論壇，包括了香港政治光譜非常廣泛的青年精英，也有內地近些年成長起來的青年學者，都很有成就。

伴隨着國家改革開放的進程，"一國兩制" 從提出到現在經歷了兩個世代，即兩個 "20 年"。第一個 "20 年" 是從上世紀 70 年代末到 1997 年，大概經歷了 20 年的時間，從 "一國兩制" 提出到 "一國兩制" 的政策化、法律化，我們運用 "一國兩制" 完成中英談判，英國人接受了 "一國兩制"，然後再到基本法的起草，把 "一國兩制"定型化，然後又經歷了香港的過渡期，1997 年實現了香港回歸，這是第一個 20 年。"一國兩制"的產生、發展是以鄧小平先生為代表的那一代中國人推動的，包括香港很多當時的青年人，梁振英特首當時擔任基本法諮詢委員會秘書長，當時也是 30 多歲，就像今天在座的很多 30 多歲的青年人一樣，積極投身到"一國兩制"事業當中去，他們為"一國兩制"事業作出了巨大的貢獻。第二個"20 年"是從 1997 年香港回歸到現在的 20 年時間，在座的很多朋友參與了過去這 20 年的實踐，"一國兩制"落地、扎根、開花、結果。我們很多是參與者，都親身見證經歷了過去 20 年"一國兩制"事業的蓬勃發展，取得的舉世公認的成就。我們這一代人做了我們應該做的事情。20 年前，我剛剛在香港大學學習結束，回到內地成為一名青年教師，當時我們也曾經年輕過。這幾年香港很多朋友都很着急，說青年人怎麼都這樣啊！我說不是都這樣，大部分青年都是非常優秀的，對香港和國家很有承擔，即便是有個別年輕人思想和行為有一些偏激，也不用擔心，因為他們也會變老的，每一代人都會變老的，他們也會成熟起來的，未來是有希望的，我們要有足夠的耐心。

接下來，從現在開始到未來的 20 年、30 年，那就是在座各位青年精英的責任了，未來主要靠你們這一代人來發揮作用，你們應該勇敢地承擔起歷史責任和使命。當然每一代人面對的問題不一樣，比如 40 年前要面對的問題與 20 年前要面對的問題是不一樣的。第一代人主要面對的問題是如何把"一國兩制"變成可以操作的政策、變成一部可以適用的法律。政治領導人提出"一國兩制"的概念，老一代專家學者和官員要把"一國兩制"這四個字寫成一部法律，寫成一部基本法，並實現香港順利回歸，那就需要大量創造性的工作，這就是"一國兩制"事業第一代人面對的問題。第二代人要面對的是"一國兩制"如何在香港、也包括在內地落地、扎根，如何實施基本法。接下來要面對的問題就是如何深化"一國兩制"的實踐，如何破解"一國兩制"實踐中遇到的難題，如何把"一國兩制"事業繼續推向前進。在這個過程中，青年人扮演着極其重要的角色，應該發揮更加重要的作用。我想藉這個機會，提出幾點個人的建議和希望：

一是要認真學習和把握"一國兩制"和基本法，處理好"一國"

和 "兩制" 的關係，特別是要加深對國家的全面認識和深入了解，既看到國家的不足，也要看到祖國在改革開放 40 年取得的巨大進步。與西方發達國家相比，我們畢竟還有很多制度是不健全的，但是我們要對未來抱有信心，我們國家在改革、在進步，我們要全面深入認識祖國。只有這樣才能在今日祖國的大背景下，為香港找到一個合適的定位，推動香港和國家的發展。今天我們在香港遇到很多很複雜的問題，這都很正常。但我們在香港碰到的問題比歐洲、美國今天碰到的問題還是要容易解決得多。歐洲有大量的難民，美國現在頭疼的事也要比我們在香港遇到的多得多，所以我們要有信心。

要破解香港目前面對的問題，不管是深層次問題、中層次問題，或是淺層次問題，鑰匙在哪裡呢？鑰匙就在 "一國兩制"。就像剛才張司長和昨天梁特首提到的，就是既要善用 "一國"，也要善用 "兩制"。既把 "一國" 的優勢發揮出來，破解香港今天經濟社會發展遇到的難題，很多問題可以從 "一國" 的角度換一種思路、換一種眼光來看。如果把 "一國" 運用得好，考慮到祖國內地巨大的市場和機會，香港的問題是很容易解決的。另外，就是把 "兩制" 之便、"兩制" 的優勢充分地發揮出來。

很多人擔心強調 "一國"，是不是就不要 "兩制" 了？我在很多場合一再講，我們真心地希望香港的 "兩制" 能發展好、建設好，國家從來沒有計劃把香港內地化，把香港變成內地，因為如果香港變成內地了，與內地一模一樣了，香港將失去價值。例如，內地有很多學者來香港交流，也有很多遊客來香港旅遊，他們希望看到的是與內地不一樣的香港，如果一樣了，來看什麼呢？來香港交流什麼呢？都一樣了，就沒有交流的必要了。所以國家從來沒有把香港內地化的計劃，從來沒想過對香港進行社會主義改造，我們真心地希望特別行政區能夠把自己的特色、把自己的優勢充分地發揮出來，發展好自己的資本主義，把 "一國" 和 "兩制" 結合起來，這才是 "一國兩制" 真正的全部的含義。要破解香港的難題，就是要把 "一國" 的優勢與 "兩制" 的便利都充分發揮出來。內地改革開放學習了香港很多市場經濟管理的規則，包括國家的廉政風暴和法治建設也都借鑒了香港的很多好經驗，祖國也從香港的這一 "制" 得到很多啟發、便利和好處，怎麼可能把香港變成內地呢？！這是不可能的。今天時間有限，將來還可以就這個問題進行深入交流。過去這 20 年我們看到，香港一些青年人利用 "一國" 和 "兩制" 兩方面的優勢成就了非常偉大的事業。希望大家能夠珍惜 "一國兩制"，把握 "一國兩制" 帶來的機會，不要浪費了 "一國兩制" 和這個偉大的時代。

二是希望兩地的青年學者擔負起你們這一代人的歷史責任和使命，在各個領域積極投身 "一國兩制" 的偉大實踐，支持特區政府依法施政，支持國家依法行使憲法和基本法賦予的職權。我們不能坐而論道、述而不作，要以只爭朝夕的精神推動 "一國兩制" 的實踐不斷深入，同時也豐富自己的人生經驗。30 多歲的青年人好像還很年輕，實際上在這個年齡已經是可以作出很偉大事業的年齡。我給大家舉一個例子。我們知道我國的航天科技、航天工程現在在世界上是和美國、歐盟、俄羅斯並駕齊驅的。參與 "天宮一號" 工程的科學家的平均年齡是 30 歲，很多是 20 多歲年輕的科學家、剛畢業的博士生、年輕的教授和副教授。大家還記得在 2011 年那個寒冷的冬天，"天宮一號" 與 "神舟八號" 在太空實現了 "天空之吻"，在地面操作的科學家是平均年齡 30 歲的年輕人！內地這些年成長起來的很多高科技企業，包括阿里巴巴、華為都是二三十歲的年輕人做主力、打頭陣，所以我覺得這個年齡是可以成就大事業的年齡，不要覺得自己還年輕，你們已經不年輕了。像這次法國總統選舉大熱門候選人馬克龍 39 歲，加拿大總理賈斯汀·特魯多也就 40 出頭，你們應該已經到了承擔你們歷史使命和責任的時候了。當然每一代人都抱怨說下一代不行，甚至現在 "90 後" 都抱怨 "00 後" 不行。其實我們每一代人都是行的，江山代有人才出，總把新桃換舊符，我相信你們這一代人一樣可以創造出輝煌的業績。

三是勇敢面對實踐中遇到的問題，不要被困難嚇倒，要以智慧和勇氣創造性地解決發展中遇到的問題。我研究憲法特別是比較憲法，比較考察了很多國家的憲法制度，"一國兩制" 在人類歷史上確實是前無古人，在實踐中遇到一些問題是很正常的。辦法總比問題多，解決這些問題需要創造性思維。像 2005 年西部通道 "一地兩檢"，我參與了這個問題的研究討論，當時就是要創造性地解決，我們就解決了。第一代人在構思"一國兩制"時不可能把幾十年以後的事情全部都考慮進去。像美國憲法是 200 多年前起草制定的,當時美國憲法規定總統是海軍和陸軍的總司令,因為當時根本沒有空軍,200 多年前沒有飛機,怎麼可能想到那麼遠以後的事情呢?!我們今天遇到任何問題,不要驚慌害怕,不要怨天尤人,要勇敢面對,用創造性的思維去解決。

最後,我希望兩地的青年學者要加強交流和合作。這個論壇最大的優勢是兩地論壇,特別是參加者包括香港很多政治光譜的青年人,我們是很願意交心交流的,誠心誠意地為了香港好,為了國家好,帶着解決問題的考慮來參加這樣的論壇。希望兩地的青年人能夠認認真真坐下來,坦誠交流,求同存異,尋找最大公約數,達成最大共識。2016 年我在清華大學法學院 2016 屆畢業典禮上給學生演講,我演講的題目是"每一代人都要努力奮鬥",每一代人都沒資格躺在前人奮鬥的成果上坐享其成。現在香港年輕人上不了樓、工作不好找、工資低等很多問題,有社會和政府的原因,需要社會和政府為青年人的發展提供更多的支持,但更重要地還是靠我們個人的奮鬥。就像我自己來自河南一個農村,多年來就是靠個人的努力奮鬥、努力學習,一步一步成為大學教授。任何時代,無論多麼艱難,永遠會為努力奮鬥、有理想、有擔當的年輕人保留足夠的空間,讓他們去施展才華,成就夢想。時代不會辜負每一代人,我們也不要辜負這個偉大的時代。青年朋友們,發奮努力吧!祝你們成功!

09

香港觀察：理性前行或者勇往直前地後退
—— 一個中國歷史的視角

本文寫於 2014 年香港"佔中"期間，最初於 2014 年

10 月 7 日發表於英國 BBC 中文網站上，題為"從中國

歷史的視角觀察香港問題"，見 http://www.bbc.co.uk/

zhongwen/simp/china/2014/10/141007_hk_protest_

and_china_history。2014 年 10 月 16 日《人民日報》以

"香港：理性前行或者大步後退"為題摘要發表

———————— • ————————

從中學時代，我就對中國歷史感興趣，當年考大學本來報考的第一志願是歷史專業，卻陰差陽錯讀了法律專業。但是，從此我養成一個思維習慣，凡事總喜歡首先從歷史的視角來觀察分析。

毫無疑問，目前在香港中環正在發生的事情，一定會寫入香港的歷史乃至整個國家的歷史。發起者一定希望以此創造香港的歷史，並推動中國歷史的進步。但我擔心的是，結果很可能事與願違，他們不一定是在創造歷史，反而很可能是在重複歷史，複製悲劇。

對於年輕人的政治熱情當然應該給予肯定，他們絕大部分人是真誠的，是熱愛香港、關心國家的，他們希望香港和整個國家越來越民主，這也是我們共同奮鬥的目標。然而，年輕人的政治熱情就像一把火，如果火候把握得好，有足夠的自制力，能夠控制自己的政治情感，這樣的火一定會鍛造出優秀的政治人才，於己於國於民都是好事。但如果控制不好，失控了，火燒得太大，這樣的火真的燒起來，不僅會傷害自己，而且還會殃及他人，甚至燒毀自己的家園。

對於中國歷史學家或者中國歷史愛好者而言，目前香港發生的事情似曾相識，一點都不陌生：中國過去發生過很多戰爭，歷史上很多問題的解決都是通過暴力。據我觀察，在中國政治哲學和政治文化中，基本上不存在西方非常主流的政治理念——保守主義（conservatism）：捍衛傳統價值觀念和政治架構，主張漸進式政治變革，特別是民主發展要和平理性。"保守"一詞在中文裡基本上是貶義的，沒有中國人願意被視為"保守"，誰都願意激進、"革命"，兩千多年流傳下來的"王侯將相寧有種乎"的說法就是例證。因此，類似激進的政治事件在中國歷史上不絕於書，"革命"、起義是政治激進的最高形式。據歷史學家統計，中國大約五千年歷史一共發生了6,539次戰爭或者革命。[1]中華民族一年又一年，一代又一代，同樣慘烈的故事不斷發生，同樣的悲劇反覆上演，歷史就這樣原地踏步打轉，擺脫不了那個可怕的暴力魔咒，跳不出那個可惡的惡性循環。

作這樣的比較，"佔中"人士一定會覺得自己委屈，感覺自己不是陳勝吳廣，不是洪秀全，認為自己是為了一個崇高偉大的目標，而且是主張採取和平方式達到目的。其實，歷史上任何一場革命的目標初聽起來都很偉大，而且組織者最初都希望採取和平手段達到目的，但是最終都失控，"被迫"以暴力結束。香港"佔中"的組織者肯定以為自己站在歷史正義的一邊，認為自己不是在佔領中環，而是佔領着政治道德高地，是在勇往直前地推動歷史前行。但非常遺憾的是，實際上所有這一切都不過是中國歷史上類似現象的當代翻版，其結果只能是勇往直前地後退！兩千多年來，中國已經有太多太多各種各樣的起義、"革命"，都沒有帶來真正的歷史進步，只是每隔一段時間來一次大"革命"，更換一批人，複製一次前朝的體制，中國人打打殺殺兩千多年之後，發現最後一個封建王朝清朝的政治體制與第一個封建王朝秦朝的政治體制幾乎沒有本質的區別！這裡最重要的原因就是在中國政治文化中，缺乏政治保守主義，政治激進主義一直佔據上風。搞政治激進、發動"革命"其實很容易，幾乎不要成本，無需智慧，唯一需要的就是勇氣。任何一個人只要有足夠的勇氣膽量都可以發動"革命"，都可以造反，都可以站到大街上振臂一呼。但是推翻以後呢？有無能力建設？搞建設就不是僅靠勇氣即可的事情，那需要很多很多的智慧和能力。需知，用暴力手段從事任何政治活動，包括民主運動，其最終結果也一定是暴力，極端行為的結果也一定是極端的，不會是理性進步。真正推動歷史進步的是那些睿智理性、調和鼎鼐、委曲求全、忍辱負重，挽狂瀾於既倒、救百姓出水火的偉大政治家，不是不負責任、不顧他人死活、把百姓推向水深火熱之中的人。歷史一再告誡我們：只有理性，才能前行；只有妥協，才有進步；只有對話，才可雙贏！

長期以來，很多香港人士不嫌棄祖國的落後，關心國家，熱愛國家，真心幫助國家，中國 30 多年的進步發展也有港人的巨大貢獻。但是也有個別知識精英一直覺得自己比內地人高明優越，因為他們很多人在西方受過良好的教育（儘管有些人連西方主流的政治理念——保守主義哲學都沒有學到），他們覺得香港比內地文明發達，總是以一種不屑一顧的態度看內地，總想教育中國內地人應該如何如何。確實，中國內地總體發展水平無論是經濟、政治、文化、文明、社會治理等等都與香港有很大的差距，內地這些年在很多方面都一直在認真虛心學習香港。鄧小平曾經希望中國能夠再建設幾個香港。中國內地人談到香港都很自豪、很驕傲，很珍惜，也很羨慕。我們 1990 年代初到香港學習的 "北方佬" 都有這樣的體會，那時候內地人自卑感很強烈，時時處處總拿香港與內地比較，希望有朝一日內地也能夠都像香港那樣文明、發達、有序。

但是這一次我不得不說，香港個別知識精英太讓人失望了。他們的言行根本不是在推動香港政治進步，而是在 copy 歷史，讓歷史在原地打轉，甚至導致香港社會倒退，也給整個國家帶來十分不好的影響。英國留給香港最大的政治資產不是民主，而是英式保守主義哲學。英國人最講政治保守主義，末代港督彭定康曾經還是英國主要政黨保守黨的主席。但是香港回歸只有 17 年，香港這些知識精英的英式保守主義政治理念都已經丟失了，中國人傳統的政治激進思想卻迸發出來了。他們覺得自己不同於一般中國人，高人一等，更文明理性，但是他們現在的表現很難讓人與理性、文明、法治這些現代政治術語聯繫在一起，似乎是敏感的麻木，勇往無前地後退。

試想，只有 740 萬人口的香港如果民主普選搞不好，如何期待擁有 13 億人的中國內地可以搞好民主？如果香港的知識精英真的希望國家的民主可以快一點、好一點，那就從香港做起，從今天做起，回歸理性，回歸和平，與政府開始認真務實的對話。中國從來不缺敢於"革命"的人，不缺敢於犧牲的壯士，缺少的是政治理性和智慧。如果覺得自己不同於一般中國人、先進於一般中國人，就要做一般中國人做不出的事情，做真正帶動歷史前進的事情。

　　反觀中國內地，我們必須承認 30 多年來在政治文明建設上取得的巨大進步。改革開放後最大的進步可能還不是經濟上成為世界第二大經濟體、第一大貿易國。因為從漢代以來包括清朝末年很長一段時間，中國經濟本來長期就是世界第一，再過若干年中國經濟重新成為世界第一，一點也不奇怪，儘管經濟第一實在沒有什麼好處、沒有什麼值得炫耀的。最大的進步是 30 多年來，中國人逐漸確立了法治思維，以此慢慢取代了激進的革命思維，法治方式取代了暴風驟雨式的階級鬥爭和政治運動，法治終於成為治國理政的基本方式和政治新常態。英國自 1689 年實行君主立憲、完成國內政治法治化以後，連續325 年沒有發生過內戰，美國立國迄今 225 年只發生過一次內戰。因為這種現代法治文明的確立發展，中國自結束"文化大革命"以來已經連續 30 多年沒有打內戰，也沒有再發生"文化大革命"那樣殘酷的內亂。連續 30 多年勵行法治，理性發展，和平進步，積累文明，這在幾千年中國歷史上是前所未有的。30 多年來，中國終於實現了國家領導層依法有序更替，解決了兩千多年世世代代中國人都無法破解的歷史魔咒。下個月（編按：2014 年 10 月）將要召開的中共十八屆四中全會還要專門討論依法治國的重大問題，這在中國共產黨和中國歷史上還是第一次。這一切難道不值得包括香港 700 多萬同胞在內的全體中國人共同珍惜、鼓勵嗎？作為法律學人，我們實在不想中國難得的法治化進程被打斷。香港作為世界上法治最好的地方之一，難道不應該給國家做好的示範嗎？為什麼要破壞法治、做不好的示範呢？發展民主並不難，難的是建設法治。發展民主有激情、勇氣即可，建設法治要靠智慧理性和長期的積累。現在激情過後，是時候冷靜下來，自己把火壓一壓，認真思考如何建設性地推動民主發展，做些真正推動歷史進步的事情。

當年曼德拉在南非推行和解，建設政治理性和法治文明，遇到黨內和黑人同胞巨大的阻力，大部分民意不同意與白人和解，強烈要求採取暴力手段報復白人當年對他們的暴力，以牙還牙，以眼還眼。電影 "Mandela: Long Walk to Freedom"，有這麼一個片段：當黑人同胞一定要報復白人，不同意與白人分享權力、全國和解，黨內很多領導也都說人民（黑人）永遠不會接受他的和解政策時，曼德拉堅定地說："We must make them accept. We are leaders. That's our job." 甚至連他的夫人溫妮都說，我們必須傾聽民眾的聲音，民眾的聲音說我們要戰爭，要報仇，不要和平。一段時間南非街頭暴力不斷，黑人白人各有傷亡。這時候，曼德拉毫不猶豫地展現了自己特殊的領導力和責任擔當。他發表全國電視講話說："有人給我一張紙條，說曼德拉先生，不要和平，我們受夠了，不要和平，給我們槍吧。我的回答：只有一條路，和平！沒有其他方法。……As long as I am your leader, I am going to give you my leadership. As long as I am your leader, I will tell you when you are wrong. 你們現在就錯了。……我已經原諒了他們，如果我可以原諒他們，你們也要原諒他們。我們不能贏得戰爭，但是能夠贏得選舉。請同胞們留在家裡。當選舉到來時，請大家去投票。" 人們學着如何仇恨，更應該被教着學習如何去愛，因為愛更接近人的心靈和本性，而不是仇恨。他的講話令人深思，最終平息了暴力。這就是領導力。如果社會精英只會順應 "民意"，討好 "民意"，這絕對不是本事，恰恰相反，這是無能的表現。社會精英就是要與眾不同，如果事事順應大多數人意見，這樣的人不過芸芸眾生罷了，而且也是不負責任的表現。

今天，香港要理性前行，或者大步後退；要創造歷史，或者重複過去；要帶來光明，或者複製悲劇，端在主事者一念之間。儘管歷史是人民創造的，但是人民作為一個整體從來無法對歷史負責，人民無需承擔任何責任。歷史也從來不會責怪人民，最終要追責的還是幾個人。儘管人們很不願意自己的命運和社會發展就這樣被少數人控制，但殘酷的現實往往就是這樣：很多時候就是關鍵的幾個人、關鍵的幾件事、關鍵的幾張票決定你我、社會和國家的前途命運！民主本來應當是少數服從多數，但是在特殊的時刻，特殊的地方，多數人不得不服從少數，這實在是民主最弔詭無奈的地方。在這關鍵的時刻、關鍵的地方，曼德拉選擇了和平理性法治，香港的精英，你們的選擇呢？

| 註釋 |

1. 轉引自《中國國家地理》2008 年第 7 期，《中國國家地理》雜誌系列地圖 No.025-1；參見《明兩京十三司戰例分佈表》、《中國 5000 年戰爭年表（簡）》。

10

中央處理港澳事務的機構及其工作原則

原載《港澳研究》2006 年秋冬季（合刊），收錄時略有增刪

————————— ● —————————

　　根據特別行政區基本法的規定，特別行政區直接隸屬於中央，從國家層面來看，中央處理特別行政區事務的機關包括最高國家權力機關即全國人民代表大會及其常務委員會、國家元首機關即國家主席、最高國家行政機關即國務院和最高國家軍事統率機關即中央軍事委員會。最高國家司法機關（即最高人民法院）和最高國家法律監督機關（即最高人民檢察院）與特別行政區司法機關之間有司法協助關係。本文擬根據憲法和特別行政區基本法的規定，探討這些中央機關在處理港澳事務、解決中央與特別行政區關係中的角色、職權、運作程序和工作原則等。

一、國家最高權力機關系統

（一）最高國家權力機關的性質

　　根據中國憲法的規定，在中國，一切權力屬於人民，人民行使國家權力的機關是全國人民代表大會和地方各級人民代表大會（憲法第 2 條）；國家行政機關、審判機關、檢察機關、軍事機關都由人民代表大會產生，對它負責，受它監督（第 3 條、第 62 條、第 63 條、第 94 條）；全國人民代表大會是最高國家權力機關，它的常設機關是全國人民代表大會常務委員會，在全國人民代表大會閉會期間，行使最高國家權力（第 57 條、第 67 條）。這就清楚地表明了中國最

高國家權力機關的性質。

國家權力是國家主權的體現和主要內容，主要包括立法權、行政權、武裝力量統率權和司法權。最高國家權力作為國家主權的最高和最終體現，它包括了最高國家立法權、最高國家行政權、最高國家軍事權和最高國家司法權，這些權力是一個完整的整體。最高國家權力在封建社會由君主一人掌握，在現代民主社會則由人民掌握，當然在資本主義國家事實上是由資產階級掌握，而在社會主義國家則由以工人階級為領導的全體人民掌握。而人民不可能人人直接行使自己的最高權力，而只有通過平等選舉產生的最高國家權力機關來行使最高國家權力，在中國就是全國人民代表大會及其常務委員會，因此它們是中國最高國家權力機關及其常設機關。

可見，國家最高權力機關不僅僅有立法職能——當然這是它最重要的職能，而且還有行政職能、武裝力量統率職能、司法職能。從中國憲法規定的全國人大和全國人大常委會的職權上也可以看出這一點，即全國人大組織產生最高國家行政機關、最高國家軍事機關和最高國家司法機關，並分別授予它們最高國家行政權、最高國家軍事權、最高國家司法權，當它們在行使自己的職權時發生任何自己解決不了的問題或相互之間發生權限爭議時，則提請它們共同的最高授權機關即最高國家權力機關全國人民代表大會決定。

這就是說，在中國，不僅一切地方政府的權力是由最高國家權力機關授予的，而且最高國家行政機關和最高國家司法機關以及最高軍事機關的權力也都是由最高國家權力機關授予的。這是最高國家權力和最高國家權力機關的完整的憲法含義。在中國，全國人民代表大會可以討論政治、經濟、文化、軍事、外交、司法等一切事情，可以討論決定一切國家大事。

當然，最高國家權力機關具有行政職能、軍事職能、司法職能，擁有一切國家最高權力，這絕不是說它事必躬親，直接行使這一切國家權力；恰恰相反，它必須分別組成自己的各種執行機關即行政機關、軍事機關和司法機關來分別行使自己的行政職能、軍事職能和司法職能，以共同履行最高國家權力機關的職責，而自己只保留有代表性的、根本性的幾種重要權力來直接行使。這些權力包括：一、最高國家立法權；二、組織產生國家最高行政機關、軍事機關和司法機關，並分別授予它們相應的國家權力；三、對這些由自己產生的國家機關的工作行使監督權，包括組織檢查、聽取它們的工作報告、提出質詢等；四、當這些機關在工作中遇有極其重大的問題出現或新的沒有明確管轄權的事項出現而自己無法決定時，須提請最高國家權力機關決定，即對一切重大國務行使最終決定權，這包括了行政上、司法上、軍事上的國家事務，國家最高權力機關的行政職能、軍事職能和司法職能在這些情況下往往得到直接體現；五、當由自己產生的最高國家機關之間發生職權爭議時，則由最高國家權力機關裁決。中國全國人民代表大會的職能是綜合性的，涵蓋了上述各方面，它與西方的"三權分立"制度是完全不同的。可見，在中國，不僅國務院是最高國家權力機關的執行機關，嚴格地說，最高國家司法機關和軍事統率機關也都是它的執行機關，只是執行的職能不同罷了。這是一個金字塔式的架構，請參見下圖。

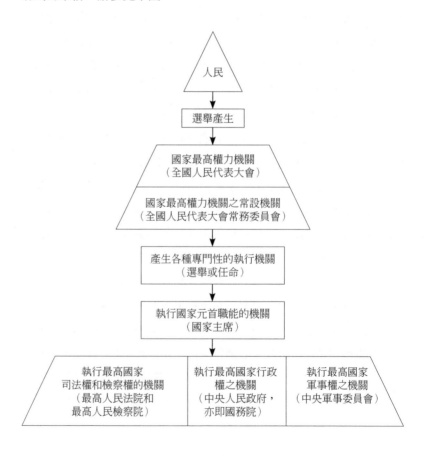

理解了中國憲法上最高國家權力以及最高國家權力機關的性質和職能，也就較為容易解釋基本法所規定的全國人大及其常務委員會對特別行政區所享有的各種權力。這些權力都是國家主權的重要體現，對特別行政區來說是根本性、長遠性的大問題，因而必須由最高國家權力機關親自行使這些權力，而不得授權其他任何機關行使，也就是說必須由全國人民代表大會或全國人大常務委員會的全體會議決定行使。

（二）全國人民代表大會（全國人大）對特別行政區所享有的權力

由上面的分析可以知道，在中國，處理港澳問題、解決中央與特別行政區關係、決定特別行政區前途命運的首要機關，是最高國家權力機關即全國人民代表大會。這主要體現在：

1. 特別行政區的創制權：這包括特別行政區建置權、特別行政區的立法管治權以及對"剩餘權力"的保留權。最重要的是第一項權力，即特別行政區的建置權，後兩項權力都是由第一項權力派生出來的；

2. 決定特別行政區的成立；

3. 作為國家的最高權力機關，授權特別行政區依法實行高度自治，享有行政管理權、立法權、獨立的司法權和終審權；

4. 制定特別行政區基本法；

5. 修改特別行政區基本法；

6. 籌組特別行政區政府。

（三）全國人民代表大會常務委員會（全國人大常委會）的憲制職責

作為全國人大的常設機關，全國人大常委會是經常性行使最高國家權力的機關，尤其是在全國人大閉會期間，全國人大常委會履行最高國家權力機關的職責。

1. 全國人大常委會對特別行政區行使的權力

（1）批准中國政府分別與英國、葡萄牙政府就香港、澳門問題所簽訂的國際協議，即中英、中葡聯合聲明，決定對香港、澳門恢復行使主權；

（2）解釋特別行政區基本法；

（3）為特別行政區立法的權力，即增加或者減少在特別行政區實施的全國性法律；

（4）對特別行政區本地立法實施備案審查，即行使違憲審查權；

（5）特別行政區成立後，貫徹實施特別行政區基本法，對特別行政區行使高度自治權實施監督；

（6）決定特別行政區政治體制的改革；

（7）決定宣佈戰爭狀態或因特別行政區內發生特別行政區政府不能控制的危及國家統一或安全的動亂，決定特別行政區進入緊急狀態。

2. 全國人大常委會特別行政區基本法委員會

根據 1982 年 12 月 10 日五屆人大一次會議通過的《全國人民代表大會組織法》第 28 條規定：全國人大常務委員會可以根據需要設立工作委員會。工作委員會的主任、副主任和委員由委員長提請常務委員會任免。在特別行政區成立後，最高國家權力機關為了便於行使上述有關權力，根據基本法，決定在其常設機關——全國人大常務委員會之下分別設立香港和澳門特別行政區基本法委員會。根據全國人大 1990 年 4 月 4 日和 1993 年 3 月 31 日的決定，這兩個委員會隸屬於全國人大常務委員會，是其下屬的工作委員會。

因此，基本法委員會的性質是全國人大常委會的工作機構，而不是權力機構，因而不能代行全國人大常委會的權力，只能就有關問題向全國人大常委會提供意見、建議，供它採納。也可以說，這兩個委員會是全國人大常委會就處理特別行政區問題而特設的專門工作機構。這表明了國家最高權力機關處理特別行政區問題的嚴肅性。

根據全國人大的決定，基本法委員會的任務職責是：就有關香港特別行政區基本法第 17 條、第 18 條、第 158 條、第 159 條，澳門特別行政區基本法第 17 條、第 18 條、第 143 條、第 144 條實施中的問題分別進行研究，並向全國人大常委會提供意見。

據此，基本法委員會的具體任務包括以下四個方面：

一是全國人大常委會在行使對特別行政區自行立法的監督權時，如果認為特別行政區立法機關制定的任何法律不符合基本法關於中央管理的事務及中央與特別行政區關係的條款，準備將有關法律發回特別行政區立法機關，在發回前，全國人大常委會要先交基本法委員會研究，聽取該委員會的意見，然後再作出決定；

二是全國人大常委會決定是否將有關國防、外交和其他按照基本法規定不屬特別行政區自治範圍的全國性法律在特別行政區實施，即對基本法附件三所列全國性法律作出增減時，要徵詢基本法委員會的意見；

三是特別行政區法院在審理案件時需要對基本法關於中央人民政府管理的事務或中央和特別行政區關係的條款進行解釋，而該條款的解釋又影響到案件的判決，在對該案件作出不可上訴的終局判決前，應由特別行政區終審法院提請全國人大常委會對有關條款作出解釋。特別行政區法院在引用該條款時應以全國人大常委會的解釋為準。全國人大常委會在對基本法作出解釋前，應徵詢其所屬的基本法委員會的意見。如前所述，中國憲法規定的最高國家權力包含了司法權力，而最高國家權力機關嚴格來說也具有司法職能，儘管正常情況下它並不行使司法權力，但在有必要時它可以直接行使某些司法職能。全國人大常委會解釋基本法，以普通法的觀點來看，這是行使司法職能。其實中國最高國家權力機關本來就有這方面的職能。

四是當全國人民代表大會準備接受修改特別行政區基本法的議案並準備把該修改議案列入全國人民代表大會的議程前，要先將該修改議案交特別行政區基本法委員會研究並提出意見。

關於基本法委員會的組成，香港特別行政區基本法委員會由 12 人組成，而澳門特別行政區基本法委員會則由十人組成，其中內地和特別行政區人士各佔一半。

由於委員會的主要工作是法律性的，因而組成成員必須包括法律界人士。所有委員均由全國人大常委會任命，任期五年。其中香港委員、澳門委員必須由在外國無居留權的特別行政區永久性居民中的中國公民擔任，由特別行政區行政長官、立法會主席和終審法院首席法官聯合提名，由全國人大常委會任命。

這兩個基本法委員會分別於 1997 年 7 月 1 日和 1999 年 12 月 20 日成立，並分別擬定了自己的工作細則和工作制度。香港特區基本法委員會已經就有關基本法的解釋問題進行專題研究，並向全國人大常委會提出了意見和建議。兩個委員會也多次開會履行基本法賦予的其他職責，並大大加強了其研究工作。

近年來，中央高度重視兩個基本法委員會的工作，目前已經建立了專門的研究隊伍和工作班子。儘管該委員會是設立在立法機關內部的，但是其工作程序越來越具有自己的特色。海內外有學者建議將來該委員會的工作程序應該更加規範化，應該讓香港法律界更多地參與，發揮更大的作用。

二、國家元首

國家元首即國家主席，是國家對內對外的最高代表，是國家主權的象徵，在恢復行使對港澳的主權、貫徹實施 "一國兩制" 和基本法方面發揮重要的作用。

（一）根據全國人大常委會的決定，批准中國政府分別與英國、葡萄牙政府就香港、澳門問題所簽訂的國際協議，即中英、中葡聯合聲明；

（二）根據全國人大的決定，公佈特別行政區基本法和相關全國性法律；

（三）接受特別行政區行政長官的述職；

（四）根據全國人大和全國人大常委會的決定，對特別行政區行使國家元首的一般職權。

三、最高國家行政機關系統

（一）國務院

　　根據中國憲法，最高國家行政機關是最高國家權力機關的執行機關，亦即中央人民政府，這就是國務院的性質。[1] 它是最高國家權力機關之下的一個綜合性的全國最高行政管理部門。憲法還規定了國務院的職權，其中包括統一領導全國性的行政工作；統一領導全國地方各級國家行政機關的工作；管理對外事務，同外國締結條約和協定；領導和管理全國國防建設事業；行使全國人大及其常委會授予的其他職權。[2] 因此，國務院在解決港澳特別行政區問題上扮演十分重要的角色，而特別行政區基本法也賦予國務院在處理中央與特別行政區關係上以很大的權力。主要包括：

　　1. 以中央政府的名義與英國、葡萄牙談判解決香港、澳門問題並簽訂有關協議，報請全國人大常委會批准；

　　2. 執行全國人大及其常委會的有關決定，協助制定特別行政區基本法並可提出基本法修改議案；協助籌備特別行政區；

　　3. 貫徹執行“一國兩制”和特別行政區基本法；

　　4. 統轄特別行政區政府，就基本法規定的有關事務向特別行政區行政長官發出指令；

　　5. 負責與特別行政區有關的外交事務，並授權特別行政區依照基本法規定自行處理有關對外事務；

　　6. 負責特別行政區的防務，承擔駐軍費用；

　　7. 依照基本法規定任命特別行政區行政長官和行政機關的主要官員；

　　8. 接受特別行政區行政長官的述職；

　　9. 特別行政區法院在審理案件中遇有涉及國防、外交等國家行為的事實問題，應取得行政長官就該等問題發出的證明文件，上述文件對法院有約束力。行政長官在發出證明文件前，須取得中央人民政府的證明書。中央人民政府負責向行政長官發出這樣的證明書；

　　10. 全國人民代表大會常務委員會決定宣佈戰爭狀態或因特別行政區內發生特別行政區政府不能控制的危及國家統一或安全的動亂而

決定特別行政區進入緊急狀態，中央人民政府有權發佈命令將有關全國性法律在特別行政區實施。

可見，國務院在處理特別行政區事務中的職權是十分重要而具體的。這同時也是國務院作為全國中央政府對特別行政區所承擔的責任。

國務院在行使這些職權時，一般要以國務院本身的名義，而不以國務院內部機構或某一個部的名義，例如最後簽訂中英、中葡聯合聲明，提出基本法修改議案，任命特別行政區行政長官和主要官員，都要以中華人民共和國中央人民政府的名義行使這些權力。至於外交事務，可由外交部在國務院直接領導下處理。而國防事務在組建香港特別行政區駐軍時也是由國務院和中央軍事委員會聯合發出通告並完成的，特別行政區的日常防務則由國防部代表國務院負責。[3]

（二）國務院港澳事務辦公室

國務院行使對特別行政區的上述管轄權雖然一般要以國務院的名義進行，但這並不意味着所有有關上述事項的具體工作都要由總理、副總理事必躬親，由國務院全體會議或常務會議通過。國務院總理可以設立專門的辦事機構來協助自己處理這方面的事務。國務院港澳事務辦公室就是這種性質的機關。

根據《國務院組織法》第 11 條的規定，國務院可以根據工作需要和精簡的原則，設立若干辦事機構協助總理辦理專門事項。辦事機構的設立由國務院全體會議或常務會議討論決定，其負責人由總理任免，不屬國務院組成人員。其職責就是協助國務院總理辦理不屬任何部、委員會或直屬機構職責範圍內的專門性事項，例如台灣事務不屬任何部或委員會或直屬機構管轄，因而國務院專設一個台灣事務辦公室負責對台工作。除此之外，國務院還設有港澳事務辦公室、僑務辦公室、特區辦公室、外事辦公室、國務院研究室等專門性辦事機構。

1978 年 8 月 12 日，中共中央批轉《關於港澳工作預備會議的報告》。該報告指出：開展港澳工作必須深入調查研究，實事求是，一切工作都要從當地實際情況出發，不能照搬照套內地的做法，要解放思想，大膽放手，多想辦法，加快步伐，為實現中國四個現代化多做貢獻。同時決定成立中央港澳小組，協助中央掌管港澳工作。[4] 國務院港澳事務辦公室也同時成立。

根據 1993 年 3 月 16 日第八屆全國人民代表大會第一次會議批准的國務院機構改革方案和《關於國務院機構設置的通知》（國發〔1993〕25 號）的規定，國務院港澳事務辦公室是國務院負責歸口管理香港、澳門事務的辦事機構，其主要的職責是：

1. 對港澳地區的政治、經濟、文化、社會情況進行調查研究，及時掌握重大動向，為制訂港澳工作的方針、政策、策略提供情況和建議；

2. 制訂在港澳地區貫徹執行"一國兩制"方針的具體政策和措施，促進祖國和平統一；

3. 研究制訂中國政府對香港和澳門恢復行使主權、實現政權順利交接的方針、政策，負責籌備香港和澳門兩個特別行政區的具體事務；

4. 規劃、部署香港和澳門過渡時期的各項工作；

5. 做好實施香港和澳門兩個特別行政區基本法的各項工作；

6. 協同外交部掌管與香港、澳門有關的外事工作，指導中英、中葡兩個聯合聯絡小組和土地委員會（小組）的工作；

7. 制訂或審核涉及港澳的法規的政策、措施，協調內地與港澳地區的關係；

8. 制訂內地與港澳地區在政治、經濟、文化、社會等各個領域交往的具體政策，並會同有關部門組織實施；

9. 會同各地區、各部門做好到內地訪問、工作的港澳各界人士的接待工作；

10. 會同有關部門審批各地區、各部門在港澳地區設立機構，審批常駐港澳地區人員，對有關人士出訪港澳地區向國務院提出審批意見；

11. 承辦國務院交辦的其他事項。

根據上述職責，國務院港澳事務辦公室設五個職能司，即秘書行政司、香港政務司、香港經濟司、香港社會文化司、澳門事務司。[5]

可見，國務院港澳事務辦公室是中央人民政府具體處理港澳事務的一個十分重要的綜合性部門。在港澳回歸、特別行政區成立後，它在處理中央與特別行政區關係中也仍然扮演十分重要的角色。通過自己的工作，可以避免中央政府各部門以及內地各地方政府由於對基本法不了解而無意中干預特區事務。對於特區政府而言，也需要通過港澳辦進一步了解內地。就像國務院港澳事務辦公室主任廖暉所說的，港澳辦的職責是幫助特區政府與中央人民政府各部門及地方機關溝通，做好“守門員”、“聯絡員”和“服務員”的工作，為特區政府和公眾服務。[6]

（三）中央人民政府駐特別行政區聯絡辦公室

除國務院港澳事務辦公室外，中央人民政府在港澳地區也設有代表機構，這就是新華社香港分社和新華社澳門分社。

新華社香港分社初設於 1947 年，當時的主要職責是主管中共中央的對外宣傳與聯絡工作。1949 年中華人民共和國成立，中英兩國建交後，其成為中國國家新聞機構新華社的派出機構，同時也是中國中央政府國務院的駐香港代表機構，但是港英政府一直沒有給予它應有的待遇。1972 年《中英聯合公報》發表後，港英政府才逐漸給予它符合官方代表機構身份的禮遇。中英關於香港的問題提出來後，解決香港問題提上了中國政府的議事日程，因此 1983 年新華社香港分社由原來隸屬國務院港澳事務辦公室而改歸直接隸屬國務院領導，行政級別上提了一級，成為正部級機構。[7] 新華社澳門分社成立於 1988 年 9 月，它既是中國國家新聞機構新華社派駐澳門的機構，也是國務院在澳門的代表機構，向國務院反映澳門的情況，承辦國務院交辦的事項。在它成立之前，其職責由澳門南光貿易公司承擔。[8]

這兩個新華社分社在解決港澳問題、制定特別行政區基本法過程中發揮了聯絡港澳、及時反映港澳各界人士的意見和建議的作用。在籌備特別行政區過程中，也發揮了很大的組織協調作用。在中國恢復行使港澳主權後，由於特別行政區政府直轄於國務院，因而這兩個機構的工作性質也發生了很大轉變。為了更好地貫徹“一國兩制”、“港人治港”、“澳人治澳”、高度自治的方針和兩部特區基本法，支持特別行政區政府依照基本法施政，保障中央人民政府駐香港、澳門的工作機構按照授權履行職責，有必要對兩個新華分社的名稱、職能做一些調整。

1999 年 12 月 28 日經國務院第 24 次常務會議討論通過，自 2000 年 1 月 18 日起，新華通訊社香港分社、新華通訊社澳門分社，分別更名為"中央人民政府駐香港特別行政區聯絡辦公室"和"中央人民政府駐澳門特別行政區聯絡辦公室"。2000 年 1 月 15 日國務院去函香港、澳門兩個特別行政區政府，正式發佈《關於更改新華通訊社香港分社、澳門分社名稱問題的通知》。

根據通知的要求，中央政府駐特區聯絡辦公室的職責有：1. 聯繫外交部駐香港特別行政區特派員公署、外交部駐澳門特別行政區特派員公署和中國人民解放軍駐香港部隊、中國人民解放軍駐澳門部隊。2. 聯繫並協助內地有關部門管理在香港、澳門的中資機構。3. 促進香港、澳門與內地之間的經濟、教育、科學、文化、體育等領域的交流與合作。聯繫香港、澳門社會各界人士，增進內地與香港、澳門之間的交往。反映香港、澳門居民對內地的意見。4. 處理有關涉及台灣的事務。5. 承辦中央人民政府交辦的其他事項。[9]

中央人民政府駐香港、澳門特別行政區聯絡辦公室及其人員，應該嚴格遵守基本法和當地的法律，依法履行職責。特別行政區政府也應該為他們提供履行職責所必需的工作便利和豁免。

新華通訊社香港分社和新華通訊社澳門分社更名後，中央人民政府駐特別行政區的機構有：中央人民政府駐特別行政區聯絡辦公室，外交部駐特別行政區特派員公署，中國人民解放軍駐特別行政區部隊。原新華通訊社香港分社和新華通訊社澳門分社承擔的新聞業務，將分別由新華通訊社提請特別行政區政府註冊的新華通訊社香港特別行政區分社、新華通訊社澳門特別行政區分社承擔，特別行政區政府為其註冊和開展工作提供便利。

可以看出，在解決港澳回歸問題、處理中央與特別行政區的關係上，最高國家權力機關即全國人大及其常委會是決策機關，而最高國家行政機關即國務院是具體執行機關，二者有非常密切的聯繫。全國人大常委會屬下的兩個特別行政區基本法委員會與國務院港澳事務辦公室在貫徹執行"一國兩制"的方針政策時，應嚴格按照基本法的規定處理中央與特別行政區的關係，分工合作，密切聯繫，共同為維護國家主權和統一，為維護特別行政區的繁榮與穩定而努力。

（四）外交部駐特別行政區特派員公署

外交部駐特別行政區特派員公署是中華人民共和國外交部根據特別行政區基本法的規定，在特別行政區設立的負責處理與香港和澳門特別行政區有關的外交事務的機構。

根據基本法的有關規定，駐港澳公署的職責是：處理由中央人民政府負責管理的與香港、澳門特區有關的外交事務；協助香港、澳門特區政府依照基本法或經授權自行處理有關對外事務；辦理中央人民政府和外交部交辦的其他事務。

具體職責包括：1. 協調處理香港、澳門特別行政區參加有關國際組織和國際會議事宜；協調處理國際組織和機構在香港、澳門特別行政區設立辦事機構問題；協調處理在香港、澳門特別行政區舉辦政府間國際會議事宜。2. 處理有關國際公約在香港、澳門特別行政區的適用問題；協助辦理須由中央人民政府授權香港、澳門特別行政區與外國談判締結的雙邊協定的有關事宜。3. 協調處理外國在香港、澳門特別行政區設立領事機構或其他官方、半官方機構的有關事宜，辦理有關領事業務。4. 承辦外國國家航空器和外國軍艦訪問香港特別行政區等有關事宜。

根據上述職責，駐港公署設以下部門：辦公室、政策研究室、國際組織部、條約法律部、領事部、新聞及公共關係部。外交部駐澳門特別行政區特派員公署下設政策研究室、綜合業務部、領事部和辦公室四個部門。

另外，國務院發展研究中心還設立港澳研究所，開展對香港、澳門各種問題的研究工作，為中央決策提供意見。

四、中央軍事委員會

根據憲法，中華人民共和國中央軍事委員會領導全國武裝力量。根據基本法，中央人民政府負責管理特別行政區的防務。據此，國務院和中央軍事委員會決定向特別行政區派駐軍隊，稱中國人民解放軍駐香港（澳門）部隊。

為了保障駐軍依法履行職責，維護國家的主權、統一、領土完整和特區的安全，根據憲法和特別行政區基本法，全國人大常委會還專門制定了《駐軍法》。中央軍事委員會要統一領導指揮中國人民解放軍駐香港（澳門）部隊。駐軍費用由中央人民政府負擔。

中央人民政府派駐特別行政區負責防務的軍隊不干預特別行政區的地方事務。特別行政區政府在必要時，可向中央人民政府請求駐軍協助維持社會治安和救助災害。

五、最高國家司法機關和最高國家法律監督機關

最高國家司法機關即最高人民法院，最高國家法律監督機關即最高人民檢察院。根據特區基本法的規定，特別行政區實行司法獨立，擁有獨立的司法權和終審權，因此中央司法機關和法律監督機關與特別行政區的司法機關和政府法律部門之間並無隸屬關係，它們之間只有司法協助的關係。

但是，基本法第 19 條規定，香港特別行政區法院對國防、外交等國家行為無管轄權。香港特別行政區法院在審理案件中遇有涉及國防、外交等國家行為的事實問題，應取得行政長官就該等問題發出的證明文件，上述文件對法院有約束力。行政長官在發出證明文件前，須取得中央人民政府的證明書。

因此，有關外交、國防等國家行為的案件依法不歸特別行政區司法機關管轄，應該由內地司法機關負責。中國人民解放軍駐特區部隊法院和檢察院承擔部分這方面的職責。除此之外，內地司法機關和法律監督機關不與特區發生關係。

六、處理港澳問題應遵循的工作原則

全國人民代表大會、全國人民代表大會常務委員會、全國人大常委會特別行政區基本法委員會，國務院、國務院港澳事務辦公室、中

央人民政府駐特別行政區聯絡辦公室和外交部駐特別行政區特派員公署都是中央處理港澳事務的機構。儘管具體工作制度由於機構的性質不同而有所不同，例如全國人大及其常委會和其下屬的基本法委員會大多採用開會合議的方式，而國務院及其下屬港澳事務辦公室則大多採用行政性方式、首長負責方式，但是，它們要遵循一些共同的工作原則。這裡簡略加以概括。

（一）遵循"一國兩制"、"港人治港"、"澳人治澳"和高度自治的指導方針

"一國兩制"、"港人治港"、"澳人治澳"和高度自治是中國解決港澳問題、實現國家統一的基本國策，也是制定特別行政區基本法，處理中央與特別行政區關係的根本指導思想。因而在涉及到中央與特別行政區關係的具體問題上，我們都要堅定不移、不折不扣地貫徹執行"一國兩制"、"港人治港"、"澳人治澳"和高度自治的方針。"一國"與"兩制"不是對立的，而是相輔相成的，必須把二者有機結合起來，全面正確地理解運用"一國兩制"的精神。

（二）嚴格依法辦事

這裡的"法"是指憲法和特別行政區基本法。憲法是任何國家機關及其工作人員都必須遵守的最高法律規範，中央首先要嚴格依據憲法處理港澳事務。兩部基本法都是由中國最高國家權力機關全國人民代表大會根據憲法制定的直接關於特別行政區的全國性基本法律，是"一國兩制"的法律化、制度化、條文化、具體化，因而是處理中央與特別行政區關係的根本大法。無論是全國人大及其常委會或國務院，也無論國務院港澳事務辦公室或是基本法委員會，也不論是特別行政區政府，都必須認真執行基本法，嚴格按照基本法辦事，而絕不可拋開基本法。如果沒有基本法的保障，"一國兩制"也就無從談起，維護國家統一與主權，維護特別行政區的繁榮與穩定也就成為空談。港澳地區尤其香港在國際資本主義競爭中已經形成了良好的法治傳統，中央處理港澳問題，當然會嚴格依照基本法辦事，把基本法的每一個條款都落到實處。

（三）吸收特別行政區參與原則

雖然處理港澳問題的主導權在中央，但是中央有關各個機構在處理有關問題時一定要充分吸收港澳人士參與，廣泛聽取各方面意見，尊重特別行政區政府和人民的意見，只有這樣，才可以作出符合實際的決策。其實，全國人大在制定特別行政區基本法時，就十分廣泛地吸收了港澳各界人士參加起草委員會，除此之外還成立了具有廣泛代表性的基本法諮詢委員會，其職責就是收集並向起草委員會反映港澳各界對基本法的意見和建議，接受起草委員會的諮詢。這在中國立法史上是空前的。基本法本身在規定中央行使權力時，也同時規定了如何吸收特別行政區的參與。而以後國務院港澳事務辦公室又從香港各界人士中聘請了香港事務顧問，新華社香港分社也聘請了區事顧問，其目的都是為了廣泛吸收港澳人士的意見。特別行政區基本法委員會其中一半委員來自港澳，同樣也是為了在決策時可以充分吸收特別行政區的參與。全國人大的港澳代表、全國政協的港澳委員在這方面已發揮了而且還將發揮很大的作用。

（四）互相尊重、互相支持、共同發展

在處理港澳問題時，還應遵循的另外一個重要的工作原則就是互相尊重、互相支持、共同發展。中央要尊重特別行政區的高度自治，堅決貫徹 "港人治港"、"澳人治澳" 的原則，絕不干預特別行政區按照基本法屬其自治範圍內的事項。反過來，特別行政區也要尊重中央統一的權威，自覺維護國家統一和主權完整，尊重中央對按照基本法屬中央管理的事務的管轄權，並給予積極的配合與支持。這樣，雙方在憲法和基本法的框架下就建立起了良性的互動關係，資本主義的特別行政區和社會主義的內地在統一的國家裡也就和平共處，共同發展，共同為包括特別行政區在內的全中國的長治久安和繁榮穩定，為中華民族在 21 世紀的偉大復興做貢獻。

實踐證明，港澳回歸後 "一國兩制" 的國策是正確的，兩部特區基本法是可行的，中央和特別行政區都很快適應了自己新的角色，恰當地行使了各自的法定權力，對二者關係的處理也基本上是成功的。

| 註釋 |

1. 憲法第 85 條。

2. 憲法第 89 條。

3. 《中華人民共和國國務院公報》，1996 年 2 月 12 日。

4. 李默：《新中國大博覽》，863 頁，廣州，廣東旅遊出版社，1993。實際上"文化大革命"期間中共中央就有一個港澳工作領導小組，由周恩來直接負責。見黃文放：《中國對香港恢復行使主權的決策歷程與執行》，6 頁，香港浸會大學，1997。

5. 國務院辦公廳秘書局、中央編委辦公室綜合司：《中央政府組織機構》，396-399 頁，北京，中國發展出版社，1995。後來多次調整內設機構。

6. 香港特區政府政制事務局局長：《中央與特區關係探討》，在"香港是我家，落實基本法"研討會上的致辭，1998 年 4 月 3 日。

7. 李軍：《台港澳百科大辭典》，612、613 頁，北京，華齡出版社，1992。

8. 同上。

9. 國務院：《關於更改新華通訊社香港分社、澳門分社名稱問題的通知》，2000 年 1 月 15 日。

「一國兩制」與基本法：歷史、現實與未來

第二章

憲法與基本法

論港澳回歸後新憲法秩序的確立

原載《港澳研究》2013 年第 1 期（創刊號），為避免重複，收錄時略去第四部分

———— • ————

　　1997 年中國恢復對香港行使主權，1999 年中國恢復對澳門行使主權，從憲法和法律角度來說，港澳回歸後，既有 "不變" 的地方，即法律和司法制度基本不變，經濟和社會制度不變，等等，也有 "變" 的地方，最大的變化就是 "法統" 和憲法體制的根本性改變。港澳基本法對 "不變" 的地方着墨較多，以致很多人認為基本法就是一部關於 "不變" 的法律，我們過去關注 "不變" 的一面也較多，較少關注憲法層面 "變" 的一面。對 "變" 的一面有意無意地忽視，影響到我們對回歸後港澳新憲法架構和秩序的理解，也影響到新憲法體制與原有法律和經濟社會制度的磨合。本文試圖探討港澳回歸後基於國家恢復對港澳行使主權以及政權的和平移交，以中國憲法和基本法為核心的港澳特區新憲法秩序是如何取代之前港英和澳葡的憲法規範，建構了特區新的憲法體制和秩序。

一、港澳回歸後主權層面和基本規範的改變

　　為了保證香港、澳門政權的順利移交，確保港澳社會發展的連續性和穩定性，使港澳社會不因回歸而受影響，中英、中葡聯合聲明和兩部特別行政區基本法，都發出了強烈的 "不變" 的信號。"一國兩制" 的核心就是在實現 "一國" 的前提下，維持 "兩制" 各自的現狀

不變，寓"變"於"不變"中。中國恢復行使主權、實現"一國"，固然是大大的"變"，這個"變"是必需的。但是，這個"變"要在"不變"中實現，也就是說，既要"變"，又要維持港澳原有的資本主義制度不變，同時維持內地的社會主義制度也不變。可見，"一國兩制"就是有條件地維持現狀，即在實現統一的情況下兩個地方各自保留自己的制度現狀。作為"一國兩制"法律化產物的基本法體現了"不變"的精神，也完全可以理解。也許正因為基本法關於"不變"的信號太強烈，過去對"一國兩制"和基本法的解讀，人們通常較多關注到其"不變"的一面，而較少關注"一國兩制"和基本法所體現出的憲制層面"變"的一面。

（一）主權層面的革命性改變

在政治上最大的"變"就是中國恢復了對香港、澳門行使主權。儘管我們不承認中英之間 19 世紀簽訂的關於香港的三個不平等條約，但是，我們不得不接受英國在香港行使主權的事實。我們也不得不接受葡萄牙統治澳門 400 多年的事實。對於香港、澳門來說，九七、九九回歸意味着"主權革命"，即主權的行使者由英國、葡萄牙恢復為中國。這是最高層面的主權上的"變"。主要體現在：中國從英國和葡萄牙手中接管了香港、澳門，中國軍隊進駐港澳，實際控制香港、澳門所有土地；中國的國旗在香港和澳門地區尤其是兩地政府大樓上面升了起來，而英國和葡萄牙的國旗則降下來；儘管原政府大部分公務員維持了不變，對市民的服務不變，但名稱改為"中華人民共和國香港特別行政區政府"和"中華人民共和國澳門特別行政區政府"；居民中的中國居民的政治法律身份改為"中國公民"；香港在國際上的身份改為"中國香港"，澳門在國際上的身份改為"中國澳門"。通過主權上的改變，我們實現了"一國"。上述這些都是主權層面發生變化的表現。儘管這些改變是最重要、最根本的"變"，但是與居民的日常生活相隔較遠，人們在日常工作生活中甚至感覺不到這些變化，馬仍然在跑，舞仍然在跳，賭場照開。除了名稱上、名片上、信紙抬頭上、地址上加上了"中國"二字，除了大街上看到新升起的中國國旗、特區區旗提醒我們香港、澳門這兩塊土地上的主人發生了變化外，其他與我們日常生活有關的一切都沒有變。這體現了中國領導人之前所講的，1997 年 7 月 1 日香港回歸中國，除了國旗發生變化外，第二天早上大家起床後會發現其他什麼都沒有變化。在人類歷史上，一個地方一旦主權狀況發生了變化通常會帶來一系列明顯的變化，尤其會給社會生活、給人們的日常工作帶來巨大的影響，但是這些在香港、澳門回歸的實踐中我們卻沒有看到，居民的日常生活工作基本沒有受影響。中國政府把對居民日常生活工作所可能產生的影響已經壓到了最低限度。這是成功的回歸，是"和平統一、一國兩制"的勝利。

（二）基本規範和權力來源的變化

上述最高層面主權上的改變直接引發了香港、澳門地區基本規範和權力來源或者說合法性的變化。根據當代著名法學家、純粹法學的創始人凱爾森（Hans Kelsen）關於"基本規範"（basic norm，或者 Grundnorm）的理論，一個社會的"主權革命"必然帶來"基本規範"的變化。凱爾森認為，人們之所以必須遵守法律，是因為這些法律是根據更高級的規範制定的，而這些更高級的規範是有效的。人們之所以要遵守那些更高級的規範、那些更高級的規範之所以是有效的，因為它們是根據更高級的"基本規範"制定的，而那些更高級的"基本規範"是有效的。這樣法律就形成了一個效力等級系統，法律規範也形成了一種效力等級層次結構：從一般法律規範到高級法律規範，一直到基本規範。某一個層次的規範是合法的、有效的，那是因為這一規範的上一級規範也是合法的、有效的。這個效力等級一直可以追溯到"基本規範"，它是合法的、正統的、有效力的，這樣人們才遵守整個法律制度。

所謂"基本規範"，是指具有最高效力和能夠產生其他法律規範的規範，換言之，"基本規範"是不能從更高規範中引申出其效力的最終規範。"基本規範"是如何產生的呢？凱爾森認為，"基本規範"來自開國元勳們的言行，其表現形式通常是開國元勳們主持召開的國民大會所制定的憲法。這憲法的效力是這個國家最高的合法性、正統性的來源，是該國法律秩序中一切規範效力所依據的最高權威。人們無法質疑它的合法性、正當性，因為其本身就是一切合法性、正當性的來源，它的存在是一種客觀現實，是無需證明的。因此，如果只是修改一般的法律規範或者在原有憲法基礎上修改憲法，只要這個最終的基本規範不變，這個國家的法統、價值標準、權力和權利的來源、合法與非法的界限就不會變。但是一旦這個最終的 "基本規範" 發生了變化，那麼一切就全變了，法統和是非觀念就變了，那就是 "變天" 了。[1]

"基本規範" 的根本變化，通常出現在這個國家或者地方發生革命以後，或者發生了革命性的政權更迭，實現了 "改朝換代"，人民希望有一個新的開始，廢除了原有的法統之後。[2]1949 年 10 月 1 日的中國就是如此。1997 年 7 月 1 日的香港也是如此，回歸前，香港的最高 "基本規範" 是英國的法統，其法律表現形式就是《英皇制誥》和《皇室訓令》，回歸後香港的 "基本規範" 就是中國憲法，其法律表現形式就是中國全國人大為香港制定的香港特別行政區基本法。1999 年 12 月 20 日的澳門也是如此。儘管有那麼多 "不變"，包括法律和司法制度基本不變，但是支撐這些法律、制度、體制的法理、憲法架構、"基本規範" 發生了變化，權利和權力的來源發生了革命性變化。

香港大學法律學院榮休教授韋利文（Raymond Wacks）先生很早關注並用基本規範的理論來分析香港九七回歸的法理意義。1993 年他就發表了 "一個國家，兩套基本規範？基本法和基本規範"（One Country, Two Grundnormen? The Basic Law and the Basic Norm）一文。在文中他寫道："顯然，基本法要在改變香港法律制度的憲制基礎的同時，嘗試保持這些法律制度的連續性。基本規範應該具有 '中立性'，因此沒有什麼邏輯上的理由會讓人們說，為什麼一個社會主義法制的基本規範不能成為一個資本主義法制的基本規範……凱爾森堅持認為他的基本規範與法律制度背後的意識形態無關。"[3]

韋利文教授在文中也探討了有沒有可能讓香港不僅保留原有的法律和司法，而且也同時保留這些原有法律和司法背後的憲法基本規範："儘管凱爾森沒有排除一個共同體擁有兩個 '基本規範' 的可能性，1997 年後香港資本主義的普通法可以說來自另外一個'獨立的'基本規範，但這是一個誤解。1997 年後香港一切規則的有效性取決於一個基本規範，這個基本規範的有效性來自於中國憲法。況且，一個法律制度不能建立於衝突的基本規範之上。"[4]

　　1997 年香港回歸，1999 年澳門回歸，儘管港人、澳人原來熟悉的一切似乎都沒有變化，尤其是他們所熟悉的法律及司法制度得以保留，資本主義制度和生活方式得以保留，但是這些資本主義的制度體制背後的基本規範由原來同屬資本主義的英國、葡萄牙創造的基本規範轉變為中國社會主義政權創造的基本規範。

　　可見，1997 年香港回歸，1999 年澳門回歸，儘管那裡的法律和司法制度、資本主義制度和生活方式保持不變，與內地的仍然不同，但是香港、澳門和內地的主權統一了，香港、澳門和內地的基本規範、權力來源也統一了。雖然內地各省不享有香港、澳門享有的高度自治權，但是香港、澳門從此與內地各省一樣，香港、澳門享有的所有權力也來自中國中央政權的授權。與內地不同之處在於中央授予權力的大小和多少不同，以及兩地的社會制度不同。

二、基本規範改變的具體表現

　　香港、澳門回歸後，基本規範的變化具體表現在以下幾個方面。

（一）中國憲法開始在特區生效

　　擁有統一的憲法是一個國家實現統一的政治和法律表現。不僅單一制國家只能有一部憲法，在聯邦制國家，即便每一個邦、州或者共和國都可以制定自己的憲法，但是這些憲法類似我們的基本法，都不能擁有主權，只不過他們稱其為"憲法"罷了。例如，美國 50 個州的"憲法"，都可以叫做 constitution，但是基本名不副實，因為沒有主權因素。最早建立美國的 13 個州的憲法當時是貨真價實的憲法，擁有獨立主權。但是 1787 年 5 月至 9 月在美國制憲會議上，這 13 個州自願讓渡了自己的主權給新成立的美國及其憲法，實現了國家統一。從此，各州保留了自己失去主權的名義上的"憲法"，此外擁有一部各州統一的、真正意義上的全國憲法——《美國聯邦憲法》。也就是說，即便在聯邦制下，各個組成單位可以有自己的"憲法"和法律，但是這種"一盤散沙"的局面必須統一在聯邦憲法之上。國家憲法就成為維繫各個組成單位屬一個國家的政治和法律紐帶。沒有統一的憲法，就沒有統一的國家。一個國家的憲法如何，很大程度上決定這個國家的前途命運，所謂"一個國家，一部憲法，一種命運"（One Country, One Constitution, One Destiny）就是這麼來的。[5]

可見，無論是單一制國家或者聯邦制國家，作為一個主權國家必須而且只能有一部統一的憲法，這部憲法必須是獨一無二的。以前中國古人說"天無二日"，今天應該說"天無二憲"。這也是為什麼我們說中國憲法在特別行政區有效力的原因，儘管憲法並沒有被規定到基本法第 18 條中，也沒有被列入基本法附件三，但是毫無疑問，中國憲法也是香港、澳門兩個特別行政區的憲法，在兩個特別行政區擁有無可置疑的政治和法律約束力，是兩個特別行政區最高的憲制規範。香港、澳門回歸後儘管其原有法律保持不變，但是香港、澳門的"憲法"，無論"大憲法（從英國、葡萄牙憲法轉變為中國憲法）"或"小憲法（從《英皇制誥》、《皇室訓令》和《澳門章程》等轉變為港澳基本法）"都發生了革命性變化，港澳法律、司法和社會制度的憲制基礎毫無疑問地轉變為中國憲法和基本法。

（二）基本法成為特區新的憲制性法律

根據基本法第 18 條，在特區適用的法律首先是"本法"。基本法規定了特別行政區政治、經濟、文化制度、居民的權利和義務、中央和特別行政區的關係等重大問題，是特別行政區行政、立法和司法的基礎，也是中央和特別行政區都必須遵守的憲制性法律。香港、澳門回歸後，基本法取代了原有的港英和澳葡的憲制文件，開始在特區實施。

香港大學法律學院原包玉剛講座教授佳日思（Yash Ghai）先生曾經為香港基本法取代原有憲制文件出版巨著《香港新的憲制秩序》（*Hong Kong's New Constitutional Order*），[6] 僅從書名上我們就可以清楚地看到，香港回歸後儘管法律和司法基本沒有變化，但是憲法發生了變化，是全新的憲法。憲法的變化一方面表現為中國憲法開始對香港發生效力，另一方面就是香港基本法取代了《英皇制誥》和《皇室訓令》，成為香港的“小憲法”。在澳門，澳門基本法則取代了《澳門章程》，成為澳門的“小憲法”。

（三）中央有權增減列入基本法附件三的全國性法律在香港、澳門實施

正常情況下，全國性法律應該適用於國家的每一個地方。但是由於我國實行“一國兩制”，這使得我國在法律上客觀形成了“一個國家，多套法律制度並存”的情況。基於政治和憲法上的“一國”，總有一些全國性法律需要在特區實施。全國人大在通過基本法的時候，已經把有關“一國”的全國性法律實施於特區。特區成立後，全國人大常委會又根據需要，增加了一些全國性法律在兩個特區實施。根據基本法，全國人民代表大會常務委員會在徵詢其所屬的特別行政區基本法委員會和特別行政區政府的意見後，可對列於基本法附件三的法律作出增減。目前適用於香港特別行政區的全國性法律有 12 部，適用於澳門特別行政區的全國性法律有 11 部。

基本法還規定，由全國人民代表大會常務委員會決定宣佈戰爭狀態或因特別行政區內發生特別行政區政府不能控制的危及國家統一或安全的動亂而決定特別行政區進入緊急狀態，中央人民政府可發佈命令將有關全國性法律在特別行政區實施。在這種特殊情況下可以短暫性地把有關的其他全國性法律在特區實施。

中央可以把有關的全國性法律直接適用於香港、澳門特區，也就是說，中央最高立法機關可以為香港、澳門兩個特別行政區進行有限立法，除了擁有制定、修改港澳兩個特區憲制性法律（即基本法）的權力外，還可以在一定條件、一定範圍內為特區制定涉及國家主權等非高度自治事項的法律。這也是中國恢復行使香港、澳門主權在法律上的一個重要表現。這些全國性法律毫無疑問在特區是有法律效力的，是特區法律的組成部分。

基本法作為特別行政區的基本憲制法律，由全國人民代表大會制

定，而不是由香港澳門兩個特別行政區自行制定。基本法首先是中國的基本法，姓"中"，是中國法律的組成部分。特區立法會儘管有立法權，但是立法會不能制定憲制性法律，不能制定基本法，這本身就說明中央擁有對香港、澳門兩個特別行政區進行最高憲制性、主權性立法的事實。

（四）中央有權決定特別行政區實行的政治體制

憲制性法律（憲法或者基本法）的主要功能有兩個，一是保障這個國家或者地方的基本人權，二是規定這個國家或者地方實行的政治體制。

首先，憲法規定了中國實行什麼樣的政治體制，儘管國家的政治制度和體制並不完全在港澳兩個特別行政區實施，但是中國憲法規定的國家政治體制肯定對特別行政區產生影響，例如中國共產黨的領導制度、人民代表大會制、人大釋法制度、國家元首制度等等，都對特別行政區產生影響。儘管如此，國家實行什麼樣的政治體制要由國家來決定，特別行政區以及內地的任何一個地方都無法、也不能決定全國實行什麼樣的制度。

不僅如此，根據憲法第 31 條的規定，全國人大有權決定設立特別行政區，並決定在特別行政區實行的制度，這就包括特別行政區實行的政治體制，全國人大據此制定特別行政區基本法。基本法既是保障香港、澳門人權的大法，也是關於特別行政區政治體制的大法，全國人大就是通過制定基本法規定了在特區實行的政治體制。可見，中央享有充分的規定特區政治體制的權力。

政治體制通過基本法確定後，大的框架、精神應該保持長期不變，例如港澳特色的行政長官制（也稱"行政主導"）、司法獨立、立法與行政既互相制約又互相配合。但是政治體制應該與時俱進，朝着更加民主化的方向改革，香港基本法還規定了"雙普選"作為政制發展的目標。因此，兩部基本法還都規定了政制發展的程序，即香港 2007 年、澳門 2009 年以後各任行政長官的產生辦法如需修改，須經立法會全體議員 2/3 多數通過，行政長官同意，並報全國人民代表大會常務委員會批准。香港 2007 年以後，澳門 2009 年以後，特別行政區立法會的產生辦法和法案、議案的表決程序，如需對附件的規定進行修改，須經立法會全體議員 2/3 多數通過，行政長官同意，並報全國人民代表大會常務委員會備案。這充分說明中央既有權通過制定基本法來規定特區的政治體制，也有權決定特區政制的改革發展，在政制發展中具有主導權和最終決定權。全國人大常委會據此解釋了基本法，明確、細化了政制發展的程序，兩個特區根據本地實際情況，依據基本法和 "人大釋法" 及相關決定，不同程度地推動了本地民主政治的發展。我們期待香港特區能夠根據基本法以及人大對基本法的有關解釋和決定，在 2017 年實現行政長官的普選。

由中央決定特別行政區實行的政治體制，是港澳回歸後憲法制度的一個重大變化。當然，中央行使決定權，一定要在港澳充分聽取民意，讓社會各界充分參與有關討論，取得共識。

（五）其他方面

回歸後，香港、澳門基本規範的變化還表現在：中央人民政府負責管理與特別行政區有關的外交事務和防務；中央人民政府依法任命特別行政區行政長官和行政機關的主要官員；特別行政區的立法機關制定的法律須報全國人民代表大會常務委員會備案，全國人大常委會並可發回它認為不符合基本法關於中央管理的事務及中央和特別行政區的關係條款的本地立法，被發回的法律立即失效；特別行政區還可享有全國人民代表大會和全國人民代表大會常務委員會及中央人民政府授予的其他權力；基本法的解釋權屬於全國人民代表大會常務委員會；基本法的修改權屬於全國人民代表大會。

三、基本規範的變化對香港、澳門政制和法制的影響

由此可見，港澳回歸中國從制度層面看，既有 "不變" 的地方，又有 "變" 的地方。"不變" 中有 "變"，"變" 中有 "不變"。一般民眾只感受到了 "不變"，對於 "變" 的部分感覺不到，了解較少。有些人士甚至認為既然是 "一國兩制"，什麼都可以保留，因此只有

"不變"，沒有要"變"的，或者不承認、拒絕那些需要"變"的部分。這樣造成了回歸後香港特區的法律、司法體制與國家和香港新憲政架構銜接的困難。根據基本法需要把本地法律、司法制度（"不變"的部分）與香港、澳門新憲制秩序（"變"的部分）銜接的地方有很多，這包括：

（一）行政方面

特別行政區行政長官和行政機關的主要官員在本地產生後，要由中央人民政府任命。即便將來香港實現了行政長官的普選，也需要中央的任命。這體現了國家主權，是香港、澳門新的憲制所要求的。特別行政區行政長官依法對中央人民政府和特別行政區負責，向中央述職，實行雙重問責制。

（二）立法方面

全國人民代表大會常務委員會可以把有關的全國性法律列入基本法附件三在特區實施。特別行政區的立法機關在自治範圍內制定的法律，要報全國人民代表大會常務委員會備案，全國人大常委會可以發回不符合本基本法關於中央管理的事務及中央和特別行政區的關係條款的本地立法，被發回的法律立即失效。

特別行政區被授權自行立法禁止任何叛國、分裂國家、煽動叛亂、顛覆中央人民政府及竊取國家機密的行為，禁止外國的政治性組織或團體在特別行政區進行政治活動，禁止特別行政區的政治性組織或團體與外國的政治性組織或團體建立聯繫。本來國家安全立法是國家立法事項，任何地方都無權制定國家安全法，但是全國人大通過基本法把這項重要的立法權授予特別行政區，對於港澳特區而言，這是一項特權。"一個國家，多套國家安全法，多個國家安全標準"，這是世界憲法和政治史上的特例。

（三）司法方面

特別行政區法院對國防、外交等國家行為無管轄權。特別行政區法院在審理案件中遇有涉及國防、外交等國家行為的事實問題，應取得行政長官就該等問題發出的證明文件，上述文件對法院有約束力。行政長官在發出證明文件前，須取得中央人民政府的證明書。

（四）基本法的解釋

基本法的解釋權屬於全國人民代表大會常務委員會。全國人民代表大會常務委員會授權特別行政區法院在審理案件時對關於特別行政區自治範圍內的條款自行解釋。特別行政區法院在審理案件時對其他條款也可解釋。但在香港基本法第 158 條第 3 款和澳門基本法第 143 條第 3 款所列舉的事項出現的時候，特別行政區終審法院需請全國人民代表大會常務委員會對有關條款作出解釋。

（五）特區的中國公民參與國家事務管理

特別行政區居民中的中國公民依法參與國家事務的管理。

（六）基本法的修改

基本法的修改權屬於全國人民代表大會。特別行政區有修改提案權，但是須經特別行政區的全國人民代表大會代表 2/3 多數、特別行政區立法會全體議員 2/3 多數和特別行政區行政長官同意後，交由特別行政區出席全國人民代表大會的代表團向全國人民代表大會提出。

當一個地方的 "基本規範" 也就是憲政秩序發生根本性變化時，必然會帶來極大的社會震動，對公眾習以為常的政治法律制度帶來巨大衝擊。社會各界尤其是法律、司法界需要一段時間去適應 "主權革命" 和憲制變革帶來的新變化。可以說港澳回歸後法律和司法制度上的所有變化都起源於基本規範的變化。隨着經驗的積累，我們會更有信心處理好具體層面政制法制的不變與更高層面憲制巨變之間的關係。

四、英國 "入盟" 如何應對 "公法革命"：域外經驗（略）

結語

　　為了使香港、澳門順利回歸中國，國家已經盡最大努力維持港澳原有法律、司法和社會制度不變，但是憲制的改變和基本規範的改變是無法避免的。如何使操作層面、制度層面的"不變"與憲制層面、主權層面的"變"相互協調，既不讓"變"的層面影響到"不變"的層面，也不讓"不變"的層面影響應該"變"的事情，讓"變"和"不變"同時發生，並行不悖。這確實是對我們政治和法律智慧的考驗，對中央和香港、澳門兩個特區來說都是高難度的挑戰。

　　回歸十多年後的今天，儘管香港、澳門本地法律、司法和社會制度與新憲制的磨合銜接還沒有完全完成，澳門由於本來就實行歐洲大陸式的成文法制度，與新憲制的銜接較為順利，但是在香港，這個過程時不時地會遇到巨大的挑戰和困難。儘管如此，今天我們可以自豪地說，中國香港、澳門特別行政區的實踐已經證明：一個社會主義政權創造的基本規範（憲法和基本法）可以成為資本主義社會的法律、司法體系和社會制度的上位基本規範。基本規範與政治、法律和社會制度背後的意識形態可以無關。回歸時很多人擔心，一個資本主義的制度和生活方式要靠一個社會主義的基本規範來保證，資本主義的法律，特別是香港的普通法要靠社會主義憲制架構來維持，到底能否成功？現在我們可以說，中國既可以把自己國家的社會主義建設好，也可以把自己國家存在的資本主義建設好，資本主義和社會主義可以和諧地生活在一個共同的憲制（基本規範）之下，並獲得共同發展、共同繁榮。

　　我們既要擁抱那些"一國兩制"允許"不變"的方面，我們同樣要擁抱那些"一國兩制"要求我們必須"變"的方面。既要保證應該"不變"的堅決地"不變"，也要保證應該"變"的堅決地"變"，讓"不變"和"變"同時有序地發生，最終形成一個和諧的"一國兩制"之下的新憲法秩序。

| 註釋 |

1. 〔奧〕凱爾森：《法與國家的一般理論》，沈宗靈譯，126 頁，北京，中國大百科全書出版社，1996。

2. 美國當代著名憲法學家、耶魯大學法學院教授 Bruce Ackerman 認為，一個國家、一個民族在其發展的某個關鍵時刻具備了制定新憲法或對憲法進行重大修訂的條件，使這個國家、這個民族得以與過去決裂，有一個全新的憲法和全新的開始。這樣的時刻就是這個國家、民族的"憲法時刻"（constitutional moment）。Bruce Ackerman, *We the People: Foundations*, vol. 1, Cambridge: Harvard University Press, 1991. 他認為美國憲法史上有三個重要的"憲法時刻"，即建國時期（Founding）、內戰重建時期（Reconstruction）和新政時期（New Deal）。

3. Raymond Wacks, "One Country, Two Grandnormen? The Basic Law and the Basic Norm," in Raymond Wacks (ed.), *Hong Kong, China and 1997: Essays in Legal Theory*, Hong Kong University Press, 1993, p.154, 166.

4. 同上，179 頁。

5. 美國 19 世紀著名政治家 Daniel Webster 盛讚美國憲法 "One country, one Constitution, one destiny"，Daniel Webster 1837 年 3 月 15 日在紐約的演講，參見：Daniel Webster, Edwin Percy Whipple, *The Great Speeches and Orations of Daniel Webster with an Essay on Daniel Webster as a Master of English Style*, Fred B. Rothman & Co., p.426.

6. Yash Ghai, *Hong Kong's New Constitutional Order*, Hong Kong University Press, 1997.

"英國入盟" 與香港回歸
——"主權革命" 帶來的憲制變革和法制嬗變

原載香港《文匯報》、《大公報》2005 年 4 月 16 日

●

在世界範圍，一個普通法地區轉變為一個大陸法法域，香港並非首例，英國應是第一例。1972 年英國加入歐盟後有了某種程度新的成文憲法。隨着"憲制革命"，英國因"入盟"喪失了司法終審權，以至於現在英國人不得不到歐洲大陸進行很多案件的終審。如同歐洲"中央"釋法沒有損害英國的普通法和法治一樣，人大釋法也不會損害香港的普通法和法治。而香港普通法亦一定能很快適應新的憲制，能夠很快與基本法成功磨合銜接。

1997 年 7 月中國恢復對香港地區行使主權，長期實行普通法的香港成為中華人民共和國的一個特別行政區，而中國的法律制度則具有鮮明的大陸法系（又叫羅馬法系或者民法法系）特徵。作為特區憲制性法律的基本法開始生效。對於香港來說，九七回歸意味着"主權革命"。根據著名政治學家、哲學家凱爾森（Hans Kelsen）關於"基本規範（basic norm）"的理論，一個社會的"主權革命"必然帶來"基本規範"的變化。他所說的"基本規範"實際上就是指一個社會的憲政秩序，也就是法統。當一個地方的"基本規範"也就是憲政秩序發生變化時，必然會帶來極大的社會震動，對公眾習以為常的法律制度帶來巨大的衝擊。法律界需要一段時間去適應"主權革命"和憲制變革所帶來的新變化。香港社會尤其香港法律界目前就處於這種狀況。在世界上，一個普通法地區轉變成為一個大陸法法域的組成部

分，香港並非第一例。據我所知，英國才是第一例。英國是普通法的發源地，普通法的觀念和制度可謂根深蒂固。歐洲大陸國家則長期實行大陸法系。基於政治和經濟上的原因，1972 年英國決定加入歐洲共同體，即現在的歐盟（EU）。加入歐盟就必須放棄英國的部分主權，對保守的英國人來說，這完全是一場"主權革命"，隨之而來的必然是憲制的變革以及由此引發的對傳統普通法的衝擊。就"英國入盟"與"香港回歸"所帶來的"主權革命"以及由此引發的憲制變革和對兩地原有法制的衝擊，我們可以做以下比較。

一、英國和香港的憲制性法律均發生變化

英國和香港都發生了"主權革命"。英國和香港憲制和法制發生變化的原因都是因為"主權革命"，英國是因為加入歐盟而自願讓出部分主權，香港則是因為中國恢復行使主權。不同之處是英國原來就是擁有獨立主權的國家，而香港原本就不是一個主權獨立的國家。

英國和香港都發生了"公法革命"，兩地的憲制性法律都發生了根本變化。在英國，"入盟"後有了某種程度新的成文"憲法"，即《羅馬條約》和 1972 年英國議會通過的《歐共體法》。英國堅持了數百年的最重要的憲法制度"議會主權"和"議會至上"被"主權革命"動搖了，"入盟"以前英國議會通過的法律是最高的，現在英國法律界不得不承認歐盟通過的法律高於本地立法。因此，英國著名法學家韋德（William Wade）把"英國入盟"稱為一次"公法革命"。英國《經濟學家》也評論說："歐洲共同體成員的身份將議會主權吹出了一個洞"。在香港，由中國制定的基本法取代了原來的《皇室訓令》和《英皇制誥》，成為香港的憲制性法律，俗稱"小憲法"，其效力凌駕於香港所有其他法律之上。以前權力和合法性來源於英國，現在一切權力和合法性要來源於中國。這其實也是一場"公法革命"或者叫做"憲制革命"。

二、"中央"釋法是"公法革命"的必然結果

英國和香港都由各自的"中央"行使憲制性法律的最終解釋權，儘管英國和香港的法院都有權解釋新的憲制文件，英國法院有權解釋《羅馬條約》和歐洲的立法，而根據基本法第158條，香港法院被授權解釋基本法。但是，兩地法院對新的憲制文件都沒有最終解釋權。根據《歐共體法》第3條的規定，有關《羅馬條約》和歐共體制定的法律（相當於在香港實施的全國性法律）的最終解釋權屬於歐洲法院，不屬英國原來的終審機構——上議院。歐洲法院對《羅馬條約》和歐共體法律的解釋，英國各級法院必須遵守執行。香港基本法的最終解釋權則由中國的全國人大常委會行使。香港法院對於人大釋法也必須以此為依歸來判案。一個顯著不同之處是，香港因回歸祖國而取得了原來沒有的司法終審權，而英國則因"入盟"喪失了司法終審權，英國人現在不得不到歐洲大陸進行很多案件的終審。[1] 儘管英國人一開始對歐洲"中央"釋法也很不適應，但是並沒有激烈反對，而歐洲法院也我行我素，頻頻釋法，並沒有因為有反對聲音就不再釋法。英國人最終接受歐洲"中央"釋法，認為這是"公法革命"的必然結果，這已經成為英國法律制度新的有機組成部分。在英國，很難想像歐洲"中央"法院每一次釋法，倫敦就會有很多大律師、律師走上街頭抗議，反對"釋法"！

三、怎能苛求人大以普通法來解釋基本法

毫無疑問，英國和香港都不可以用普通法的方法解釋新的憲制文件，對於新的憲制文件，在"入盟"或者"回歸"之初，英國和香港法律界都習慣於用普通法的眼光來看待，他們很自然地傾向用普通法的解釋方法來解釋這些新的憲制性法律，這是可以理解的。英國的律師和法官最不能適應的就是，在法律解釋問題上他們遇到了很大的困難。一般來說，英國法院對制定法的解釋強調法律規則的"明顯含義"，而民法（大陸）法系的法官則傾向於"目的論"的解釋方法。[2] 英國加入歐共體後，有的英國法官支持民法法系法官的解釋方法，但

有的卻持反對意見。[3] 經過激烈的鬥爭和長時期的磨合，英國法律界最終不得不放棄用傳統的普通法來解釋《羅馬條約》和歐洲的立法，而採取歐盟大陸法的方法來解釋這些法律。顯然，《羅馬條約》以及歐盟議會通過的法律都是根據歐洲大陸的法律理念和制度而制定的法律文件，僅僅用普通法來解釋是不行的。談到這個問題，英國著名法官丹寧勳爵說："法官不要按照語言的字面意思或句子的語法結構去理解和執行法律，他們應該本着法律語言詞句背後的立法者的構思和意圖去行事。當他們碰到一種在他們看來符合立法精神而不是法律詞句的情況時，他們就要靠尋求立法機構的構思和意圖，尋求立法機構所要取得的效果的方法來解決這個問題，然後他們再解釋法規，以便產生這種預期的效果。這意味着他們要填補空白，要理直氣壯地、毫不躊躇地去填補空白。"他還說，"我們一定要採用新方法。正像所謂'入國問禁、入鄉隨俗'，在歐洲共同體中，我們就應該按照歐洲法院的方式行事。"[4] 基本法是中國憲法在特別行政區的延伸和拓展，是憲法的子法，它不可能脫離中國憲法發展出一套完全不同的法律哲學。理解基本法的有關規定，不能不考慮基本法制定的這個憲制背景，不能不考慮中國的憲法解釋理論和實踐。特區行政長官是根據中國法律產生的一個中國的政府職位，毫無疑問應該按照中國法律解釋的方法來理解其任期問題。香港法律界是否也嘗試從大陸法系的角度來解釋一下基本法？而且，英國律師顯然不可能苛求歐盟"中央"法院用普通法來解釋新的憲制文件。我們又怎麼能苛求全國人大常委會一定要以普通法來解釋基本法呢？

四、"填補（法律）條文間的空白"

大陸法系的法律解釋可以"填補條文間的空白"，大陸法系的法律解釋，"是英國法院從未做過的。它不重視條文的實際辭句。它填補條文間的空白，它做了它認為應該盡力去做的事。它的作用與其說是解釋者，倒不如說是立法者。它的一切都使守舊的英國人感到震驚。"[5] 同樣，全國人大常委會對基本法的解釋也不同於香港法院對基本法的解釋，既然是由最高國家權力機關兼立法機關來解釋法律，它如果"填補（法律）條文間的空白"，那是不奇怪的，就像 1996 年全國人大常委會就《國籍法》在香港的實施所作出的解釋一樣，填補了《國籍法》沒有規定香港人國籍問題的空白。人大解釋中國《刑法》等法律也帶有同樣的特點。

五、人大釋法是香港新法治的當然組成部分

"主權革命"、"公法革命"不損害本地的普通法和法治。"主權革命"或"公法革命"、憲政秩序的轉變並不影響兩地的法治，兩地都繼續保留自己的普通法。英國可以說已經成功地把本地普通法與新的憲制文件銜接起來了，基本完成了二者的磨合。儘管有了新的"中央"釋法，而且本地法院也不得不試着像歐洲法官那樣來解釋新的憲制性法律，但是英國的普通法、英國的法治並不因"中央"釋法和"公法革命"而受到傷害，英國的法治仍然"健在"。丹寧勳爵說，歐洲法院的解釋"不是取代英國的法律。它是我國法律的一部分，是要廢除與之相抵觸的另一部分法律……現在必須把這種解釋告訴英國所有的法院。這條解釋適用於本案，也適用於以後任何類似的案件"。[6] 既然歐洲"中央"釋法是英國新法制的一部分，當然就不是對英國法治的破壞了。同樣，人大釋法也不會損害香港的法治，原因也是它不是取代香港的法律，而是已經成為香港回歸後新法治的當然組成部分。香港法律界十分珍惜來之不易的法治，對此中央是充分理解和支持的。沒有法治，就沒有香港的繁榮穩定。難道中央不希望香港繁榮穩定嗎？顯然不是。中央對維護香港法治的決心，絕對不亞於香港的大狀們。況且，整個國家也正在進行偉大的法治建設，怎麼可能會作出損害香港法治的事情？我堅信，就像歐洲"中央"釋法沒有損害英國的普通法和法治一樣，人大釋法也不會損害香港的普通法和法治。香港普通法一定能很快適應這新的憲制，能夠很快與基本法成功地磨合銜接。

結語

　　英國法律界一開始對 "主權革命" 以及由此帶來的憲制改革也是堅決排斥的,他們接受 "英國入盟" 的政治事實,但是不能接受由歐盟法院對憲制性法律和歐盟立法的最終解釋權,他們也不能接受必須按照歐洲大陸人解釋法律的方法來解釋新的憲制文件。但是為了更大的利益,最終英國人接受了、適應了。香港回歸帶給香港社會的震動,不亞於 "英國入盟" 給英國帶來的震撼。根據基本法,香港原有的法律包括普通法得以保持基本不變。但是,如何把原有普通法與新的憲制銜接起來,這是我們面臨的一個尖銳的任務,在這個艱難的磨合時期,香港法律界從原來普通法的角度來解釋基本法,這是可以理解的。但是,我們也必須以積極的態度來應對挑戰。我們接受香港回歸,就沒有辦法不接受由於回歸而帶來的 "公法革命" 和憲制的根本變化。丹寧勳爵說:"如果我從英國律師的角度去看他們(歐洲法院解釋法律)的工作,我將提出許多批評,但如果我從一個善良的歐洲人的角度去看他們的工作,我就會認為他們已經為歐洲人做了而且正在做大量的事情。當我考慮未來時,我希望我們支持該法院所做的及正在做的一切。我們應該不再用英國人的眼光去看待它。我們應該努力消除過去的分歧,竭盡全力地去建設以範圍廣泛的共同體法為基礎的新的歐洲同盟。""正如以前我說過的一樣:條約就像湧進各條大江之口的海潮,它沿江而上,大有不可阻擋之勢。"[7] "英國入盟" 讓丹寧勳爵意識到自己不再僅僅是英國人,而且也是一個歐洲人了,應該逐漸學會 "從一個善良的歐洲人的角度" 去看問題。我們除了以香港人的身份從普通法的角度來看基本法,是否也應像丹寧勳爵那樣換位思考,從一個中國人的角度、用大陸法系的理論來嘗試理解基本法呢?因為我們既是香港人,也是中國人。

| 註釋 |

1. 何勤華主編:《英國法律發達史》,476 頁,北京,法律出版社,1999。

2. 沈宗靈:《比較法研究》,289 頁,北京大學出版社,1998。

3. J.E. Levitsky, "The Europeanization of the British Legal Style," (1994) *American Journal of Comparative Law* 42.

4. 〔英〕丹寧勳爵:《法律的訓誡》,楊百揆等譯,24-25 頁,北京,法律出版社,1999。

5. 〔英〕丹寧勳爵:《法律的未來》,劉庸安、張文鎮譯,333 頁,北京,法律出版社,1999。

6. 同上,340 頁。

7. 同上,342 頁。

03

"一國兩制" 實施中的若干憲法問題淺析

原載《法商研究》2000 年第 4 期，為避免重複，收錄時
略去第一、二部分

————————— • —————————

　　1997 年 7 月香港回歸，特別行政區成立，"一國兩制" 開始真正實施。兩年多來，總的來說，"一國兩制" 和相應的兩部憲法性特別法即香港和澳門兩部特別行政區基本法[1] 的運作是很成功的，當然也產生了一些憲法和法律上的難題，這篇文章將就這個題目展開論述，探討 "一國兩制" 在實施中給中國憲法的理論和實踐提出的一些問題及解決問題的方法，主要是 "一國兩制" 之下的法律解釋問題、違憲審查問題和憲法在特區的適用問題等，以就教於學界同仁。

一、"一國兩制"實施中的憲法和法律解釋問題（略）

二、關於違憲審查制度（略）

三、關於憲法在特別行政區的適用問題

　　中國憲法的效力覆蓋整個中國領土，這是沒有問題的。但是，特別行政區成立後，中國憲法規定的大部分制度原則並不在特別行政區實施，如社會主義制度、人民民主專政的國體、人民代表大會制的政

體、人民司法制度、公民權利和義務的有關規定以及民主集中制原則等。因此似乎中國憲法的效力並不及於特別行政區。[2] 那麼中國憲法的效力到底及不及於特別行政區，特別行政區司法機關可否適用憲法審判案件呢？我認為是可以的。

首先，中國憲法是由中國最高國家權力機關通過的，是國家的根本法，憲法本身和其他任何法律並沒有限定憲法的效力範圍，因此其整體效力範圍當然應該涵蓋整個中國領土。特別行政區既然是中國領土不可分割的組成部分，憲法的效力當然應該及於特別行政區。中國內地的憲法當然也是中國任何一個特別行政區的憲法。因此，從整體上看，中國憲法的效力應當及於特別行政區。[3] 需要指出的是，在像中國這樣的單一制國家，全國只能有一部憲法，不允許一個地方行政區域擁有標明"憲法"字眼的法律文件。這就是為什麼特別行政區的基本法叫做"基本法"而不叫"憲法"，內地民族自治地方制定的本地方自治的基本的、綜合性的地方法律規範也只能叫做"自治條例"，而不能是地方"憲法"。

除了憲法的整個效力及於特別行政區外，憲法的具體條款的效力也及於特別行政區，尤其是憲法有關中央國家機關的條款。例如，憲法關於最高國家權力機關、關於中央人民政府、關於武裝力量、關於國家主席等的規定，毫無疑問對特別行政區是適用的。當然中國憲法有關國家的經濟文化社會制度的條款、有關公民權利義務的條款不適用於特別行政區，這些規定被特別行政區基本法中的相關條款所修正和取代。

因此，儘管特別行政區基本法的附件中並沒有標明中國憲法是在特別行政區實施的法律，但是中國憲法的效力是要覆蓋到特別行政區的，這是不言而喻的，就像回歸前英國憲法和憲法性文件在香港有效力一樣。

中國憲法在特別行政區發揮作用的主要方法和形式是通過它的特別法——特別行政區基本法。特別行政區基本法是根據憲法制定的，它實際上是中國的憲法性特別法，是中國憲法內涵的擴大和延伸。在中國的法律體系中，憲法是最高法，在憲法之下是"基本法律"；在基本法律之下是一般法律。特別行政區基本法屬憲法之下、一般法律之上的基本法律，它的效力來源於憲法，並僅次於憲法。如果中國憲法本身在特別行政區就沒有效力，那麼，特別行政區基本法的效力也就失去了存在的依據和寄託，成了無源之水，無本之木。[4]

正因憲法在特區有當然的效力，因此儘管在內地法院還一直不可以在判決書中引用憲法條款，但是香港回歸後，特區法院在判決中已經多次引用中國憲法的條款。例如，香港特別行政區終審法院在 1999 年 1 月 29 日吳嘉玲、吳丹丹訴入境事務處處長一案的判決書中，就引用了中國憲法第 31 條、第 57 條、第 58 條的規定。[5]

四、"一國兩制" 之下的其他憲法問題

上面探討了 "一國兩制" 實施中遇到的幾個主要的憲法問題，實際上在中英、中葡就香港、澳門問題進行談判以及後來制定兩部基本法的過程中，已經遇到了不少憲法上的難題，這裡只概括地總結一下。

（一）國體問題

中國憲法規定的國體是人民民主專政，經濟上實行社會主義市場經濟和社會主義公有制。在社會主義初級階段，堅持公有制為主體、多種所有制經濟共同發展，堅持按勞分配為主體、多種分配方式並存。在文化方面，憲法規定實行社會主義精神文明。根據 "一國兩制" 的方針和基本法的規定，特別行政區保持資本主義的政治經濟和文化制度，不實行人民民主專政，不實行社會主義公有制和社會主義精神文明。這些規定與中國憲法的上述有關規定是完全不同的，是新中國的憲法從來沒有遇到的新問題。儘管如此，中國憲法規定的整個國家的國體並沒有改變。

（二）公民的權利和義務

中國憲法在第 2 章中規定了中國公民享有的五大類基本權利，還規定了中國公民應盡的義務。憲法在這些方面的規定顯然不適用於特別行政區。例如關於遷徙自由問題，憲法就沒有規定，然而基本法

規定特別行政區居民有遷徙往任何地方的自由。憲法規定夫妻雙方有實行計劃生育的義務，基本法則規定特別行政區居民有自願生育的權利。憲法規定公民有依法服兵役的義務，然而基本法則沒有這樣的規定。關於國籍問題，在堅持基本的憲法原則的前提下，中國也對特區居民的國籍採取了靈活的處理辦法。可見，特別行政區居民中的中國公民不僅有權依法參與國家事務的管理，而且還享有比中國憲法規定的公民權利廣泛得多的權利和自由。內地居民享有的權利，特區的居民當然都享有，內地居民不享有的權利，特區的居民也都享有。但是，內地居民依據憲法應盡的義務，特別行政區的居民則可免除，這種情況也是中國憲法以前沒有遇到的。這說明，在公民的權利義務方面，也充分體現了"一國兩制"的原則精神。

（三）關於政體

中國憲法規定的政體是人民代表大會制。在人民代表大會制之下，行政機關和司法機關都由本級人民代表大會選舉產生，並對本級人民代表大會負責並報告工作。人民代表大會則由人民選舉產生。但是，特別行政區既不採用這樣的制度，也不照搬西方三權分立或議會主權的政治體制。依照基本法的規定，特別行政區設立一個首長即行政長官，行政長官同時也是行政機構的首長。特別行政區立法、行政和司法的關係是保證司法獨立，行政機關和立法機關互相制衡又互相配合。這就是說，在統一的人民代表大會制的憲制框架下，中國又產生了新形式的政府組織架構。

（四）關於國家結構形式

中國一直都實行單一制，過去基本上奉行"一國一制"。特別行政區成立後，出現了一種新的省級特別地方建制。與一般省級地方相比，其"特別"之處在於：特別行政區實行資本主義，而一般地方則實行社會主義；特別行政區享有高度的自治權，這種自治權不僅大於一般地方，而且也大於聯邦制下邦的權力；特別行政區與中央的關係要由法律明文規定；特別行政區的設立及其所實行的制度要由國家最高權力機關即全國人民代表大會決定。

儘管中國設立了特別行政區，而特別行政區所享有的權力又是空前的，但是這並沒有改變中國單一制國家的性質，中國仍然是一個單一制國家，只是其包容性大大擴大了，成為一種可以包容實行資本主義制度的特別行政區域的單一制。隨着改革開放的不斷深入，尤其隨着"一國兩制"將來在台灣的實施、國家統一大業的最終完成，中國的國家結構還將進行更大的調整，這將使中國的國家結構形式更為完善。

（五）關於司法制度

內地與特別行政區在司法方面的差異是各種差異中最大的。中國憲法規定的司法制度是，人民法院是國家的審判機關。人民法院由人民代表大會產生，並對它負責和彙報工作。上級人民法院監督下級人民法院的審判工作。人民檢察院是國家的法律監督機關。人民檢察院由人民代表大會產生，並對它負責和彙報工作。上級人民檢察院領導下級人民檢察院的工作。法院依照法律規定獨立行使審判權，檢察院依照法律規定獨立行使檢察權，都不受行政機關、社會團體和個人的干涉。人民法院、人民檢察院和公安機關辦理刑事案件，應當分工負責，互相配合，互相制約。

根據特區基本法，特別行政區各自保留自己的司法制度，不受內地司法制度的影響，自己擁有自己的終審法院，所有案件的終審不在最高人民法院進行。在特別行政區終審法院和最高人民法院之上沒有更高的審判機關。所以，"一個國家，兩種司法制度"的情形在中國已經形成。兩年多的實踐證明，特別行政區的司法制度不僅被保留下來了，還對內地正在進行的司法改革發揮很大的影響，成為內地司法改革的重要參照之一。

（六）關於選舉制度和政黨制度

根據中國憲法和有關選舉法的規定，中國採用直接選舉與間接選舉並用、地域代表制與職業代表制並用的制度，貫徹選舉的普遍性、平等性、秘密投票等原則。特別行政區的選舉和選舉制度則十分複雜，不同的選舉採用的方法也不一樣。但是，有一點是肯定的，特別行政區可以採用不同於內地的選舉制度。這使得中國整個選舉制度更加多樣化。

在政黨制度方面,根據中國憲法的規定,中國實行共產黨領導下的多黨合作制和政治協商制度。中國共產黨是中國的執政黨,其他八個黨派既不是在野黨,更不是反對黨,而是參政黨。中國人民政治協商會議是由中國共產黨和其他各民主黨派參加的政治協商機構,是多黨合作和政治協商採取的主要形式。特別行政區本地採取何種政黨制度,沒有統一的模式,這要視具體情況由各特別行政區自行選擇決定。

結語

"一國兩制"和基本法的實施對中國憲法提出的上述種種新的問題和挑戰,國家最高權力機關儘管已經通過適當的形式加以回應,但是從憲法文本本身來說,僅有第 31 條這個特別條款還是不夠的,還沒有從根本上解決中國憲法面臨的這些問題。在將來進一步修改憲法時,應該把這些成功的經驗補充到憲法中去,使"一國兩制"在憲法中得到更充分的體現,得到更堅實的憲法保障。同時,"一國兩制"和基本法的實施,還給中國憲法的幾乎每一個方面都補充了許多新的內容,給中國憲法學帶來了新的發展機遇,使許多一直被忽視的問題得到了重視。例如憲法不再被視為枯燥無味的具文,而也可以是天天要使用的法律,一如其他法律一樣。

可以說,"一國兩制"和基本法的實施,不僅維護了特區的繁榮穩定,而且對促進中國憲法理論和實踐的發展,也發揮了很大的影響。法學界應密切關注這些新的問題和挑戰,研究其對中國憲法理論和實踐所可能造成的影響,進一步提高中國的憲法學研究水平,推動中國的憲政建設,為國家統一大業的最終完成做貢獻。我們現在遇到的問題可以說都是史無前例的,我們現在從事的是人類最複雜的法治工程之一。不僅我們的法律專業技能正在得到考驗,而且我們的歷史責任感、我們的耐心、我們的熱情、我們的一切也正在得到檢驗。我相信一切法律的和非法律的難題最終都可以找到圓滿的解決辦法。

| 註釋 |

1. 對兩部基本法在整個中國法律體系中的定性，歷來有不同的看法。大多數學者主張兩部基本法是憲法性法律，屬基本法律。但是我認為這不足以描述兩部基本法的特殊性，因此我原來把它們定性為 "憲法特別法"。在編輯本文時，童之偉先生提出最好叫做 "憲法性特別法"。我覺得這個定性非常恰當。

2. 香港特別行政區基本法諮詢委員會中央與特別行政區的關係專責小組：《基本法與憲法的關係（最後報告）》，1987 年。

3. 蕭蔚雲：《一國兩制與香港基本法律制度》，86-94 頁，北京大學出版社，1990。

4. 有關中國憲法和特別行政區基本法的關係，可參見王叔文主編：《香港特別行政區基本法導論》，79-95 頁，北京，中共中央黨校出版社，1990。

5. 吳嘉玲、吳丹丹訴入境事務處處長案，香港特別行政區終審法院，1999 年 1 月 29 日。

「一國兩制」與基本法：歷史、現實與未來

04

略論中央和特區的關係
—— 國家主權和高度自治

原載香港《中國法律》2004 年 12 月號

———— ● ————

　　中央與特別行政區的關係，從性質上看，既是一種政治關係，也是一種法律關係。考察中央與特區的關係，應該從政治和法律兩個角度來進行。

　　從政治上來看，中央與特區的關係首先是主權國與其領土的關係。中國作為一個國際法上獨立自主的國家，對香港特別行政區享有排他的、完整的主權。香港特別行政區是中國不可分割的組成部分，不是一個獨立的政治實體。中國與香港的關係不是國家與國家的關係，而是國家整體與其組成部分之間的關係，是主權國與一個享有高度自治權的地方行政區域的關係。

　　在政治上，任何一個國家的主權都是由這個國家的全國政府（National government）[1] 來行使的。在中國也不例外。儘管特別行政區實施高度自治，但是政治上的主權仍然是由中央政府行使的。特別行政區在保障國家主權的前提下，行使高度自治權。

　　作為憲法性法律的香港特別行政區基本法是特別行政區的小憲法，它的一個重要功能就是根據 "一國兩制" 的原則，把中央與特區的這種政治關係法律化，一方面賦予特區各種高度自治權，另外一方面，基本法要明確規定體現國家主權的內容，讓中央政府能夠正常行使對特別行政區的政治主權。也就是說，基本法對中央和特區各自享有的權力責任要作出明確的規定。下面，我就從法律的角度，根據基本法來分別談談特區政府和中央政府各自所享有的權力。

一、高度自治的內容和界限

基本法 1990 年由全國人大通過後，"高度自治" 就已經法律化，成為一個法律概念。基本法保障特別行政區享有的各種高度自治權。香港特別行政區基本法第 2 條規定："中華人民共和國全國人民代表大會授權特別行政區依照本法的規定實行高度自治，享有行政管理權、立法權、獨立的司法權和終審權。"基本法第 13 條第 3 款規定："中央人民政府授權特別行政區依照本法自行處理有關的對外事務。"這些就是特別行政區實行高度自治的法定內容。[2]

在行政管理權方面，基本法第 5、6 兩章詳細具體地規定了特別行政區享有的主要的行政管理權。這包括：經濟方面有財政、金融、貿易和工商業、土地、航運、民用航空，另外還有教育、科學、文化、體育、宗教、勞工和社會服務等。這些都是具體的行政行為。在抽象行政行為方面，特別行政區政府也享有廣泛的權力。根據中國憲法的規定，國務院統一領導全國的行政工作，領導各部委和各地方人民政府，內地地方政府的行政管理權多是執行性的。儘管特區也直轄於國務院，特首要對國務院負責，但是國務院並不直接領導特區的行政工作，特區政府自行處理上述行政事務。

在立法權方面，特別行政區享有的立法權雖然在性質上也屬中國地方立法的一種，但是和中國內地一般地方立法不同。根據 "一國兩制" 的原則，香港特別行政區的立法權是創新性的，而不僅僅是執行性的。中國內地一般地方立法包括民族自治地方的立法，大多是執行國家法律性質的。另外，一般地方立法以國家的憲法、內地的法律、行政法規為依據，而特別行政區的立法則以特別行政區基本法為依據，不得違反基本法。特別行政區立法權的範圍也遠遠超過一般地方立法，只要是特別行政區自治範圍內的各種事項，不涉及國防、外交或與中央關係的，特別行政區立法機關都有權進行立法。

在司法方面，根據 "一國兩制" 的方針，司法權屬於特別行政區自治權的重要內容。基本法第 19 條規定："香港特別行政區享有獨立的司法權和終審權。"這裡 "獨立" 的含義不僅是指特區司法機關獨立於特區內的其他機關、團體和個人，而且也獨立於內地，即中央不干預特別行政區的司法，特別行政區法院除繼續保持本地原有法律制度和原來對法院審判權所作的限制外，對特別行政區所有的案件均有排他的管轄權。

另外，特別行政區還享有一定的對外事務處理權，例如自主開展對外經濟文化交流，單獨簽發護照和旅行證件的權力。

可見基本法是授權法，是授予特區高度自治權的法律。作為特區的小憲法，基本法在劃分中央職權和特別行政區職權、在劃分特區不同機構之間職權方面，與一般的憲法和憲法性法律是一樣的。但是其最大不同是，基本法是授權法，即中央單方面授予特區各種權力的法律。聯邦制下同樣的法律往往是聯邦和州雙方討價還價而達成的分權協議，因此聯邦制下的憲法和憲法性法律一般是分權法，即清楚界定國家機關之間職權的劃分，尤其必須在國家整體與組成部分之間進行權力的劃分。在國家整體與組成部分之間進行職權劃分的性質上，基本法不同於聯邦制下的憲法性法律。

從立法內容來看，基本法所賦予的高度自治權在不少方面超出了任何一個國家的地方政府所能夠享有的自治權力，包括聯邦制下各邦的權力，中央已將實行高度自治所必需的所有重要權力都通過基本法明確授予了特別行政區，"很難想像還有哪一項權力為實行高度自治所必需（而）尚未授予香港特別行政區"。[3] 這還不夠，香港基本法在詳細列舉了特別行政區所享有的各項高度自治權後，緊接着在第 20 條還規定：特別行政區可享有全國人民代表大會和全國人民代表大會常務委員會及中央人民政府授予的其他權力。這就是說特別行政區的自治權今後還有可能擴大，中央可以根據需要將更多的權力授予特別行政區行使。這充分表現了中央對特別行政區實施高度自治的誠意。

我們不僅要看到基本法授權的一面，也要看到它限權的一面。基本法在授權特區高度自治的同時，也為高度自治設定了法律上的界限；基本法既是授權法，也是限權法。特區的高度自治既由基本法來保障，也由基本法來限制。換言之，特別行政區所享有的高度自治權以基本法明確授予的為限，基本法沒有明確授予特別行政區享有的權力，特別行政區就沒有這些權力。特區實行的是高度自治，不是絕對自治，無限自治，是有法律上的界限的，高度自治必須有基本法上的明文依據，只有當我們在基本法中能夠找到明文的規定的時候，才能說什麼事情屬高度自治。高度自治的範圍就是上文所述的行政管理權、立法權、獨立的司法權和終審權以及一定的自行處理有關對外事務的權力，超出這些法定範圍就不再屬高度自治的內容。

基本法對特區高度自治設定範圍和界限，是合情合理的，也是必須的。從中外對比來看，沒有一個單一制國家允許沒有限度的地方自治，任何地方自治都是有一定限度的。而且自治的程度越高，法律的界限就顯得越重要。《中英聯合聲明》對此也是認可的。基本法對特區高度自治設定範圍和界限，不僅是對特區高度自治的限制，而且也是對特區高度自治的法律保障，只要是明文列舉出來由特區實行高度自治的事項，中央就絕不會干預，一定要保證特區依法享有基本法明文列舉的高度自治權。從回歸後的實踐來看，中央政府言行一致，嚴格依法治港，保障特區依法高度自治。

二、國家主權在基本法中的體現：中央依法行使的權力

上文探討了高度自治的法律範圍和界限，哪些權力不屬特區高度自治的範圍呢？這也要看基本法的明確規定。

基本法不僅明確規定了特區高度自治權的內容和界限，而且也規定了不屬特區高度自治、體現國家主權、應該由中央行使的權力，中央能夠在特區幹什麼事情也必須有明確的法律依據，也就是基本法的依據。根據"一國兩制"的方針，中央依法行使的職權主要有兩個方面，一是根據事項本身的性質特點，在任何一個單一制國家都必須由全國政府（中央政府）行使的職權，這包括憲法性法律即基本法的制定、解釋、修改權，國防權，外交權，緊急狀態權，特區的創制權及其政府的組織權、主要行政官員的任命權。

二是根據一國全國政府（中央政府）和區域政府本身的職能來劃

分職權，屬全國政府職能範圍內的事項，例如捍衛領土完整，由全國政府負責較好，比較科學合理，這些事項當然就由中央政府負責；有些事項例如社會治安的維持等由特區政府負責較為科學合理，就歸特別行政區政府管轄。基本法起草委員會在“劃分”中央與特別行政區職權時，絕非有意偏袒中央政府或者特別行政區政府，人為地把某些應該由一方行使的權力卻“劃歸”另一方行使，而是根據維護國家統一和保持特別行政區繁榮的需要，科學合理地加以界定，應該歸中央行使的權力就歸中央，應該歸特區行使的權力就歸特區。

具體而言，中央對特別行政區享有的權力可以分為以下幾種情況：一是有些權力完全由中央直接行使，如防務；二是有些權力歸中央行使，但中央在行使這些權力時，充分吸收特別行政區的參與，如中央對特別行政區行政長官的任命；三是有些權力歸中央，但中央也授權特別行政區行使，中央監督特區行使這些權力，如中央在外交事務上有全權，但同時授權特別行政區以法定的名義、方式自主處理對外經貿關係，中央對此實施監督；四是有些權力歸特別行政區行使，中央只行使監督權，例如立法權歸特別行政區行使，中央只用備案的形式起監督作用。

上述這些權力就是基本法明確由中央行使或者中央保留的權力，不屬特區高度自治的範圍，超出了高度自治的界限。既然基本法賦予中央行使這些職權，如果中央依法行使了這些職權，那就不能說中央侵犯了特區的高度自治權，因為這些權力本來就不屬高度自治的法定範圍，而是法律明確授權中央行使的權力。一個基本的法學原理是，侵權必須以權利的存在為前提，如果我們聲稱的一項權利在法律上本來就不存在，在法律上有這項權利的主體行使了其法定權利，我們怎麼能說人家侵犯了我們的權利呢？

從基本法對中央職權的規定來看，中央的權力嚴格限制在維護國家主權和統一所必須的範圍內，這些權力都是由國家主權嚴格派生出來的，是國家政治主權的法律體現。它充分體現了“一國兩制”、高度自治和“港人治港”的原則精神，在維護國家統一和主權所必不可少的範圍之外的權力，不是非中央行使就不可的，都由特別行政區行使。根據這個原則，有些與主權關係密切、十分重要的權力也授予特別行政區行使了，例如司法終審權、發行貨幣權、徵稅權、獨立的出入境管制權等等。不僅如此，中央儘管保留了"剩餘權力"，但是特別行政區將來還可以取得中央授予的其他職權。

由此可見，基本法對中央與特別行政區權力的規定在憲法學上是一個創新，是史無前例的。從中可以看出中央政府對實施"一國兩制"和高度自治、保持香港的繁榮與穩定的巨大決心。

三、中央和特區的關係與政治發展

2003 年下半年以來，香港特區各界就香港未來政治發展問題展開了廣泛的討論，特區行政長官並任命了一個專責小組負責諮詢各方面的意見。鑒於香港社會對香港基本法附件的有關規定出現了嚴重的不同理解，有些看法不符合"一國兩制"的原則精神和基本法的立法原意。全國人大常委會 4 月 6 日通過了《關於〈中華人民共和國香港特別行政區基本法〉附件一第七條和附件二第三條的解釋》，對基本法附件一第 7 條和附件二第 3 條的規定進行了解釋。根據全國人大常委會對基本法附件的解釋，香港特首 4 月 15 日向全國人大常委會提交了《關於香港特別行政區 2007 年行政長官和 2008 年立法會產生辦法是否需要修改的報告》。全國人大常委會於 4 月 26 日通過了《關於香港特別行政區 2007 年行政長官和 2008 年立法會產生辦法有關問題的決定》。有些人士認為，全國人大常委會（中央）的上述做法，侵犯了特區的高度自治，違反了"一國兩制"，有些甚至認為高度自治已經完結，"一國兩制"已經變成"一國一制"。這樣的說法是不符合實際情況的。

如果我們認真研究一下基本法，就會發現特區政治體制的決定權並不在基本法所明確列舉的高度自治的範圍以內，而屬中央依法應該行使的權力。前文已經清楚地列明特區依法高度自治的範圍，其中並沒有決定特區政制這一項。相反，香港基本法及其附件明確規定：根據中華人民共和國憲法，全國人民代表大會特制定中華人民共和國香港特別行政區基本法，規定香港特別行政區實行的制度（序言）；香港特別行政區是中華人民共和國不可分離的部分（序言和第 1 條）；

全國人民代表大會授權香港特別行政區依照本法的規定實行高度自治
（第 2 條）；中央人民政府任命香港特別行政區行政長官和行政機關
的主要官員（第 15 條、第 45 條）；香港特別行政區行政長官依照本
法的規定對中央人民政府和香港特別行政區負責（第 43 條）；基本
法的解釋權屬於全國人民代表大會常務委員會（第 158 條）；基本法
的修改權屬於全國人民代表大會（第 159 條）；2007 年以後各任行
政長官的產生辦法和立法會的產生辦法和表決程序，如需修改，須經
立法會全體議員 2/3 多數通過，行政長官同意，並報全國人民代表大
會常務委員會批准或者備案（附件一第 7 條和附件二第 3 條）。這些
就是中央行使對特區政治體制改革最終決定權的基本法依據。

　　一個客觀事實是，規定特區實行什麼樣的政治體制的特區 “小憲
法”——基本法本身就是全國人大制定的，特區本身也是根據全國人
大的決定成立的（1990 年 4 月 4 日第七屆全國人民代表大會第三次
會議通過《關於設立香港特別行政區的決定》）。全國人大如果沒有
權力決定特區實行什麼樣的政治體制，如何制定基本法？如何成立特
別行政區並授予高度自治權？

　　基本法的這些規定和全國人大行使的這些權力，也是有憲法依據
的。中國憲法第 31 條和第 62 條第 13 款都規定，在特別行政區內
實行的制度由全國人民代表大會以法律規定。“在特別行政區內實行
的制度”當然包括政治制度，而且主要是指政治制度。中央並沒有在
憲法和基本法之外行使權力，只是嚴格依據憲法和基本法履行自己的
憲制職責，並沒有侵犯特區依據基本法享有的各項高度自治權，這些
高度自治權並沒有因為全國人大常委會解釋基本法、全國人大常委會
對特區政制問題行使決定權而發生絲毫改變。

四、中央對 “一國兩制” 和民主發展的承諾沒有改變

　　在香港逐漸推行民主是中國一貫的主張，這個問題實際上在中英
談判時已經被提起並得到了解決，中國的態度也一直十分明確。中央
對香港的民主承諾已經法律化，是不會改變的。中國認真對待對香港

的民主承諾，在香港實行民主既是香港發展的需要，也符合中國的國家利益。中國內地這些年也在積極進行民主改革試驗，中國政治正在走向民主和法治。中國主體的民主法治建設，對香港民主發展來說也是有力的保障。在這個大背景下，香港無需擔心中央不讓實行民主，香港民主發展的步伐只能比中國主體的民主發展更快，而不會更慢。這次直選議席擴大到 30 個，是香港民主發展的一個里程碑。因此，由中央決定香港政治體制及其未來發展問題，不是說就不推行民主了。我相信香港最終一定會實現基本法規定的"雙普選"，這是沒有疑問的。

而中央在決定特區政治發展問題的時候，一定會廣泛地徵求香港的民意，在討論決定香港政制問題的時候，香港各界和社會大眾一定會有廣泛的參與。中央以前這樣做了，今後仍然會這樣做。再者，中央決定香港政治發展問題，一定會嚴格依法辦事，中央貫徹依法治港的方針，不會在法律之外額外增加自己的權力。中央會嚴格依照憲法和基本法辦事，所採取的任何行為都不會違反中央對香港的既定方針政策，即"一國兩制"、"港人治港"、高度自治。

中央在香港沒有任何具體的物質利益，所做的一切都是為了香港全體民眾的福祉和未來。中央不僅對維護國家的主權承擔着憲法上的責任，而且對保持特區的繁榮穩定也肩負着莊嚴的法律責任。沒有任何一個國家比中國更希望香港能夠持續繁榮穩定了，沒有任何一個國家比中國更加關心香港並願意為此在政治上乃至經濟上採取具體的行動。

結語：全面準確理解、實施 "一國兩制" 和基本法

"一國兩制" 有兩個方面，即 "一國" 和 "兩制"，這兩個方面都是不可缺少的。基本法是 "一國兩制" 的法律化、制度化，全面體現了 "一國兩制" 的精神，既是 "一國" 的法律化，也是 "兩制" 的法律化。通過基本法的制定和實施，需要達到兩個目的。

第一，要把 "一國" 法律化，把香港與祖國實現統一的政治事實

加以法律上的認可和保障。基本法必須規定維護"一國"的內容，確保國家主權。基本法可以說就是"一國之法"、"主權之法"和"統一之法"。

第二，通過基本法的制定和實施，還要落實"兩制"，使"兩制"法律化，確保在一國之內，兩個不同的地方可以實行兩種不同的制度。根據基本法，香港得以保持原有的資本主義制度不變；而根據憲法，內地得以實行社會主義制度。因此，基本法可謂維持"兩制"之法，是確保"高度自治之法"。

落實"一國兩制"，我們就要同時落實"一國"和"兩制"兩個方面，不能選擇性只落實其中一個方面。實施基本法，也要實施兩個方面，既要實施基本法規定的關於"兩制"、關於高度自治的內容，也要實施基本法關於"一國"和國家主權的規定。

我們還要認識到，在基本法中，"一國"和"兩制"不是對立的，而是一個有機的統一體，需要互相配合，互相協助。在處理"一國"和"兩制"的關係時，我們應該"和而不同"，求大同，存大異，尋求最大公約數，把"一國"和"兩制"作為一個有機的整體來看待，恰當處理二者之間的關係。

此外，我們要創造性地研究、挖掘"一國兩制"的價值，充分利用"一國兩制"給我們帶來的各種便利和好處，一方面讓港人真正感受到"一國"帶來的好處，認識到"一國"不僅是祖國所需要的，也是港人切身利益所在；另外一方面，讓祖國感受到"兩制"的優勢，認識到保持"兩制"不僅是保持香港繁榮穩定所需要的，而且也是祖國現代化建設和改革開放所需要的，我們一定要保持"兩制"。這樣，"一國"和"兩制"才能成為一個有機的統一體。

只要中央和特區都能夠嚴格依照基本法規定的權限範圍行事，那就能做到井水不犯河水，河水也不犯井水，我們就能做到既維護國家的主權和統一，又能保證特區高度自治和繁榮穩定，就能正確處理中央與特區的關係，開創實施"一國兩制"的新局面。

| 註釋 |

1. 全國政府在聯邦制國家是指 Federal government，有時也指一個州的 State government；在單一制國家是指 Central government。
2. 王叔文主編：《香港特別行政區基本法導論》，110頁，北京，中共中央黨校出版社，1990。
3. 同上，117頁。

05

基本法下中央和香港特區的關係

本文是作者 2015 年 4 月 4 日應香港特別行政區政府邀
請，在"基本法頒佈 25 週年研討會"上所做的主旨演講，
收錄時略有刪減

—————— • ——————

前言

今天我們在這裡隆重紀念香港基本法頒佈 25 週年，我非常榮幸
應邀參加今天的盛會。25 年前的今天，全國人民代表大會通過了香
港特別行政區基本法，把"一國兩制"方針政策法律化、制度化，對
香港特區未來的治理架構、對特區居民的權利義務作出了規定，也對
中央與特區的關係、對特別行政區的地位作出了法律界定。過渡期七
年，基本法發揮了指引方向、穩定人心的作用。很多人就是閱讀了
基本法，認可基本法，吃了定心丸，決定留下來繼續打拚。回歸 18
年，基本法同樣發揮了定海神針和壓艙石的作用，無論發生什麼問
題，遇到多大困難，只要堅持基本法不動搖，嚴格按照基本法辦事，
香港的繁榮穩定就有保障。

基本法的重要使命就是規定中央與特區的關係，劃分中央和特區
各自的職權，為處理兩地關係提供法律指引。今天我發言的主題是重
溫基本法如何規定中央與特區的關係，就如何處理好中央與特區關係
發表個人看法，請各位批評指正。

一、基本法下中央與香港特別行政區的關係：特殊性與共通性

中央與特別行政區的關係屬於中國憲法上中央與地方關係之一種。我們國家共有 34 個地方，包括 23 個省、五個民族自治區、四個直轄市和香港、澳門兩個特別行政區。在中國憲法上，除了中央與特區的關係，還有中央與各省、自治區、直轄市的關係。根據憲法和基本法，中央與特別行政區的關係是特殊的中央與地方關係，既有其特殊的一面，也有中央與地方關係的共通性。

首先談談特殊性，這主要表現在以下四個方面：

第一，就社會性質而言，中央與特別行政區的關係屬於社會主義與資本主義的關係。香港長期奉行的資本主義政策、制度被基本法完整地保留下來，香港得以繼續實行資本主義，只是在政治上、主權上屬於社會主義中國。因此，中央與香港特別行政區的關係也是資本主義與社會主義的關係。特別行政區要尊重祖國的社會主義，同時社會主義祖國也要包容香港的資本主義。這是中央與一般省級地方關係所沒有的。

第二，處理中央與香港特別行政區的關係，要始終貫徹 "一國兩制" 原則。"一國兩制" 首先要求我們維護國家統一與領土主權完整，維護國家主權、安全和發展利益，這是 "一國" 的基本要求。能不能維護好 "一國"，是判斷 "一國兩制" 是否成功的重要標準。處理中央與特別行政區關係，還要充分尊重香港的歷史和現實，充分保證基本法規定的特別行政區的高度自治權，堅決地、不折不扣地維護特別行政區的資本主義制度，不允許任何部門、任何地方在基本法規定之外干預特別行政區的事務，堅守 "兩制" 原則。

關於 "一國" 與 "兩制" 的關係，"一國" 是前提和基礎，沒有 "一國"，就沒有 "兩制"。香港回歸前與內地實行的就是兩種制度，回歸後的 "兩制" 與回歸前的 "兩制" 有什麼不同呢？就是有了 "一國"，回歸前是 "兩國兩制"，回歸後是 "一國兩制"。如果我們只談 "兩制"，只要 "兩制"，不要 "一國"，不理 "一國"，那就無法與回歸前的 "兩國兩制" 加以區分，那就很有可能變成沒有 "一國"

的 "兩制" 或者重歸 "兩國兩制"，如果這樣，香港還叫做已經 "回歸祖國" 了嗎？這是包括大部分香港同胞在內的全體國人不願意看到的。把握好 "一國兩制" 原則，是處理中央與特區的關係的關鍵。

經常有香港朋友問我，祖國日益強大，還需要香港這一制嗎，還會對香港好嗎？從我個人的觀察了解，國家從來沒有任何計劃要對香港的資本主義制度進行改造，即便 2047 年以後，"一國兩制" 都應該堅持，因為香港這一制維護好，不僅對香港好，而且對國家整體有好處。"一國兩制" 是長期堅持的基本國策，被載入了基本法，並有憲法的保障，國家是不會改變的。我非常同意前首席法官李國能博士的提議，國家需要儘早以法律的形式明確 2047 年以後 "一國兩制" 是要繼續的。

第三，中央與特別行政區的關係一旦確定下來，就必須法律化、制度化，使其具有穩定性、連續性和可操作性。基本法的制定就是把 "一國兩制" 的方針政策和中央與特別行政區的關係制度化、法律化，使得這種關係不因領導人的改變而改變，不因領導人看法和注意力的改變而改變。基本法就是處理中央與特別行政區關係的基本法律。這也是國家第一次以立法形式明確中央與一級地方政權的關係。因此，在處理二者關係時必須嚴格堅持法治原則，嚴格依照基本法辦事，基本法有明文規定的，必須依照基本法的規定。如果出現基本法沒有明文規定或者在實際執行過程中發現基本法規定得不夠明確的事項，也要根據 "一國兩制" 和基本法的原則精神去處理，並儘快制定單行法律，在法律制定出來後要嚴格依法辦事。法治原則還要求我們應該依法處理兩地之間發生的紛爭，善於運用法治思維和法治方式解決兩地矛盾。

總之，處理中央與特區的關係、內地與香港的關係，必須嚴格依據基本法的規定和精神，不能脫離基本法來重新設定中央與特區的關係。依照基本法，是什麼就是什麼，不是什麼就不是什麼；有什麼，就有什麼，沒有什麼，就沒有什麼。今天我發言的題目 "基本法下中央和香港特區的關係"，這個題目出得好，的確是基本法之下，不是基本法之外、更不是基本法之上的中央與香港特區關係。

第四，基本法規定的中央與特區的關係，是中央尋求各方共識的產物。儘管基本法的制定權屬於中央（全國人民代表大會），儘管中央與香港特區的關係不是雙方談判的結果，但基本法的最終條款都是共識的產物，包括很多制度安排和一系列重大問題都是中央在廣泛徵求民意基礎上，與香港各界達成的共識，也體現了香港社會各界的共識，同時反映了國際社會對這些重大問題的看法。基本法的很多制度設定，都是這麼形成的。比如，全國人大常委會享有基本法的解釋權，中央對香港政制的最終決定權，關於香港政制發展的制度設計，等等，這些都是白紙黑字、25 年前就已經形成了的共識，並變成了法律。基本法就是那個年代特別行政區的締造者與內地和香港民眾就一系列重大問題形成的共識，也是那個年代解放思想的產物。

上述這些都是中央與內地一般地方關係所沒有的，體現了中央與特區關係的特殊性。中央與特別行政區的關係既然屬於單一制下國家整體與組成部分的關係，就應該具有中央與一般省級地方關係的共通性。這種共通性表現在：

第一，中央與特別行政區的關係，與中央和各省、直轄市、自治區的關係一樣，首先都面臨着維護國家主權、安全和發展利益的問題，需要維護中央統一的權威。無論是省、自治區和直轄市，也不論特別行政區都不得行使國家主權，在涉及國家主權等的問題上都要服從中央。在這個問題上，特區就沒有什麼特別之處。

第二，在單一制下，任何一個地方實行什麼政治體制需要由國家規定，地方自己不能決定自己實行的制度體制，如上海自貿區的設立及其實行的制度，都是由中央決定的，在這個問題上，特別行政區與各省、直轄市和自治區一樣，實行什麼政治制度都是由中央決定的，也沒有特別之處。不同的是制度的內容，中央的決定權是共同的。

還有，都要共同擁護國家憲法，使用同樣的國家國旗國徽國號，擁有同樣的國籍等等，這些都是共通的。

今天，我們既要看到中央與特區關係的特殊性，也要看到其與中央與內地一般關係相同的地方。只看前者，不看後者，是不全面、不真實、不負責任的。

二、中央和特別行政區職權的劃分

在英國管治下，香港既沒有 "一國兩制"，也沒有 "港人治港" 和高度自治，權力都在倫敦或者港督手裡，香港很多事情都要到倫敦才能最終決定，例如司法終審。回歸後在基本法之下，是不是中央只負責外交和國防事務呢？是不是 "一國兩制" 和基本法就是中央和 "西環" 什麼都不管，什麼事情都由 "中環" 決定即可呢？這也許是一些人對 "一國兩制" 和基本法的理解，但這不是基本法的本來面貌，不是真實情況。"一國兩制" 和基本法是非常複雜的制度建構，除了外交國防，中央還擁有很多憲制權力和責任，這些是我們過去比較不注意、講得不夠的地方。儘管香港不用像回歸前那樣事事跑倫敦，回歸後也不用像內地省、區、市一樣什麼事情都要跑北京，要跑 "部（步）" 前（錢）進，但還是有很多事情是要跑北京，與 "西環" 溝通，由北京決定的。下面我就基本法下中央和香港特別行政區的職權劃分，加以回顧總結。

（一）中央享有的職權

基本法關於中央對特別行政區享有的權力概括起來主要有：特別行政區的創制權、特別行政區政權的組織權、非常狀態宣佈權、外交權和防務權等。其中特別行政區的創制權是其他一切權力的基礎。

1. 特別行政區的創制權

特別行政區作為國家的一級地方行政區域，中央必然對它享有創制權力。根據憲法，特別行政區不能自己成立自己，設立特別行政區建置的權力、組建特別行政區、規定特別行政區實行的制度的權力在中央。基本法在序言中也申明："為了維護國家的統一和領土完整，保持香港的繁榮和穩定，並考慮到香港的歷史和現實情況，國家決定，在對香港恢復行使主權時，根據中華人民共和國憲法第三十一條的規定，設立香港特別行政區，並按照 '一個國家，兩種制度' 的方法，不在香港實行社會主義的制度和政策。" 序言接着還聲明："根據中華人民共和國憲法，全國人民代表大會特制定中華人民共和國香港特別行政區基本法，規定香港特別行政區實行的制度，以保障國家對香港的基本方針政策的實施。"在中國，只有全國人民代表大會才有權決定特別行政區建置的設立，有權決定特別行政區實行的制度，包括特別行政區實行的政治、經濟、社會、文化等制度以及這些制度如何發展，有權組建特別行政區。決定恢復行使對香港的主權以及建立特別行政區的決定都是由全國人民代表大會作出的。儘管特別行政區設在香港，但特別行政區制度是在北京產生的，是全國性的基本制度。

基本法第 2 條規定"全國人民代表大會授權"特別行政區實行高度自治，第 20 條規定特別行政區"可享有全國人民代表大會和全國人民代表大會常務委員會及中央人民政府授予的其他權力"，這些規定就暗含了如果存在"剩餘權力"的話，當然歸中央享有，儘管它可以繼續把這些"剩餘權力"授權給特別行政區行使。

2. 對特別行政區的立法管治權

立法管治是創制權的重要內容，中央在決定設立特別行政區並規定了特別行政區實行的政治、經濟、社會等制度後，就要把這些決定和制度法律化，制定一部關於特別行政區的憲法性法律，這就是香港特別行政區基本法。中央的立法管治權首先表現在，根據憲法制定了基本法。只有全國人大才有權制定特別行政區基本法，基本法不是香港立法會制定的，不是在香港產生的，而是 made in Beijing，在北京產生的。基本法是成立特別行政區具體的法律依據，是特別行政區的"出生證"，是中央依法治港、特區依法施政的操作手冊。立法管治權還表現在全國人大常委會有權根據"一國兩制"和基本法的原則，修改基本法附件三，增加在香港實行的全國性法律。全國人大常委會還有權依據基本法，就香港政制發展等問題通過法律性質的決定，例如全國人大常委會 2007 年關於普選時間表的決定以及 2014 年關於批准 2017 年行政長官普選的決定。還有全國人大制定的關於香港特區選舉全國人大代表辦法，也是屬於關於"一國"的特殊立法。

法律的制定機關同時也必然有權修改自己制定的法律，全國人大制定了基本法，也必然有權修改基本法。

根據中國的法律解釋制度，全國人大常務委員會負責解釋法律，因此基本法的解釋權屬於全國人大常委會。考慮到香港實行普通法的實際情況，基本法同時授權香港法院解釋基本法（基本法第 158 條）。應該說，基本法對其解釋權的有關規定充分照顧了香港實行普通法法律解釋制度的實際情況，同時又與中國的法律解釋制度相一致，是"兩制"與"一國"相結合的典範。18 年來，全國人大常委會 4 次釋法，香港法律界對"人大釋法"的認識也不斷加深。香港終審法院 2011 年 6 月 8 日就剛果（金）和中國中鐵（香港）有限公司等上訴人訴美國 FGH 公司一案中所涉的基本法第 13 條、第 19 條有關條款向全國人大常委會提出釋法請求，是一個里程碑，表明了人大釋法制度與香港司法獨立的成功對接，也是"一國"與"兩制"的成功對接。

　　立法管治權還包括全國人大常委會對特別行政區立法機關制定的法律行使備案和發回重議權，中央對香港本地立法享有違反基本法的審查權。

3. 特別行政區政權的組織權

　　中央既然有特別行政區的創制權和特別行政區基本法的制定權，也就自然擁有特別行政區政權的組織權。這是中央享有的權力裡邊十分重要的一項，是單一制原則和國家主權的體現。這首先表現在，特別行政區籌備委員會是由中央成立的，籌建特別行政區政權的全部活動也是由中央主持主導的，而不是由香港自行成立特區政府的。中央享有特別行政區政權的組織權還表現在，中央享有特別行政區行政長官和其他主要官員的任命權。基本法第 15 條規定："中央人民政府依照本法第四章的規定任命香港特別行政區行政長官和行政機關的主要官員。"這種任命是實質的，即便 2017 年行政長官在本地普選產生，行政長官和行政機關的主要官員也要由中央任命。

　　基本法對行政長官產生方法的上述規定，使得行政長官既要對特別行政區負責，又要對中央人民政府負責，受特別行政區和中央人民政府的雙重監督，用憲法學的術語就叫做"雙重負責，雙重領導"體制，這充分體現了"一國兩制"的原則精神，既維護了國家主權，又體現了"港人治港"、高度自治的原則。

4. 宣佈非常狀態權

基本法第 18 條第 4 款規定,全國人民代表大會常務委員會決定宣佈戰爭狀態或因香港特別行政區發生香港特別行政區政府不能控制的危及國家統一和安全的動亂而決定香港特別行政區進入緊急狀態,中央人民政府可發佈命令將有關全國性法律在香港特別行政區實施。這表明中央在兩種情況下可決定特別行政區進入非常狀態:一是當全國進入戰爭狀態時作為中華人民共和國一部分的特別行政區自然也要進入戰爭狀態;二是當特別行政區發生了危及國家統一和安全的動亂而特別行政區政府已不能控制局勢時,中央有權宣佈特別行政區進入緊急狀態。在這種情況下,中央人民政府可以發佈命令增加在特別行政區內實施的全國性法律。至於由於嚴重自然災害、經濟危機或其他社會問題而引發騷亂或動亂,基本法第 14 條只規定"香港特別行政區政府在必要時,可向中央人民政府請求駐軍協助維持社會治安和救助災害。"《駐軍法》第 6 條和第 14 條作了相應規定。

5. 外交事務權

外交事務直接涉及國家主權,需要以主權國家的名義進行,任何一國的地方政府都是沒有外交權的,需由中央政府統一管理。基本法規定由中央人民政府負責管理與特別行政區有關的外交事務。特別行政區成立後,根據基本法規定,中華人民共和國外交部在特別行政區設立特派員公署處理有關特區的外交事務。同時,根據基本法的規定,中央人民政府授權特別行政區依照基本法自行處理有關的對外事務,即儘管外交權由中央政府行使,但是特別行政區也享有一定的對外事務處置權。

6. 防務權

中央負責特別行政區的防務,這既是中央的權力,也是中央的責任,即中央要負責特別行政區的安全,如遇外敵入侵,中央要負責抵禦侵略,捍衛特別行政區的和平安全。為此中央向特區派駐軍隊,這既是香港防務和國家整體國防的需要，也是國家主權的重要體現。1996 年 12 月 30 日第八屆全國人民代表大會常務委員會通過《中華人民共和國香港特別行政區駐軍法》，規定了香港駐軍的職責、香港駐軍與香港特別行政區政府的關係、香港駐軍人員的義務與紀律以及香港駐軍人員的司法管轄問題。駐港部隊除了必須遵守全國性法律外，還必須遵守香港特別行政區的法律。

根據基本法的規定，中央除了擁有上述六項權力之外，還擁有憲法規定的其他與國家主權有關的權力，例如國家元首權，特別行政區要以中華人民共和國主席為國家元首，接受國家主席依法發佈的有關命令。中央還要對香港整個繁榮穩定負責，如果香港搞得不好，人家不會說港人沒有治理好香港，一定會說中國沒有治理好香港，國家對香港特區的責任是逃不掉的。

（二）香港特區的高度自治權

根據基本法，香港特別行政區獲得了任何一個國家的任何地方政權有史以來所能獲得的、最大程度的、獨一無二的高度自治權。基本法第 2 條規定："全國人民代表大會授權香港特別行政區依照本法的規定實行高度自治，享有行政管理權、立法權、獨立的司法權和終審權。"基本法第 13 條第 3 款還規定："中央人民政府授權香港特別行政區依照本法自行處理有關的對外事務。"這些就是特別行政區實行高度自治的基本內容。根據基本法，以下事務特區可以自行決定，不用特別跑北京或者"西環"。

1. 行政管理權

香港基本法第 16 條規定："香港特別行政區享有行政管理權，依照本法的有關規定自行處理香港特別行政區的行政事務。"基本法第 5、6 兩章詳細具體地規定了特別行政區享有的各項行政管理權。這包括：經濟方面有財政、金融、貿易和工商業、土地、航運、民用航空，另外還有教育、科學、文化、體育、宗教、勞工和社會服務等。這些都是具體的行政行為。在抽象行政行為方面，特別行政區政府也享有廣泛的權力。在這些事務上，特區行政長官和政府有獨立的決策權、執行權和監督權，還要獨立地承擔責任。

根據基本法，中央不干預香港特區的行政管理事務，但特區行政長官需要就香港特區的全面工作對中央問責，向中央述職，接受中央的監督。

2. 立法權

特別行政區享有的立法權在性質上屬於中國地方立法的一種。但特別行政區立法權的範圍遠遠超過一般地方立法，只要是特別行政區自治範圍內的各種事項，不涉及國防、外交或與中央關係的，特別行政區立法機關都有權立法。

當然特別行政區享有的立法權也是中央授予的，因而授權機關有權監督立法權的行使。基本法第 17 條規定，特別行政區立法機關制定的法律，必須報全國人大常委會備案。備案不影響該法律的生效。全國人大常委會在徵詢其所屬的基本法委員會的意見後，如果認為特別行政區立法機關制定的任何法律不符合基本法關於中央管理的事務及中央和特別行政區的關係的條款，可將有關法律發回，但不作修改。經全國人大常委會發回的法律立即失效。該法律的失效，除特別行政區的法律另有規定外，無溯及力。由此可見，全國人大常委會對特別行政區的立法享有一定的監督權。

"行政管理權"、"立法權" 前面沒有加 "獨立的" 三個字，就是因為行政管理權和立法權都要接受中央的監督。

3. 獨立的司法權和終審權

根據 "一國兩制" 的方針，司法權屬於特別行政區高度自治權的重要內容。基本法第 19 條規定："香港特別行政區享有獨立的司法權和終審權。" 這裡 "獨立" 的含義不僅是指獨立於特別行政區內的其他機關、團體和個人，而且獨立於中央和內地，即特別行政區成立後，中央不干預特別行政區的司法，特別行政區法院除繼續保持本地原有法律制度和原來對法院審判權所作的限制外，對特別行政區所有的案件均有管轄權。

獨立司法權的一個重要內容和重要特徵是特別行政區享有終審

權。其實世界各國憲法都把司法終審權賦予本國最高法院，這是一國司法統一的重要表現。即使在英國統治下，香港法院也從來沒有享受過終審權，以前如果民、刑事案件的雙方當事人對香港最高法院的判決不服，可以經過一定的程序向英國樞密院司法委員會提起上訴，而該司法委員會的判決才是終局裁決。中國恢復行使主權、成立特別行政區後，沒有把司法終審權收歸中央行使，而是授予特別行政區行使。可見，特別行政區的司法權是十分完整而獨立的，中央無意干預特別行政區的司法事務。

由於香港特別行政區對國防、外交等國家行為並無管轄權，根據各國的一般做法，地方法院也不應對國家行為行使管轄權，所以特別行政區法院對涉及國防、外交等國家行為的法律事務也就不應有管轄權，而由中央保留。

4. 特別行政區自行處理有關對外事務的權力

香港是國際大都會，也是亞太最發達的現代化工商業港口城市之一，是世界重要的金融、貿易、航運和通訊中心。要維持香港的繁榮穩定和國際地位，就必須授權特別行政區自行處理對外事務的權力。為此，基本法規定了與特別行政區有關的外交事務由中央人民政府負責，但是，特別行政區有權依照基本法的規定或經中央人民政府授權自行處理有關經濟文化等的對外交往事務。

5. 特別行政區參與管理全國性事務的權利

特別行政區不僅享有高度自治權，港人不僅治港，還有權參與全國事務的管理。中國恢復行使主權後，香港居民中的中國公民也都成為中華人民共和國公民。既然作為中國公民，當然有權參加全國性事務的管理，參加討論和決定國家的大政方針政策，尤其參與討論決定與特別行政區有關的事務。人民代表大會制度是中國的根本政治制度，因此特別行政區居民應循着人民代表大會的途徑參與國家管理。但是，由於特別行政區本地並不實行人民代表大會制度，因而其參與的辦法也不同於內地，而是由全國人大單獨制定法律加以規範。

認識到自己作為中國一個地方的權利和責任，自覺參與中國民族和國家發展的偉大事業，也有利於香港自身的發展。比如國家"十三五"規劃如何給香港提供更多的機會，香港如何參加"一帶一路"和亞洲基礎設施投資銀行，中央如何像關心內地其他省區市一樣，關心香港的金融經濟，維護好香港國際金融中心的地位，不要把港人當外人，國家應該像關心上海一樣關心香港，等等。作為世界第二大經濟體和人口最多的國家，很多國家都希望搭乘中國發展的快車，香港更是具有得天獨厚的優勢，給外國人的，當然要首先給中國人。前提是我們必須承認自己是中國人。以前把港資當外資，回歸後必須把港資當內資，把港人當國人，讓港資、港人能夠切身體驗到國家主人翁的好處，切實行使國家主人的權利，也依據基本法履行國家主人的義務。"一國兩制"要求我們首先是中國的一個地方，享有一個普通地方應該享有的權利，然後才是一個特殊的地方、特別的地方，享有更多的特殊權利。

6. 接受中央授予"其他權力"的權力

基本法在詳細列舉了特別行政區所享有的各項高度自治權後，緊接着在第 20 條規定："香港特別行政區可享有全國人民代表大會和全國人民代表大會常務委員會及中央人民政府授予的其他權力。"這就是說特別行政區所享有的權力並不以基本法所明文列舉的為限，將來它還有權接受中央授予的其他各種權力。過去 18 年這種情況已經發生過，香港的高度自治權實際上得到了擴大。

7. 特別行政區對維護國家主權、安全和發展利益的責任

在憲法學上，"權利"和"義務"是對應的一組概念，享有權利的主體必須承擔相應的義務。而"權力"與"責任"也是對應的概念，擁有權力的主體必然同時承擔相應的責任。中央與特別行政區都要對維護國家的主權、安全和發展利益、維護特別行政區的繁榮穩定負雙重責任。中央作為國家主權的行使者，有權行使維護主權、安全和發展利益所必須的一切權力，它既要對國家的主權和安全負責，同時又要對保持特別行政區的繁榮穩定負起責任。而特別行政區既然享有實行高度自治所需要的一切權力，那就要切實承擔起相應的責任，既要

對維持特別行政區的繁榮穩定負責，又要在本特別行政區內對維護國家的主權、安全和發展利益負責。

特別行政區作為中國特殊的地方行政區域，在維護國家主權、安全和發展利益方面與其他地方行政區域和地方政府是一樣的，沒有特殊性。香港基本法第 23 條規定："香港特別行政區應自行立法禁止任何叛國、分裂國家、煽動叛亂、顛覆中央人民政府及竊取國家機密的行為，禁止外國的政治性組織或團體在香港特別行政區進行政治活動，禁止香港特別行政區的政治性組織或團體與外國的政治性組織或團體建立聯繫。"基本法第 42 條規定香港居民有遵守香港特別行政區實行的法律的義務。可見，基本法十分清楚地把在特別行政區內維護國家的主權、安全和發展利益的責任同時賦予了特別行政區和中央，絕不僅僅是中央的責任。基本法的這個規定，是對特別行政區的授權，也是特別行政區的特權，因為任何一個國家維護國家安全的法律必須是全國統一的，只能由中央立法，都不可能允許一個地方制定自己維護國家安全的法律。中央沒有把有關的全國立法在特別行政區直接實施，允許香港自行立法，表現了國家對香港高度自治的尊重，是國家對香港極大的信任。

綜上所述，我們可以看出，基本法下中央與香港特別行政區之間的職權劃分，既不是中央什麼都不管，特區完全自治，也不是中央什麼都管，香港內地化。而是在"一國兩制"方針政策指導下，根據一國中央政府與地方政府的不同職能，根據事項的性質劃分二者之間的職權，應歸中央行使的權力就歸中央，能歸特別行政區行使的權力就堅決歸特別行政區行使，特區獲得了最大但非完全的高度自治權。儘管中央與特別行政區之間有明確的職權劃分，並由基本法加以固定，雙方應各司其職、各負其責，但是這絕不是說二者完全是孤立的、機械的，甚至對立的，相反二者應該是互相合作、互相配合、相向而行。在香港特別行政區維護國家的主權、安全和發展利益並維護香港的繁榮穩定，是中央與特區的共同責任和使命。

三、我們為什麼必須遵守前人制定的基本法？

也許有人說基本法還不夠好，高度自治還不夠高，需要對基本法進行大修改。我們必須認識到，這部基本法已經是任何一個國家所能制定的最好的基本法了，不可能有更好的基本法，也不可能有更高度的自治，目前基本法規定的高度自治已經是任何一個國家所能包容的最大限度的自治。在保證國家統一和主權、滿足“一國”最基本的要求前提下，香港獲得了最大的自治權，儘管不是完全自治，也不能是完全自治，但香港自己維持繁榮穩定所需要的各種權力都已經具備了。“一國兩制”還打破了很多傳統法政理論和國家哲學的成例，例如一個國家只能有一個終審法院，但是香港和澳門卻可以設立自己的終審法院，國家統一並不包括司法和法律的統一。再例如，一個國家的地方政府不能發行貨幣，但香港卻可以被授權發行貨幣，等等。在基本法裡邊，我們還可以找到很多很多這樣的特殊授權。2007 年慶祝香港回歸 10 週年時，本人曾經發表了一篇文章，對“一國兩制”如何改變了中國人的國家觀和統一觀，如何把統一的標準和條件降到了最低，使得統一的成本和代價變得最低，做了系統研究。[1]

回歸 18 年的經驗證明，基本法對中央與特區關係的這些規定是可行的，兩地關係總體上和諧融洽，兩地的磨合是成功的，“一國”之下兩種制度的對接也是成功的。大部分香港同胞對“一國兩制”和基本法的信心和信任在不斷增加。國家堅持“一國兩制”和基本法不動搖，無論發生什麼樣的事情，都緊緊抓住基本法不放鬆，堅決依照憲法和基本法治港，堅決支持行政長官和特區政府嚴格依法施政。國家未來也會堅守基本法不動搖。

在法政哲學上有一個問題，後人為什麼要遵守前人很早以前制定的法律？例如英國人今天還在堅守幾百年前的憲制法律，可以說世世代代堅守這些法律，幾百年不動搖；美國憲法自 1789 年生效以來，美國人堅持實施同一部憲法已經 226 年，他們今天還在堅守，200多年堅持一部憲法不動搖，可以批評批判，但從來沒有嫌棄，從來不曾偏離自己的憲法軌道。正因為憲法的穩定，才使得政治高度穩定，英國自 1689 年君主立憲以來 300 多年不曾發生過內戰，美國自憲法實施 200 多年以來，只發生過一次內戰。政治穩定是英美先後成為世界級強國的秘訣和法寶。

這就是實行法治的好處，法治就是要約束人的政治任性，讓政治不再隨意，而是遵循事前確立好的制度規則，變得文明有序。法治是文明的積累和載體，是治國理政經驗教訓的總結。後人堅守法治，能夠避免前人走過的彎路，不讓悲劇反覆發生。這就是為什麼後人必須遵循前人制定的法律的原因。這既有政治倫理問題，也是堅守法治的大原則問題。

我國過去的教訓就是政治"任性"，從 1949 年到 1982 年短短 30 多年我們制定頒佈了五部憲法（包括 1949 年《共同綱領》），總是另起爐灶，推倒重來，導致國家政局長期不穩。改革開放以來，我們堅守 1982 年憲法不動搖，至今 33 年沒有改變憲法確立的大規矩，這是改革開放能夠成功，國家實力和國際地位大大提升的根本法律保障。中共十八屆四中全會決心全面推進以憲法為核心的依法治國，表達了對憲法的堅定承諾，這是國家長治久安之道。

其實，英國治理香港堅守同樣的憲制和法治，150 多年從頭到尾幾乎沒有什麼大的改變，香港才有過去的繁榮穩定。基本法也是香港過去成功治理經驗的總結，吸收了很多以前的管理經驗，並使之法律化制度化，希望後人能夠傳承這些經驗，不走彎路。因此，今天我們要保證香港的長期繁榮穩定，就必須保持基本法的穩定。無論是香港或者全中國，都要堅守法治，堅守憲法和基本法不動搖，確保子孫萬代堅守同樣的憲法法律，香港在祖國大家庭永享繁榮穩定。

四、基本法的起草、制定和實施充分體現了國家對香港的關愛

人們常說法律是無情的，回首基本法起草、制定的全過程和誕生以來的歷程，從基本法起草近五年的時間，到過渡期七年，再到基本法實施的近 18 年，在處理中央與特區關係、內地與香港關係上，我發現基本法是一部帶有深厚感情色彩、有血有肉的法律，是帶着濃濃的愛意和深深的感情而起草、而制定、而實施的。起草、制定、實施

基本法的根本出發點，就是為了香港好，規定高度自治是為了香港，規定中央的職權也是為了香港，一切的一切都是基於這一出發點。基本法 1.7 萬多字，前言後語，正文主體，字裡行間，裡裡外外，前前後後，左左右右，每一個條款，每一個規定，每一個字詞，無不充滿愛意和愛心，體現了祖國人民對香港深深的愛和真摯的感情，體現了國家對香港深切的關懷愛護和無微不至的照顧。基本法起草委員會、諮詢委員會、全國人民代表大會是帶着對香港這份深厚的感情，帶着祖國對香港無私的愛、帶着對香港美好未來的無限憧憬起草、制定基本法，參與基本法起草全過程的。基本法是用"心"寫的法律。

基本法誕生 25 年來，無論你是否同意基本法的所有安排，是否同意國家的一些作法，國家對香港無私、無畏、無限的關心愛護都是一以貫之、毋庸置疑的。國家對香港的關愛和關心，是真誠的、全天候的，與國家自己的貧富、強弱沒有關係。在國家窮的時候、困難的時候，國家關心香港，愛護香港；在國家富的時候，強大的時候，更沒有理由不關心香港。大家還記得 1992 年 1 月 19 日中午，鄧小平先生來到深圳皇崗口岸，深情地眺望對岸的香港，儘管只能看到新界的土地，並不能看到九龍和港島的繁華盛景，老人家憑着自己的想像，想像着香港是什麼樣子。他多次表示："我要活到 1997 年，到香港我們自己的土地上走一走、看一看。"老人家對香港傾注了多少心血和關愛！

在香港遇到巨大經濟困難的時候，2002 年 11 月 19 日朱鎔基總理親臨香港打氣，高度肯定香港是"世界金融中心、貿易中心、服務中心"，香港的優勢並沒有喪失，它的競爭力、它的實力依然存在，他說"香港的前途是光明的，我們總是以有香港而自豪"，並以"我愛香港"為演講的結尾。這次演講的鏡頭被媒體無數次重播，迄今被人們銘記，感動了多少港人！2008 年 7 月 7 日，時任國家副主席習近平先生探訪香港普通市民家庭，聊家常，話民生，真切關心香港同胞的衣食住行、柴米油鹽，表達中央堅定與香港廣大市民站在一起的鮮明立場。最近，習近平主席在多個場合表達對行政長官和特區政府嚴格依法施政的高度認可和堅定支持。25 年過去了，每一個歷史事件，每一個歷史瞬間，處理兩地關係的每一件事情，我們都真切地看到了祖國對香港、對香港 700 萬同胞這種母親般的關愛。香港是祖國永遠的牽掛，是祖國永遠的愛。

同樣，祖國也深切感受到香港同胞對祖國發自內心深處的愛。香港作為中國最先實現現代化的地方，秉承先賢“己立立人，己達達人”的教導，不僅擁護國家統一，支持香港回歸，而且真心幫助祖國現代化。30 多年來你們對內地的投資建設，你們成功的法治和管理經驗，為祖國改革開放、為國家經濟教育文化和現代化建設事業作出了無可代替的巨大貢獻，香港在整個國家現代化進程中扮演十分重要的角色，這是內地任何一個地方所不能代替的。還有，每當內地遇到重大自然災害，你們總是慷慨解囊，甚至臨時開會撥款支持中央救災。這一切，讓祖國，讓全國人民十分感動，血濃於水的親情充分彰顯，祖國是不會忘記的，全國人民是不會忘記的！

無論如何，內地與香港天然地是一個命運共同體，風雨同舟，同甘共苦，一榮俱榮，一損俱損。憲法和基本法把我們從法律上維繫在一起，祖國美麗的山河把我們從地理上聯繫在一起，幾千年的中華文化把我們從情感上粘連在一起，實現民族復興偉大的中國夢把我們團結在一起，這一切都是無法割捨、無法分開的。相比五千年共同生活的歷史，150 多年的分離並不是很長，香港與內地生活在一起的時間要遠遠長於我們分離的時間。從 1997 年開始，我們重新生活在一起，世世代代永永遠遠都要生活在一起，這是任何力量都無法改變的歷史、現實和未來。

既然我們要永遠相互面對，共同生活在一個屋檐之下，那我們就必須認真處理好中央與特區、內地和香港的關係。心理學告訴我們，我們應該以積極的心態，多看對方的長處和優點，把對方的長處和優點放大，這樣對方才能越做越好，而且對自己越來越好。如果我們總是盯住對方的缺點和短處，乃至無限放大，對方的缺點和短處就會越來越多，雙方關係就會越來越不好。就像所有國家，祖國是有缺點和不足的，但是不管有多少缺點和不足，那永遠是自己的祖國，祖國和父母都是天然的，是我們不能選擇的，我們只能無條件接受她所有的優點和缺點，在接受前提下，去建設自己的祖國和家園，讓祖國和家園變得更加美好。當然，香港也是有缺點和不足的，但無論香港有多大的缺點和不足，香港永遠都是我們的香港，祖國會以巨大的寬容、包容接受香港的一切，愛就是要無條件接受對方的一切，好的、不好的都要接受！這裡關鍵的關鍵就是包容寬容，理解同情，互諒互讓，以真摯坦誠的君子之心來處理相互關係。

在任何時候，任何情況下，祖國就是母親，永遠不會拋棄香港，祖國是香港取之不盡、用之不竭的資產，偉大祖國永遠是香港繁榮穩定的堅強後盾。香港應該充分利用 "一國" 帶來的機會、機遇和好處，發展自己，貢獻祖國。讓我們振奮精神，解放思想，繼續發揚獅子山下的香港精神，在長城黃山下，在獅子山下，同舟且共濟，誓相隨，無畏更無懼，攜手踏平崎嶇，用艱辛努力，共同寫下那不朽香江名句，建設祖國和香港更加美好的明天。

| 註釋 |

1. 王振民：《 "一國兩制" 下國家統一觀念的新變化》，《環球法律評論》2007 年第 5 期。

06

一個香港、一部基本法、一種命運

原載香港《文匯報》2004 年 3 月 16 日

————— ● —————

　　基本法於 1990 年通過。1997 年特區成立，基本法開始生效實施。從此，特區的命運、香港的未來，就繫於這一部法律；特區要持續繁榮、穩定、發展，就依賴於這一部法律。基本法為香港未來的成功提供了必要的制度、政策、機制，是香港的成功之母。

一、把香港成功因素提煉為法

　　為什麼這樣說呢？基本法在制定的時候，起草者對香港過去的成功經驗進行了全面的、認真的研究和統計，將維持香港繁榮穩定、成功的這些因素提煉為一部法律，其中一個目的，就是為了確保香港在回歸之後能夠保留這些因素，令香港能夠持續的繁榮和穩定。那麼在哪些方面體現了這些考慮呢？首先，任何一個社會、任何一個國家、任何一個地方要成功，必須要保證公民享有足夠的權利和自由，如果公民的權利和自由受到的限制很多，這個社會的經濟和政治發展都會受到制約。基本法為香港居民提供了充分、足夠的維持香港持續發展的權利和自由，香港居民根據基本法享有廣泛的政治、經濟、文化和各方面的權利，這些權利和自由都是香港繼續發展所必不可少的，那麼基本法都提供了。這是第一點。

　　第二點，基本法為了確保香港能夠持續成功，對中央與特區的關係作了非常恰當的規定，中央根據基本法享有的權力，既是維護國家的統一和主權所必須的，也是確保香港繁榮穩定所必須的。而特別行政區根據基本法享有的各種高度自治權，足夠使特區能夠保持它的繁榮穩定。

二、政制安排保證穩定繁榮

第三點，基本法為香港回歸後的成功提供了一個恰當的政治體制，這個體制是以行政為主導，確保司法獨立，立法與行政互相配合又互相制衡。這個政治體制，是在研究香港以前的政治體制，還有對比研究其他國家的政治體制的基礎之上，根據香港的情況而制定，絕對是最佳的一個政治安排，它是香港繁榮穩定所必需的一種體定。這是基本法為香港的持續成功提供的一個很好的政治架構，我們發現很多國家、很多地方的經濟搞不好，社會混亂，其實主要是政治制度上的原因，基本法當時起草規定的政治體制，是綜合考慮了各種因素之後設計的一個科學體制，所以我覺得它為香港的持續成功提供了一個很好的政治架構。

還有，基本法為香港的持續成功、繁榮，提供了一個良好的、健全的法律和司法制度，當然主要是保留了香港原來的司法和法律制度，這些法律和司法制度也是香港繼續繁榮穩定和成功所必不可少的，所以基本法就予以基本的保留。還有，基本法為香港經濟和香港回歸後提供了一個很好的經濟制度、文化、對外交往各方面的政策規定，這些規定也是香港繁榮穩定所必需的。一句話，基本法貫徹了"一國兩制"、"港人治港"、高度自治的原則，為香港特別行政區提供了確保成功所必須的各種制度、體制、政策，是中國所能為特別行政區制定的最好的法律，是中國所能為香港提供的最好的制度和政策。

三、各方都要嚴格遵守基本法

基本法可以說是香港特別行政區所能擁有的、最好的憲制性法律，是香港成功之源，是香港成功的根本保障，也是香港的成功之母，這樣評價基本法是不過分的。但是有了這麼一部很好的，也可以說是最好的基本法，並不必然會為香港帶來成功，僅僅有了這部法律，香港不一定就因這部法律的存在而成功，因為是否成功取決於法律的實施、法律的遵守和執行。如果基本法得不到很好的遵守和執行，基本法規定的體制不能發揮作用，那這部法律對香港的成功就不能發揮它的保障作用，所以為了確保香港的成功，確保香港的社會繁榮、經濟穩定、政治民主，必須嚴格遵守基本法，把基本法規定的種種體制、制度、政策落到實處。我們不是為了執行基本法而執行基本法，如果基本法不行，那麼我們可以不執行的。關鍵是這部基本法，它確實是香港繁榮穩定、繼續在國際上享有它應有的地位所必須的。離開了基本法，香港就失去了一切。

在貫徹執行基本法方面，回歸六年多的時間證明，為了確保香港的成功，中央是嚴格地依照基本法辦事，依法、正確、實時、到位地行使了基本法規定應該由中央行使的職權，不干預特區依法自治的事務；同樣，為了確保香港的成功，特區政府和各界也要認真執行基本法，不僅政府要遵守基本法、實施基本法，立法、司法機關、各專業團體、社會各界、廣大民眾也遵守基本法，這樣我們才能取得繼續的繁榮和穩定。只要中央和特區都遵守基本法，都嚴格依照基本法辦事，基本法就能得到很好的實施；只要基本法得到很好的實施，香港就能持續的成功。

基本法來之不易，它確實是香港的守護神，是香港經濟發展、政治民主的一個根本的法律保障，是特別行政區所能擁有的最好的憲制性法律，因此我們都要十分珍惜這部基本法、呵護這部基本法，最重要的是要嚴格依照基本法辦事。

當然，基本法從制定到現在 14 年，實施六年多時間，就像一棵小樹一樣，確實是非常非常的年青，需要中央和特區經常為這棵小樹澆水、施肥，讓這棵小樹儘快茁壯健康成長。

美國 19 世紀著名的政治家 Daniel Webster 曾經說過一句話，"One Country, One Constitution, One Destiny"，這句話就是"一個國家、一部憲法、一種命運"。當然他是在讚美美國憲法，因為有了美國憲法，為美國帶來了成功和繁榮，使美國成為世界上獨一無二的超級強國，這句話現在鑲嵌在去年（編按：2003年）7月在費城落成的美國憲法博物館大廳的牆壁上，它提醒美國人：我們要認真對待我們的憲法；因為憲法是所有人的保護神，沒有憲法就沒有美國，沒有憲法就沒有美國的成功。我們經常看到一些美國學生到國內進行交流，我發現不少學生隨身就帶着美國憲法，隨時拿出美國憲法，我覺得這是一種很好的啟發，就是憲法的觀念是深入民心的，因為美國人很清楚，沒有憲法就沒有美國。同樣的，我覺得如果沒有基本法就沒有香港特別行政區，可以這麼說，"One Hong Kong, One Basic Law, One Destiny"，就是"一個香港、一部基本法、一種命運"。基本法決定我們的命運，決定我們的未來，我們要取得成功就必須珍惜來之不易的基本法，認真地貫徹基本法，讓我們共同努力。

07

基本法是香港法治的靈魂和核心

寫作於 2015 年 3 月 29 日

———— • ————

　　25 年前，香港基本法這部偉大的法典誕生了。18 年前香港回歸祖國，香港特別行政區成立，基本法開始實施。25 年過去了，18 年過去了，我們從來沒有像今天這樣認識到法治對香港前途命運的極端重要性。法治不僅是中央與香港各界的共識，也是香港各行各業、各黨各派的共識，是全社會最大的公約數。所有人都認為，法治是香港最大、最寶貴的資產，應該珍惜，應該細心呵護。在目前社會各界對許多重大問題有不同看法的情況下，這是難得的共識。

　　儘管大家都同意維護香港法治，但是對香港法治是什麼，則有不同的看法。1997 年回歸前，香港法治就是普通法，就是《英皇制誥》和《皇室訓令》，乃至英國憲法和法律，那時候維護香港法治的含義首先就是嚴格依據《英皇制誥》和《皇室訓令》辦事，依據英國憲法和有關法律辦事，即便本地立法，也是總督立法，而沒有民選立法機關。1997 年香港回歸，從憲制、法制、政治上看，最大的變化就是香港本地法治與英國的憲制和法制完全脫離、脫軌，而與基本法和中國憲法對接、合體。儘管普通法沒變，但基本法取代之前的《英皇制誥》和《皇室訓令》，成為香港法治的靈魂、核心和價值導向。今天，維護香港法治，首先就是捍衛基本法，確保基本法得到全面準確的貫徹實施。任何一個國家的法治都必須以本國憲法為靈魂和核心。對於香港而言，回歸後，基本法應該是香港法治最重要的核心組成部分，無論立法、行政或者司法都要捍衛基本法，確保每一件本地立法、每一個行政行為、每一個司法判決都符合基本法的規定和原則精神，每一位居民的行為也要以基本法為最高指引。不能離開基本法談法治，不能離開基本法來立法、執法和司法，必須把特區的立法、執法和司法全面及時準確地納入到基本法的軌道上。這是香港回歸、國家"恢復行使主權"的應有之義和新憲制的基本要求。

既然我們都同意捍衛法治，我們就應該把基本法作為香港法治的中心，把基本法作為香港法治的靈魂加以維護和捍衛，捍衛以基本法為中心和基礎的香港新的憲制架構、法治體系和法律秩序。維護基本法，就是維護香港法治。破壞基本法，不按照基本法辦事，就是破壞香港法治，就不是真心捍衛香港法治。這也應該是香港社會的共識。

基本法以"一國兩制"為指導思想和根本原則，是"一國兩制"的法律化和制度化。全面準確貫徹實施基本法，就是要全面準確貫徹實施"一國兩制"，既要實施基本法關於"兩制"的那些制度、規定和條款，捍衛"兩制"，也要堅決徹底、全面準確地貫徹實施基本法關於"一國"的制度、規定和條款。不管你喜歡不喜歡，"一國"是現實，"一國"是"兩制"的前提和基礎，"一國"是法律，是不能選擇、必須實施的重要法律制度。捍衛法治，就是捍衛基本法；捍衛基本法，就要捍衛"一國兩制"，就要捍衛個別人不太熟悉、不大願意接受的"一國"，捍衛國家的主權、安全和發展利益，捍衛"一國"和"兩制"賴以生存發展的最高法律根基——中華人民共和國憲法。

在全面推進依法治國的今天，我們在這裡紀念香港基本法頒佈25週年，就是要認識到維護香港法治的關鍵是全面準確貫徹實施基本法，就是要進一步明確基本法在香港法治的核心和靈魂地位，明確憲法和基本法在香港的根本憲制地位和最高法律約束力，全面準確貫徹"一國兩制"、"港人治港"、高度自治的方針，嚴格依照憲法和基本法辦事，嚴格依據基本法和人大決定處理香港普選問題，完善與基本法實施相關的制度和機制，依法行使中央權力，依法保障高度自治，支持特別行政區行政長官和政府依法施政。這應該是中央與香港特區各界的共識，超越黨派、階級、種族、性別、職業，是香港政治和法治的底線、紅線。

法治是人類集體智慧、集體理性的體現，是人類文明的載體，法治的發明彰顯了人類理性的光輝和文明的進步。但是，法治不是與生俱來的，也不是一勞永逸的。過去有法治，不意味着將來有法治；過去法治健全，不意味着將來法治也健全。建設法治難，需要很多代人的共同努力。然而，破壞法治卻很容易，只需要一些人、幾個案件就可以。因為實施法治不是人的本性，人的本性是不願意接受外在法律約束的。因此，法治不能自動從天而降，法律不能自動實施、自動生效，任何法律的實施、生效都需要付出巨大的努力，充分發揮人的主觀能動性，積極主動地作為，採取積極有效的措施，才能夠用法律約束住人類桀驁不馴的野性。

法治是香港一張靚麗的名片，是全體港人特別是香港法律司法界多年努力奮鬥的重大成果，包括香港居民在內的全國人民曾經為之驕傲、為之自豪，也令世界很多國家和地方羨慕。環顧全球，今天多少國家和地方為法治不彰而苦惱，而苦苦掙扎，而流血犧牲。歷史經驗證明，即便沒有民主，沒有普選，只要還有法治，香港還可以活，而且可以活得很好。但是一旦沒有了法治，不管有無民主，有無普選，香港的繁榮穩定就將不復存在。香港的過去、現在、未來都維繫於法治，沒有法治，對破壞法治的行為稍微掉以輕心，都可能導致香港來之不易的繁榮穩定瞬間消失。

因此，我們一定要捍衛香港來之不易的法治，更加珍惜法治的價值，更加珍惜基本法，明確基本法在香港法治的核心和靈魂地位。我們不僅要為民主而努力奮鬥，我們也要為法治而奮鬥，為全面準確貫徹實施基本法而奮鬥，為確立基本法在香港法治的核心和靈魂地位而奮鬥，這同樣光榮，同樣偉大，甚至更光榮、更偉大。這件事來不得半點猶豫、半點妥協，必須旗幟鮮明，堅決果斷。

08

香港基本法的高級法背景
—— 國家憲制的故事

原為作者 2017 年 4 月 28 日在香港《紫荊》雜誌社、香港基本法澳門基本法研究會、中山大學和香港新活力青年智庫合辦的 "'一國兩制'與香港基本法研討會"上主旨演講的全文，收入本書時略有修改

●

　　讀法律的人都知道，高級法背景（higher law background），這一概念源於美國學者愛德華・S. 考文教授探索美國憲法思想淵源的著作《美國憲法的 "高級法" 背景》一書，作者認為 "自然法" 觀念包括私權神聖、"三權分立" 等是孕育美國憲法思想的種子，構成了美國憲法的高級法（higher law）。這一理論與著名法學家、純粹法學創始人凱爾森的 "基本規範（basic norm）" 理論有異曲同工之妙，講的都是憲法或者憲制性法律背後更高級的規範和理論學說。今天我想探討的是香港基本法的高級法背景是什麼，這些高級法背景又怎樣與基本法的實踐互動，如何影響香港新憲制的形成。

一、中國憲法是基本法的高級法背景

　　從香港地方層面而言，基本法無疑在香港法律體系中處於最高法的位置，香港所有的法律和附屬立法、特區政府的一切行為、法院的所有判決以及市民的所有行為都不得違反基本法。違反基本法的行為不僅是無效的，而且要承擔相應的法律責任，產生相應的法律後果。

這就是憲制性法律的含義。相對香港立法會通過的法律，由全國人大通過的香港基本法具有更高法律地位和憲制意義。然而，從國家層面上看，基本法是由國家最高立法機關制定的全國性法律的組成部分，它的法律地位和國家其他基本法律相同，在它之上還有更為高級的國家憲法，而國家憲法相對於基本法就是高級法（higher law），也是整個國家法律體系的最高法（highest law 或 supreme law）。

因此，在國家憲制層面，基本法不是規定全國性國家制度的憲制性法律，那是國家憲法的責任。基本法不代替、更不高於國家憲法。而且作為一個事實，在基本法產生之前，國家憲法就已經產生了，基本法是依據中國憲法產生的，就自然繼承了中國憲法和中國法律的基因。憲法就成為基本法的高級法，是基本法背後所依據的最高的"基本規範"。在學理上，基本法的理論建構來源於或建基於中國憲法的理論學說，是中國整個憲法理論體系的子體系和組成部分，而不可能有一套獨立於中國憲法理論體系的"基本法的理論學說"。

當然，由於實行"一國兩制"，基本法既要體現香港自身固有的核心價值（法治、自由、人權、資本主義市場經濟等），也要體現國家憲法所包含的國家的建國理念、核心價值和民族精神（主權、統一、安全、和諧、和平、民族團結、傳統美德等）。其實，香港核心價值與國家的核心價值在很多方面是統一的，例如對法治的追求等。

二、基本法不改變其高級法所確立的國家制度

在 1985-1990 年制定基本法的時候，在 1997 年香港回歸祖國的時候，當時的中國並不是一張白紙，不是沒有憲法、沒有制度的全新國家。因為，在香港離開祖國的 155 年時間裡，祖國內地也發生了翻天覆地的變化，經歷了兩次大的政權輪替，1912 年清廷退位、民國建立和 1949 年共產黨領導的新中國政府的成立，建立了全新的憲制，演繹了全新的國家憲制的故事。在英國統治下，香港偏安一隅，港人沒有系統參與國家發生的這些大事。但是國家歷史發展的步伐不會因為香港的缺席就停止不前，這 155 年時間裡中國歷史的巨輪依然滾滾向前。特別是 1949 年中國共產黨領導的新民主主義革命

的勝利，建立了全新的政權，確立了全新的憲制和法律體系，新憲制的故事由此發生。1949 年 9 月新政權制定了臨時憲法——《共同綱領》，1954 年通過普選產生的全國人民代表大會成立，制定了國家的根本大法——憲法，確立了很多重要的國家制度，經過 1975 和 1978 年兩次修改，1982 年又對憲法進行了一次重大、全面的重新修改，進一步完善補充了 1954 年憲法確立的國家制度，包括中國共產黨的領導制度、社會主義制度、人民代表大會制度、政治協商民主監督制度、單一制的國家結構形式以及相應的地方制度，包括基層群眾自治、民族區域自治和特別行政區制度，還建立了一套完整的法律制度和人權保障制度。具體來講，新中國憲制故事包括如下主要內容和論述：

1. 中國共產黨是中國唯一的執政黨：中華人民共和國是中國共產黨締造的，中國共產黨過去是、現在是、將來仍然是中國人民的領導者。

2. 人民民主專政：中國國家性質是工人階級領導的、以工農聯盟為基礎的人民民主專政。工人階級是國家的領導階級，農民階級是工人階級的同盟軍，知識分子是工人階級的一部分。

3. 社會主義制度：社會主義制度是中華人民共和國的根本制度。禁止任何組織和個人破壞社會主義制度。但我國將長期處於社會主義初級階段，實行社會主義市場經濟。由此實行多種所有制並存的社會主義公有制和相應的分配制度。

4. 人民代表大會制度：國家的一切權力屬人民。人民行使國家權力的機關是全國人民代表大會和地方各級人民代表大會。人民代表大會及其常委會制定法律，有權解釋和修改法律。人民通過各種途徑和形式，管理國家、經濟、文化以及社會事務。

5. 共產黨領導的多黨合作政治協商制度：統一戰線由中國共產黨領導，各民主黨派和各人民團體、全體社會主義勞動者、擁護社會主義的愛國者和擁護祖國統一的愛國者參加。中國人民政治協商會議是有廣泛代表性的統一戰線組織。各民主黨派與共產黨的關係是長期共存、互相監督、肝膽相照、榮辱與共。

6. 國家的根本任務和目的：國家的根本任務是沿着中國特色社

會主義道路,集中力量進行社會主義現代化建設。中國各族人民將繼續在中國共產黨領導下,在馬克思列寧主義、毛澤東思想、鄧小平理論和"三個代表"重要思想指引下,堅持人民民主專政,堅持社會主義道路,堅持改革開放,不斷完善社會主義的各項制度,發展社會主義市場經濟,發展社會主義民主,健全社會主義法制,自力更生,艱苦奮鬥,逐步實現工業、農業、國防和科學技術的現代化,推動物質文明、政治文明和精神文明協調發展,把我國建設成為富強、民主、文明的社會主義國家。

7. 民主集中制:國家機構的組織原則是民主集中制。各級人民代表大會由選舉產生。各級人民代表大會決定大政方針,選舉國家行政、審判和檢察機關。

8. 武裝力量屬人民:中華人民共和國的武裝力量屬人民。武裝力量的任務是鞏固國防,抵抗侵略,保衛祖國,保衛人民的和平勞動,參加國家建設事業,努力為人民服務。

9. 依法治國:國家實行依法治國,建設社會主義法治國家。任何個人、政黨和社會組織都必須以憲法為根本的活動準則,都不得有超越憲法和法律的特權。一切違反憲法和法律的行為,必須予以追究。

10. 民族區域自治制度:在少數民族聚居的地區實行民族區域自治。各民族一律平等。禁止對任何民族的歧視和壓迫,禁止破壞民族團結和製造民族分裂的行為。

11. 在城市和農村基層實行群眾性自治。

12. 國家在必要時設立特別行政區,在特別行政區實行的制度由全國人民代表大會按照實際情況以法律規定,也就是"一國兩制"。

以上這些重要國家制度都是在香港離開祖國的時候就已經產生了的,體現了全國人民的意志和利益,經過全民討論由全國人民代表大會制定憲法加以肯定,也是中華民族在經歷了 100 多年無數災難挫折之後堅定不移的選擇,體現了中國歷史發展的規律,也是香港回歸時必須面對的客觀政治現實。就這樣,20 年前香港這個離開祖國155 年的遊子回來了,發現家裡一切都變了,房子變了,規矩變了,成員變了,什麼都變了。請原諒,祖國母親不可能等待 155 年、等香港回來之後再一起制定憲法，一起研究制定國家的各種制度和法律。你不在家，但是家裡的日子還要過，一家老小還要生活，家裡這麼多人，還是要立規矩。1997年香港回來了，我們是不是把全國人民幾十年前、甚至經過100多年艱難探索而建立的適合中國國情的制度體制全部推翻、讓祖國母親適應香港建立一套全新的國家制度呢？這是不可能的。為了建立一個強大的國家，為了讓全世界的中國人不再遭受外人欺負、為了讓中國人民過上安居樂業的好日子，我們付出太多代價和成本，付出太多兄弟姐妹的生命，才建立了這套適合國情的制度體制，真的很不容易。而且實踐充分證明，這套制度體制符合中國情況，解決中國問題，我們不準備放棄這套來之不易的憲法制度。在這套制度體制之下，我們已經從1949年的最低谷成為世界第二大經濟體，儘管還沒有達到歷史最高水平，但那是指日可待的。我們現在是世界上最大貿易國、最大外匯儲備國，最強的工業製造國之一，高新科技企業遍地開花，幾天前（編按：2017年4月26日）中國第二艘航母下水，等等。2012年以來國家開展大規模反腐敗，其規模遠遠超過香港當年的廉政風暴。中華民族從來沒有這麼接近全面復興。我們希望香港成為這個偉大事業的一部分，而不要成為其中一個問題。實踐證明，這套憲法制度體制是好的，我們不會放棄。作為1997年回家的遊子，國家理解港人的心情，但是我們也要嘗試理解國家的政治哲學和政治邏輯，對國家已經建立起來的這套憲法制度要有起碼的尊重敬畏之心。即便美國、歐洲也沒有對中國憲法制度這麼敵視、輕視和謾罵，而是對我國人民建立的制度體制給予應有的尊重和理解。但在香港自己的土地上，國家卻常常遭受自己人不留情面的謾罵和攻擊，讓國家情何以堪？！

有人會說，香港當年沒有參與國家憲法制度的產生過程，沒理由遵守國家憲法。美國憲法1787年制定的時候只有13個州參與，是美國的創始會員州，參與了美國國家制度的構建。後來有37個州陸陸續續加入美國，這些州都沒有參加美國憲法的制定。他們加入美國的時候，只能接受之前已經制定好的國家憲法，而不能說因為我沒有參加憲法的制定，就要求廢除憲法，專門為我制定一部新的國家憲法。一個公司也一樣，後來加入的股東只能遵守公司章程，如果要對公司章程進行重大修改，那就是建立新的公司，完全是另外一回事。因此，同樣道理，1997年香港回歸，應該接受全國人民之前已經制定的國家憲法以及由此確立的國家制度，而不是抵觸、抵制乃至要求廢除。任何遵守香港基本法的原因理由，都適用於國家憲法，因為憲法是基本法的高級法背景，是基本法的源頭和根本。

三、基本法對國家憲制的補充與完善

儘管憲法確立的國家制度不因香港回歸而更改，但為了香港順利回歸，適應香港的特殊情況，國家還是對一些重要的憲法制度進行了補充完善。這也是十分特殊的。這主要包括：

1. 憲法理論上的修正，即由"一國一制"改變為"一國兩制"，國家在保持社會主義制度作為主體不變的同時，允許部分地區存在並發展資本主義。

2. 原本作為單一制的國家，地方建制中只有省、自治區、直轄市，國家為了適應香港回歸祖國，對地方制度做了修改，增加了特別行政區的建制。

3. 在人大釋法和修法體制方面涉及到基本法的解釋和修改作出具有獨特性的調整。在解釋基本法方面，基本法第158條分為4段，規定基本法的解釋權屬於全國人大常委會，第2、3段授權香港法院在特定情況下和特定範圍內進行解釋，並增加了"人大釋法"徵詢基本法委員會的程序設置。

4. 根據馬克思主義的經典國家學說和憲政理論，無產階級在推翻資產階級統治並取得政權後，要打碎舊國家機器，建立全新的國家機構，更換所有政府公務人員、法官和檢察官。這個理論在1949年中國政權更替中得到了全面貫徹實施。但是，根據"和平統一、一國兩制"的新方針，中國通過和平談判恢復對香港行使主權，重新取得香港的政權，但國家並沒有打碎英國在香港建立的資本主義政權機器，而是允許其有條件和平過渡，成為中國社會主義憲制下的新型地方政權。香港原有法律基本不變，香港實行的司法體制，除因設立終審法院而產生變化外，予以保留。法官和司法輔助人員全部留任，舊政權機器實質上被基本保留。

然而，這些只能是修正，僅限於補充和完善，國家不可能為了香港回歸制定新憲法，廢除所有的國家制度，建立一個讓港人熟悉的全國性的普通法制度，更不可能實行多黨制，不可能實行西式"三權分立"。因為香港回歸和基本法實施對於國家而言並不是重新制憲，制憲權已經在建國初行使過了。不可能要求全中國來適應香港，香港只能慢慢熟悉國家、認識國家、適應國家。

四、制度交匯與邏輯統一

歷史地看，香港自身的政治法律邏輯從來不是獨立的，必須與國家的政治法律邏輯交匯融合才能存在發展。在香港離開祖國的 155 年時間裡，香港逐步接納英國的政治法律邏輯和制度，回歸後理應找回自身的文化血脈，接納中國的政治法律邏輯和制度。客觀地看，文革過後，痛定思痛，國家已經建立了一套較為完整的政治法律制度和司法體系。十八屆四中全會吹響了全面推進依法治國的號角，向來以法治為驕傲的香港難道不應該積極參與並熱情投入國家的法治建設嗎？其實香港本地的政治法律邏輯與祖國的政治法律邏輯並沒有本質矛盾，既然已經回歸祖國，既然基本法的高級法背景是無法改變的，大家通過充分的交流，增加彼此認識了解，讓制度理念交匯交融，建構建設性互動關係不是更加明智嗎？制度的交融必然帶來香港地方邏輯與國家邏輯的統一，在現有的高級法背景下使基本法煥發出無限活力。

有香港朋友問我，後人為什麼要遵守前人制定的憲法、確立的制度和邏輯？這其實是高深的政治法律哲學問題，簡單地說，後人遵守前人制定的政治規矩規則，這恰恰就是人類文明進步的表現。而且，國家制度不是不可以改革完善，當代人不是不可以參與國家制度的完善，但這要遵守基本的憲制共識、法律規範和政治倫理，尊重前人的生活經驗和歷史選擇，不天馬行空，不隨意更改設計自己希望的制度體制。法治的核心就是自我謙抑和自我約束，如同普通法"遵循先例"的智慧一樣，漸進式的改革才是對社會損傷最小的理智選擇。基

「一國兩制」與基本法：歷史、現實與未來

172

本法本身也規定，香港的中國居民有權參與國家的治理，當然有權通過憲法規定的途徑和方式參與國家制度的自我改革和完善。實際上改革開放以來，港人不僅參與了香港基本法的起草制定，而且參與並仍將會參與國家相關制度的改革完善，每年"兩會"時來自香港的全國人大代表和政協委員積極參政議政，為國家制度的改革進步作出了很大貢獻。

香港回歸祖國是巨大的政治法律系統工程。20年來，香港本地法制與新憲制的對接已經完成，實踐證明，一個社會主義的基本規範或者說高級法當然可以成為一個資本主義政制法制的基本規範，社會主義的憲政架構可以與資本主義的地方政府體制兼容，基本規範與政治法律制度背後的意識形態無關。回歸時很多人擔心，一個資本主義的制度和生活方式要靠一個社會主義的基本規範來保證，一個資本主義的普通法要靠一個社會主義憲制架構來維持，到底能否成功。現在我們可以說，資本主義和社會主義可以和諧地生活在一個共同的憲制（基本規範、高級法）之下，並獲得共同發展，共同繁榮。

總之，在國家憲制和"一國兩制"框架之下，香港不僅實現了平穩回歸，20年來也取得了舉世矚目的成就。儘管近年來國家憲制和基本法實踐在香港遇到一些挑戰，但放在國家統一、民族復興這個宏大的歷史背景下觀察，沒有過不了的橋，沒有克服不了的困難。青山遮不住，畢竟東流去。中華民族不僅能夠創造高度的物質文明，也一定能夠創造高度的憲制文明，譜寫出包括"一國兩制"在內的中國憲制故事壯麗的新篇章。

第三章

人大釋法

論回歸後香港法律解釋制度的變化

原載《政治與法律》2007 年第 3 期

———— • ————

香港回歸前，在普通法體制下，釋法和司法是同一個過程，法院既是司法機關，也是釋法機關。釋法只發生在司法過程中，是司法活動的一部分。[1] 但儘管香港法院有解釋法律的權力，由於回歸前香港不享有司法終審權，香港的司法終審權由英國樞密院司法委員會享有，英國樞密院司法委員會就是香港回歸以前的最高釋法機關。[2] 因此，香港法院對香港本地法律和英國相關法律的解釋不是最終的，當事人不服可以上訴到英國樞密院司法委員會，尋求最終解釋。

香港回歸後，香港解釋法律的制度發生了很大變化。這主要表現在兩個方面：一是香港法院解釋法律的權力，尤其是解釋新憲制性法律——基本法的權力得到大大加強；二是除了香港法院繼續享有釋法權外，全國人大常委會開始為香港解釋憲制性法律。[3] 本文要探討的就是香港 1997 年回歸後法律解釋制度的變化，主要是憲制性法律解釋制度的變化。

一、回歸前香港的釋法制度

在普通法制度下，法律的解釋權屬於法院。法律制定出來後，立法機關就不再有發言權，法律的命運就操之於法院手中。司法機關在處理案件時如果需要解釋法律，不會徵求立法機關和行政機關的意見。如果立法機關對法院的解釋有意見，可以修改乃至廢除或重新制定有關法律，而不會解釋法律。這就是普通法下的法律解釋制度。

正像人人都必須遵守法律一樣，法官自然也不例外，法官必須忠實地適用有效的成文立法，這是法治的根本原則，也是民主的要求，即司法機關作為非民選機構應該給予民選立法機構所制定的法律以充分的尊重。但是，其前提是法律條款的含義必須清楚明確。然而這並非易事，法律條款的含義往往是不清楚、不明確的。社會生活的千變萬化，使得立法總比社會發展晚一點，或者有偏差。法律一出台，這部法律實際上就立即過時，就像計算機一出廠，裡面的硬件和軟件就開始過時一樣。很自然地，弄清法律條款的含義就成為法官司法的重要任務。[4] 可見，如果法律條款的含義非常清楚，不容任何其他解釋，法官就無須解釋法律。解釋法律並非司法本來的內容，只是司法附帶性的工作。法院解釋法律的目的是為了更好地適用法律，為了維護立法的原則精神。至於後來法官解釋法律演變成法院制約立法機關的重要手段，法官甚至有權通過解釋法律而對法律進行違憲審查，並宣佈違憲的法律無效，這是後來法治與民主博弈的結果。

香港回歸前的釋法制度有兩個層面：一是英國樞密院司法委員會作為香港的終審法院和最高釋法機關對法律的解釋，二是香港本地法院對法律的解釋。

（一）英國樞密院司法委員會對法律的解釋

就第一個層面而言，回歸前香港的法律解釋制度有如下幾個特點：第一，香港最高的釋法機關是英國樞密院司法委員會，香港最高法院沒有法律的最終解釋權；第二，英國樞密院司法委員會不僅有權解釋當時香港的憲制性法律——《英皇制誥》和《皇室訓令》，而且可以通過對案件的審理解釋香港本地立法。第三，樞密院司法委員會的釋法，必須結合具體案件，進行具體解釋，不能進行沒有訴訟的抽象解釋。也就是說，當事人對香港最高法院判決不服，實際上就是對香港本地法官對法律的解釋不同意。在這種情況下，當事人有權上訴到英國樞密院司法委員會，而樞密院司法委員會通過對案件的審理，對有關法律進行最終解釋。樞密院司法委員會不可以在沒有當事人上訴的情況下自行解釋法律，香港居民也不可以在沒有一個實際案件或者糾紛發生的情況下，直接向樞密院司法委員會申請釋法。第四，基於上述第三點理由，香港政府和任何一個香港公司、居民都可以通過司法訴訟的方式向樞密院司法委員會"申請"釋法。但是香港法院不可以向樞密院司法委員會申請釋法。第五，樞密院司法委員會解釋法律採取的是普通法制度下法院釋法的一般哲學和方法，這種釋法是司法活動的一部分，程序上當然也是司法程序，爭議雙方有機會在釋法者（法官）面前就如何理解法律條款的含義發表自己的意見。

（二）香港本地法院對法律的解釋

回歸前香港法律解釋制度的另外一個層面即本地法院對法律的解釋。首先，儘管在英國普通法制度下，香港法院享有法律解釋權，包括有權解釋《英皇制誥》和《皇室訓令》，但是這種解釋權是有限的，而且不是最終的，當事人可以通過上訴的方式申請英國樞密院司法委員會作出最終解釋。回歸前香港的"最高法院"實際上不是"最高的"。而回歸後的終審法院儘管沒有用"最高"一詞，但是實質上在香港享有司法上的最高地位，與內地的最高人民法院在司法問題上互不隸屬。這是"港人治港"和高度自治的重要組成部分和表現。其次，香港回歸前，香港法院在解釋法律，尤其在解釋《英皇制誥》和《皇室訓令》的時候，通常都比較保守，謹守分際，不願意逾越雷池一步。另外，與樞密院釋法一樣，香港法院的釋法活動不是獨立的司法行為，必須有具體的訴訟案件，通常是在進行司法審查過程中進行的。[5]

回歸前後，香港法院解釋法律制度的主要變化，可以簡單地概括為：回歸前法院是"適用性"釋法，即解釋法律的目的是為了發現法律條款的真實含義，為了尋找立法者的動機和目的，從而更好地適用法律；回歸後法院解釋法律的深度、廣度和態度都有很大變化，從各方面來看，法院釋法的權力都得到很大加強。

二、回歸後香港法律解釋制度的變化

英國樞密院司法委員會對香港享有的司法終審權和法律的最終解

釋權，在香港回歸中國後，根據基本法的規定被一分為二：終審權被授予了新成立的香港特別行政區終審法院，而基本法的最終解釋權則保留給了全國人大常委會。

中國實行的是由最高國家權力機關的常設機關解釋憲法和法律的制度，憲法和法律的解釋權屬於全國人大常委會，全國人大常委會對法律的解釋是最終的權威解釋，不僅一切行政機關和社會團體必須遵守和執行，而且司法機關在處理具體案件時也必須依據有關解釋來判案。[6]

在此前提下，全國人大常委會授權最高人民法院在審理案件時，可以就如何具體應用法律、法令的問題作出解釋，這種解釋也有法律效力。最高人民法院作出的這種司法解釋，其範圍只限於審判工作中具體應用法律、法令的問題，這種解釋不得違背法律、法令的原意。相對於全國人大常委會的解釋來說，司法解釋是輔助性的，前者是主要的。[7]

基本法是由全國人大制定的，然而基本法的實施卻主要是在實行普通法的香港特別行政區。在處理基本法的解釋問題時，立法者既要考慮到中國內地的法律解釋制度，又要考慮到香港普通法體制下的法律解釋制度。最後折中的結果就是基本法第 158 條的規定，即根據憲法的規定，像中國所有其他法律一樣，基本法的解釋權屬於全國人民代表大會常務委員會，這就與內地的法律解釋制度一致起來，體現了"一國"的要求。同時保留香港普通法下的法律解釋制度，由全國人大常委會授權香港特區法院在審理案件時解釋基本法的條款。但如果要解釋的條款有關中央人民政府管理的事務或中央和香港特區的關係，那麼香港特區法院在對案件作出不可上訴的終局判決前，應由香港特區終審法院提請全國人大常委會對有關條款作出解釋。香港特區法院在引用該條款時，應以全國人大常委會的解釋為準。但在此以前作出的判決不受影響。如果全國人大常委會決定解釋基本法的有關條款，則必須徵詢其所屬的香港基本法委員會的意見。

可見，這是精心設計的特殊的法律解釋制度，它把香港由法院解釋法律的制度和內地由全國人大常委會解釋法律的制度融合在一起，從而同時滿足了"一國"和"兩制"的要求。這就是回歸後香港新的法律解釋制度。

三、回歸後香港法院釋法性質的變化

　　儘管回歸前後香港法院都有權釋法，但是釋法的性質發生了根本變化。回歸前香港法院的釋法，是基於普通法本身的要求，由於"釋法"和"司法"合一的制度安排，解釋法律是普通法之下法院固有的功能。回歸後，香港法院釋法固然也是普通法的要求，但是此種性質的釋法僅限於法院對本地立法的解釋。從法理上講，香港法院解釋基本法是基於全國人大常委會的授權而進行的釋法活動，主要不是來自普通法固有的制度安排。這是香港法院釋法性質的重大變化。

　　正是基於香港法院釋法性質的這個重大變化，香港法院解釋基本法的行為才受到一些限制。這些限制包括：第一，香港特別行政區法院只能在審理具體案件時才可以解釋基本法有關條款，不可以對基本法進行抽象解釋，即沒有具體案件的解釋。全國人大常委會對基本法的解釋則沒有這種限制，它有權進行抽象解釋。2004 年和 2005 年全國人大常委會兩次釋法就是抽象解釋，而 1999 年全國人大常委會第一次釋法則是結合具體案件的解釋。第二，香港特區法院解釋基本法主要限於對基本法關於香港特別行政區自治範圍內的條款。而全國人大常委會解釋基本法是全面的。第三，香港特別行政區法院對基本法的其他條款也可以進行有條件的解釋。如果香港特區法院需要對關於中央人民政府管理的事務或中央和香港特別行政區關係的條款進行解釋，而該條款的解釋又影響到案件的判決，在對該案件作出不可上訴的終局判決前，應由香港特別行政區終審法院提請全國人民代表大會常務委員會對有關條款作出解釋。如果全國人大常委會作出解釋，香港法院在引用該條款時，應以全國人大常委會的解釋為準。但在此以前作出的判決不受影響。

　　可見，香港特區法院對基本法的解釋是被授權的，而且這種解釋也是有條件的。

　　1997 年以前，香港法院無論解釋本地立法或者當時的憲制性法律，傾向於從狹義的、傳統的角度來進行。法院對釋法總的態度是，尊重立法者的意願，嚴格依照法律條款辦事。回歸後，香港法院釋法的次數和範圍有很大的增加和擴大。香港特區前律政司司長梁愛詩曾經表示，回歸後，有超過 1/3 的基本法條文已經經過香港法院的解釋（截至 2005 年 5 月）。[8] 如果是 1/3 的基本法正文條款，那就是 53 個條款。這樣，香港法院平均每年解釋基本法六個多條款，亦即香港法院釋法平均兩個月就要進行一次。實際數字相信比這個要多。

至於香港法院解釋本地立法，則是天天都有可能發生，經常都在進行，基本上無法統計。但是全國人大常委會則不能像回歸前英國樞密院司法委員會那樣也解釋香港本地立法。對於這種現象，要進行客觀分析。香港法官儘管回歸前後人員變動不大，但是回歸後由於實行"一國兩制"、"港人治港"和高度自治的原因，很多重大事情在香港本地解決，不需要拿到外地（倫敦或者北京）解決，這極大調動了香港法官"港人治港"的積極性，他們與香港廣大民眾一樣，第一次掌握了自己的命運（例如擁有了終審權），以主人翁的姿態積極行使權力，與回歸前在英國人統治下仰人鼻息地行使司法權和釋法權是完全不同的感覺。這是可以理解的。應該說香港法院的大部分釋法是好的，是善意的、正面的。這種"擴權"是"港人治港"、高度自治在司法和釋法問題上的必然反映。當然不可否認，這裡邊也有個別案例是值得商榷的。這需要長時間的磨合和適應，才能夠準確把握"一國兩制"、"港人治港"和高度自治的真諦。

四、回歸後全國人大常委會解釋基本法制度的確立

港人長期生活在普通法之下，對於上述普通法之下一般法院的釋法制度有很深的認識，這種觀念已根深蒂固。對於回歸後"突然"降臨的新的人大釋法體制，需要一段時間調整和適應。

1997 年回歸至今，全國人大常委會僅僅作過三次釋法，只對四個條款進行過解釋。第一次是 1999 年 6 月 26 日第九屆全國人民代表大會常務委員會第十次會議通過的《關於〈中華人民共和國香港特別行政區基本法〉第二十二條第四款和第二十四條第二款第（三）項

的解釋》，對基本法第 22 條第 4 款和第 24 條第 2 款第（3）項有關特區永久性居民的定義以及內地人赴港定居的手續的規定進行了解釋。第二次是 2004 年 4 月 6 日第十屆全國人民代表大會常務委員會第八次會議通過《關於〈中華人民共和國香港特別行政區基本法〉附件一第七條和附件二第三條的解釋》，對基本法關於特區 2007 年和 2008 年行政長官和立法會議員產生辦法修改程序的規定進行了解釋。第三次是 2005 年 4 月 24 日在第十屆全國人民代表大會常務委員會第十五次會議通過了《關於〈中華人民共和國香港特別行政區基本法〉第五十三條第二款的解釋》，對行政長官辭職後新的行政長官的任期作出了解釋。從數量上看，人大釋法的次數並不多，但是影響巨大。

（一）全國人大常委會解釋基本法行為的性質

在普通法體制下，法院解釋法律的行為由於與法院對案件的審理是同一過程，因而從性質上看是一種司法行為。根據憲法，全國人大常委會是國家的日常立法機關，也是國家最高權力機關的常設機關。除了立法職能外，其憲法上的職責還包括解釋憲法和法律。在中國的憲法和法律解釋理論中，法律的解釋權是最高權力（立法權）的附屬權力，解釋憲法和法律是全國人大常委會除了立法、監督、決定、人事任免等職能之外的一項獨立的職能，與其他職能同等重要。全國人大常委會既是立法機關，也是中國的憲法和法律解釋機關。這種釋法行為盡管不是司法行為，但也不是立法行為，而是介於立法和司法之間的 "半立法、半司法" 的行為，也可以說是獨立於一般司法和立法的專門性法律解釋行為。由於釋法大量發生在司法和執法過程中，因此，人大釋法是連接立法和司法、執法的橋樑和紐帶。

這種由最高權力機關的常設機關（立法機關）解釋法律的制度不為普通法地區所熟悉。反對人大釋法的一個重要理由是，人大既是立法機關，又是釋法機關。立法機關和釋法機關合二為一造成利益衝突，有些甚至認為立法者是最糟糕的釋法者。[9] 其實，立法和釋法由一個機關負責並不是問題，關鍵是要把這兩個職能分開並通過不同的程序履行這兩個職能，就像英國議會既是英國最高立法機關，又是英國本土最高釋法機關和終審機關一樣，儘管同屬議會，但是立法職能和釋法（終審）職能分開行使，程序不同，行使的主體也不同，釋法（終審）由上議院中的上訴委員會行使，立法則由下議院負責，二者分別獨立行使自己的職權。

中國的法律解釋理論認為，釋法是為了尋找法律條款的確切含義，立法機關顯然比其他機關包括司法機關，更加清楚法律條款準確的意思。而且，現在全國人大常委會的立法職能和釋法職能從程序上看也是分開行使的。問題是，在普通法體制下，法院的判例，包括法院通過判決對法律的解釋可以成為先例，法院以後在處理同類案件時要遵循先前的判決和解釋，這就是"遵循先例"原則（*stare decisis*）。根據基本法第 158 條的規定，如果人大對基本法有關條款作出了解釋，香港法院的判決儘管基於"一事不再理"的原則得以保留，但是，香港法院對基本法的解釋以及判決本身的先例效力則因人大釋法而自然中斷。就像 1999 年 6 月 26 日全國人大常委會第一次釋法，儘管不否定 1 月 29 日香港終審法院判決本身的效力，案件當事人根據判決獲得的權利仍然有效，在 6 月 26 日人大釋法前該判決就是法律，但是一旦人大釋法作出了不同的解釋，該判決包括對基本法的解釋作為普通法先例的效力就中斷了。

需要說明的是，即便在普通法體制下，如果立法機關就案件所涉及的問題制定或修改了法律，改變了法院通過自己的判決就有關問題所確定的規則，那麼法院以後處理同類案件就必須遵守立法機關制定或修改的法律。這也是普通法的原則，即"制定法優於判例法"的原則，立法取代判例的情況可以發生在任何普通法地區和國家。[10]

所以全國人大常委會對基本法作出解釋，否定了香港法院判決（包括對基本法的解釋）的"先例"效力，否定香港法院對基本法的解釋，無論在大陸法體制下或者普通法體制下，都是可能發生的現象，這與普通法下成文立法取代判例法的效果並無二致。這是由上述人大釋法的性質決定的。2000 年 3 月 15 日第九屆全國人民代表大會第三次會議通過的《立法法》也明確規定了法律解釋的程序和效力，明確全國人民代表大會常務委員會的法律解釋同法律具有同等效力。[11]

（二）人大釋法的程序

人大解釋法律採用的程序不同於一般立法程序，而是特殊的釋法程序。

首先，是啟動程序。根據基本法和有關法律的規定，可以啟動人大釋法的主體有三個，一是全國人大常委會自己主動釋法，二是國務院提請人大釋法，三是香港終審法院。其中國務院提請人大釋法，可以基於國務院自己的判斷，也可以基於特區政府的請求。[12] 過去十年人大三次釋法，一次是全國人大常委會主動釋法，由委員長會議提案；另外兩次是由行政長官請求、經由國務院向全國人大常委會提案而啟動的。回歸至今，還沒有來自特區終審法院的釋法申請。

有些人士認為基本法第 158 條只授權特別行政區終審法院在法律規定的事由出現時，應該請全國人民代表大會常務委員會對基本法的有關條款作出解釋，而沒有授權香港特區行政長官這樣做，因此行政長官不可以提請全國人大常委會解釋基本法。根據基本法第 43 條規定，特別行政區行政長官是香港特別行政區的首長，代表香港特別行政區。這就是說，行政長官不僅是特區政府行政部門的首長，而且是整個特別行政區的首長。基本法第 43 條同時規定特別行政區行政長官依法對中央人民政府和香港特別行政區負責。第 48 條規定香港特別行政區行政長官行使的職權中包括負責執行基本法和依照基本法適用於香港特別行政區的其他法律。因此，特區行政長官要向中央人民政府述職，就特區實施基本法的情況向中央政府彙報，對中央政府負責。1999 年和 2005 年兩次釋法都是特區行政長官就特區實施基本法過程中發生的重大爭議向國務院進行彙報而啟動的。[13] 特區行政長官在報告中建議國務院提請人大解釋基本法，國務院自行決定接受不接受這個建議，向不向全國人大常委會提案請求解釋基本法。國務院研究了特區行政長官提交的報告，認為事關重大，才主動向全國人大常委會提請解釋基本法有關條款。

從法律上看，特區行政長官是否建議解釋基本法，對人大最終是否解釋基本法並不起決定性作用。因為即使沒有特區行政長官的報告和建議，沒有任何人或機關的建議，全國人大常委會根據基本法第 158 條第 1 款的規定，也有權主動解釋基本法，並不以任何機構或個人是否建議它解釋為前提。全國人大常委會解釋基本法也不以法院訴訟的存在為基礎，這一點香港大學的 Yash Ghai 教授做過深入研究。[14]

其次，人大解釋基本法的具體工作程序，遵循人大解釋法律的一般程序。《立法法》第 2 章第 4 節專門規定了"法律解釋"。2004年第十屆全國人大常委會第十二次委員長會議通過《全國人大常委會法律解釋工作程序》，進一步明確、規範了法律解釋的具體工作程序。全國人大常委會解釋香港基本法的時候，除了必須符合這些程序要求外，還有一些特殊的安排，例如，2005 年在人大釋法之前，全國人大常委會委派有關負責人到深圳舉行座談會，聽取香港各界人士尤其是法律界人士的意見，包括反對釋法或者對釋法有不同看法的人士的意見。這其實類似於聽證或者法庭的辯論。今後可以更加制度化，名稱最好不要叫做"座談會"，而叫做"聽證會"。這樣從程序上，儘管表面與法院釋法的司法程序不同，但是在釋法前聽取各方面的意見，尤其是反對的意見，其效果和作用應該是一樣的。

另外，人大解釋基本法不同於解釋一般法律還有一個特殊程序，就是必須徵求其所屬的香港基本法委員會的意見。這是人大解釋基本法的必經程序。如果將來有來自特區終審法院提出的釋法申請，全國人大常委會可以接受，也可以不接受。[15] 如果全國人大常委會不受理特區終審法院的申請，那就說明全國人大常委會認為沒有必要解釋基本法，或者說通過這種暗示的方式授權特區終審法院對有關條款自行解釋。如果全國人大常委會決定接受申請，解釋基本法的有關條款，則必須徵詢其所屬的香港基本法委員會的意見。全國人大常委會如果不接受特區法院申請釋法，要不要徵詢基本法委員會的意見，法律沒有明文規定，這有待於將來的實踐來創造憲制慣例。基本法委員會中 12 名成員，一半來自內地，另一半來自香港，其中包括法律界人士，他們可以把香港各界主要是法律界對釋法的意見，帶到全國人大常委會，從而使人大釋法可以照顧到香港實行普通法的特殊情況。

（三）人大釋法的哲學和方法

在釋法的哲學和方法方面，香港法律界習慣於從普通法的角度來理解基本法的條款。在普通法下，釋法的一個重要方法是字面解釋，要求法官必須嚴格按照法律條款字面的含義去解釋法律，即強調法律規則的"明顯含義"，而民法（大陸）法系的法官則傾向於"目的論"的解釋方法。[16] 儘管普通法下的釋法也要尋找立法原意，但是一般認為，最能體現立法原意的還是法律正式文本最終使用的詞句本身，至於制定這個條款時候所討論過的其他說法或者用詞，因為最終並沒有寫入法律，因此這些立法文件並不能作為解釋法律的主要依據，有法律效力的還是法律條款本身，而不是立法時候所討論過的其他文件。無論 1999 年、2004 年還是 2005 年人大釋法，我們都看到普通法對法律的這種字面理解。

而人大解釋基本法遵循大陸法系釋法的一般哲學和方法，即強調對法律條款原意的追求。這兩種法律解釋哲學顯然會導致結果的不同。例如 2005 年香港特首董建華辭職後，新特首的任期到底是董特首的剩餘任期或者是一般特首完整的五年任期，從普通法的解釋方法和哲學出發，明顯是五年。但是從大陸法系的解釋方法出發，自然是剩餘任期。

在世界上，一個普通法地區轉變成為一個大陸法法域的組成部分，香港並非第一例。基於政治和經濟上的原因，1972 年英國決定加入歐洲共同體，即現在的歐盟（EU）。加入歐盟就必須放棄英國的部分主權，對保守的英國人來說，這完全是一場"主權革命"，隨之而來的必然是憲制的變革以及由此引發的對傳統普通法的衝擊，這主要表現在不同的釋法哲學上。針對英國與歐洲大陸不同的釋法哲學和方法，有的英國法官支持民法法系法官的解釋方法，有的卻持反對意見。[17] 例如大陸法系的法律解釋可以填補法律條文的空白，在普通法看來這根本不是釋法，而是修改法律，"是英國法院從未做過的。它不重視條文的實際辭句。它填補條文間的空白，它做了它認為應該盡力去做的事。它的作用與其說是解釋者，倒不如說立法者。它的一切都使守舊的英國人感到震驚"。[18]

經過激烈的鬥爭和長時期的磨合，英國法律界最終不得不放棄用傳統的普通法來解釋《羅馬條約》和有關立法，而接受歐盟大陸法的方法來解釋這些法律。顯然，《羅馬條約》以及歐盟議會通過的法律都是根據歐洲大陸的法律理念和制度而制定的法律文件，僅僅用普通法來解釋是不行的。談到這個問題，丹寧勳爵說："法官不要按照語言的字面意思或句子的語法結構去理解和執行法律，他們應該本着法律語言詞句背後的立法者的構思和意圖去行事。當他們碰到一種在他們看來符合立法精神而不是法律詞句的情況時，他們就要靠尋求立法機構的構思和意圖，尋求立法機構所要取得的效果的方法來解決這個問題，然後他們再解釋法規，以便產生這種預期的效果。這意味着他們要填補空白，要理直氣壯地、毫不躊躇地去填補空白。"他還說："我們一定要採用新方法。正像所謂'入國問禁、入鄉隨俗'，在歐洲共同體中，我們就應該按照歐洲法院的方式行事。"[19]

同樣，全國人大常委會對基本法的解釋也不同於香港法院對基本法的解釋，既然是由最高國家權力機關兼立法機關來解釋法律，它如果"填補（法律）條文間的空白"，那是不奇怪的，就像1996年全國人大常委會就《國籍法》在香港的實施所作出的解釋一樣，填補了《國籍法》沒有規定香港人國籍問題的空白。[20]基本法是中國憲法在特別行政區的延伸和拓展，是憲法的子法，它不可能脫離中國憲法發展出一套完全不同的法律哲學。理解基本法的有關規定，不能不考慮基本法的憲制背景，不能不考慮中國的憲法解釋理論和實踐。

其實，儘管全國人大常委會主要採取中國內地法系的釋法哲學和方法，但是並非沒有照顧到香港實行普通法的特殊情況。1999年全國人大常委會第一次釋法，最終肯定的是香港高等法院原訴庭對基本法的解釋，只是不同意上訴庭和終審法院對基本法有關條款的解釋。香港高等法院原訴庭對基本法的解釋當然也是根據普通法的解釋方法得出的結論。

（四）人大釋法與香港司法終審的關係

由於1999年第一次人大釋法是針對終審法院的判決作出的，海內外普遍有一種看法，即人大釋法否決了香港終審法院的判決，侵犯了基本法保障的香港司法終審權和司法獨立。其實，全國人大常委會的釋法不影響香港特別行政區終審法院有關判決的對人效力，案件雙方當事人根據判決所取得的權利和義務仍然有效，既往不咎，釋法只對將來發生的事有效力。

所以，不好說人大釋法推翻了香港特區終審法院的判決，侵犯了香港特區的司法終審權和司法獨立。如前所述，在普通法制度下，法律的最終解釋權和司法終審權是合在一起的，都由最高（終審）法院行使。但是在中國的憲法制度裡，法律的最終解釋權和司法終審權不是由一個機構來統一行使的，而是分別由兩個機構來行使。根據中國憲法第 67 條和第 127 條的規定，法律的最終解釋權由全國人大常委會行使，中國司法終審權由最高人民法院行使。在中國內地，人們並沒有因為全國人大常委會行使法律的最終解釋權而認為全國人大常委會侵犯了最高人民法院的司法終審權，因為全國人大常委會並沒有代替最高人民法院來審理案件，只是進行法律的最終解釋，司法上的終審仍然由最高人民法院來進行。這種憲法和法律的最終解釋權與司法終審權分立由不同機構行使的情況，是大陸法系的重要特徵，廣泛存在於適用大陸法的國家和地區。[21]

同樣，對香港基本法，其 "最終解釋權" 屬全國人大常委會，但 "最終裁判權" 屬香港特區終審法院。把 "最終解釋權" 和 "最終裁判權" 分開，既符合中國的憲政和法律體制，又是 "一國" 和 "兩制" 的絕妙結合。正是從這個意義上說，全國人大常委會並沒有侵犯特區終審法院的終審權，全國人大常委會不是特別行政區終審法院的 "終審法院"，它僅僅行使基本法的最終解釋權，只 "釋法"，不 "司法"，不代替特區法院審理案件，最終審判權（終審權）仍然由特區終審法院行使。因此，全國人大常委會解釋基本法不會侵犯香港特區終審法院的司法終審權和司法獨立。

在 "一國兩制" 體制下，中國行使憲法和法律最終解釋權的機構仍然只有一個，即全國人大常委會，但是行使司法最終裁判權的機構目前已經有三個，即設在北京的內地的終審法院——最高人民法院和分別設在香港、澳門的兩個特區終審法院，這三個終審法院相互之間沒有隸屬關係，各自在自己的管轄區域內行使自己的司法終審權。

結語

香港回歸後，香港的解釋法律制度已經發生了很大變化。在解釋香港的"小憲法"——基本法方面，香港法院解釋憲制性法律的權力得到大大加強，香港法院不僅有權解釋本地立法，而且被授權解釋基本法。在香港回歸中國後，英國樞密院司法委員會對香港享有的司法終審權和法律的最終解釋權，根據基本法被一分為二：終審權被授予了香港特區終審法院，而憲制性法律的最終解釋權則保留給了全國人大常委會。回歸後全國人大常委會作為特別行政區的最高釋法機關開始為香港解釋憲制性法律——基本法，這是回歸後香港新的政制和法制的重要組成部分。

回歸十年以來，人大釋法和香港法院釋法這種"雙軌"釋法制度之間的磨合機制已經初步建立，但是還有許多方面需要完善。可以預見，香港法院將來還會不斷通過判決對基本法的條款作出解釋，而必須由全國人大常委會釋法的情況還會發生。應該承認，無論本地法院釋法或者全國人大釋法，都使得基本法變得更加有血有肉，豐富多彩，推動了以基本法為核心的特區新法律制度的發展，極大擴充、豐富了"一國兩制"的法律內涵，也推動了中國憲法和法律解釋制度的發展。

1. 陳文敏等合編:《香港法概論》,17頁,香港,三聯書店,1999。

2. 英國樞密院司法委員會是英國海外殖民地的最高上訴法院,而英國本土的終審法院則是英國貴族院(即上議院)的上訴委員會。

3. 港人把全國人大常委會解釋法律的制度,簡稱為"人大釋法",這裡也借用這樣的說法。本文也據此把法律解釋制度簡稱為"釋法"制度。

4. Peter Wesley-Smith, *Introduction to the Hong Kong Legal System*, Hong Kong, Oxford University Press, 1987, p.82.

5. 法院在進行非司法審查的普通訴訟中,也會遇到需要釋法的情況。

6. 由於全國人大常委會也是我國的國家立法機關,因此學者也把這種制度稱為"立法解釋"制度。嚴格來講,這個說法是不科學的。在行使解釋憲法和法律職能的時候,全國人大常委會不是以立法機關的身份來解釋憲法和法律的,這個時候它的身份是國家的最高權力機關(在全國人大閉會時)。立法機關解釋法律的制度即使在內地,也有不同看法。見袁吉亮:《論立法解釋制度之非》,《中國法學》1994年第4期;袁吉亮:《再論立法解釋制度之非》,《中國法學》1995年第3期。

7. 張志銘:《中國的法律解釋體制》,載梁治平:《法律解釋問題》,165頁,北京,法律出版社,1998。

8. 梁愛詩:《基本法爭議難預知》,《文匯報》2005年5月5日。

9. 香港大律師公會:《侃侃論法》,28頁,2001。

10. Peter Wesley-Smith, *The Sources of Hong Kong Law*, Hong Kong University Press, 1994, p.33.

11. 《中華人民共和國立法法》第47條。

12. 《立法》第43條規定,國務院、中央軍事委員會、最高人民法院、最高人民檢察院和全國人民代表大會各專門委員會以及省、自治區、直轄市的人民代表大會常務委員會可以向全國人民代表大會常務委員會提出法律解釋要求。

13. 《人民日報》1999年6月23日。

14. Yash Ghai教授對此有深入論述,請參見:Yash Ghai, *Hong Kong's New Constitutional Order,* Hong Kong University Press, 1997, p.193.

15. 其實對國務院提出的釋法請求,全國人大常委會從理論上講可以受理,也可以不受理。

16. 沈宗靈:《比較法研究》,289頁,北京大學出版社,1998。

17. J.E. Levitsky, "The Europeanization of the British Legal Style," (1994) *American Journal of Comparative Law* 42, p.347.

18. 〔英〕丹寧勳爵:《法律的未來》,劉庸安、張文鎮譯,333頁,北京,法律出版社,1999。

19. 同上,24-25頁。

20. 1996年5月15日第八屆全國人民代表大會常務委員會通過了《關於〈中華人民共和國國籍法〉在香港特別行政區實施的幾個問題的解釋》。該《解釋》考慮到香港的歷史背景和現實情況,規定所有香港的中國同胞,不論其是否持有"英國屬土公民護照"或者"英國國民(海外)護照",都是中國公民。但自1997年7月1日起,他們仍可繼續使用英國政府簽發的有效旅行證件〔包括"英國國民(海外)護照"〕去其他國家或地區旅行,但在香港特別行政區和中華人民共和國其他地區不得因持有上述英國旅行證件而享有英國的領事保護的權利。對在外國有居留權的香港特別行政區的中國公民,按照同樣辦法處理其國籍問題。這樣通過法律解釋的方法解決了中國《國籍法》在香港特別行政區適用的空白。1999年全國人大常委會對澳門回歸後澳門居民的國籍問題也作出了類似的特別安排。

21. 例如在我國台灣地區,"大法官會議"負責解釋"憲法"和統一解釋法律,但是沒有司法終審權，"最高法院"和"最高行政法院"有司法終審權，但是無權解釋憲法。歐洲大陸也基本上採取同樣的做法，只是各國根據自己的情況略有不同。見陳愛娥等：《司法與憲法解釋》，載《當代公法新論》（上），711頁，台北，元照出版公司，2002；見李念祖：《司法者的憲法》，台北，五南圖書出版公司，2000；也見：Donald P. Kommers, "Balancing Rights with Duties," in Jeffrey Goldsworthy (ed.), *Interpreting Constitutions: A Comparative Study*, Oxford University Press, 2006, p.172.

論全國人大常委會對特區的違憲審查權

原載蕭蔚雲等主編：《依法治澳與穩定發展》，澳門科技大

學、澳門基本法推廣協會出版，2002

———— • ————

違憲審查是指由一個獨立於立法和行政的國家機構對立法機關制定的法律和行政機關的行政行為所進行的是否符合憲法或者憲法性法律的審查，對於被認定違憲的立法和行政行為，違憲審查機構可以宣佈無效。違憲審查機構可以是普通法院，也可以是專門的憲法法院或者憲法規定的特定國家機關。

在一個民主法治社會，違憲審查是至關重要的，因為它是制約立法和行政甚至司法機關的最後殺手鐧，違憲審查機構是國家權力運用和公民權利行使的最權威的調控者，也是一國（或者地區）最重要糾紛的最後裁判者，是憲法的最有力的保護者和最高發言者。違憲審查制度是否健全是衡量一國是否真正有法治、是否真正實施憲政的試金石。

本文要探討的是香港、澳門兩個特別行政區成立後特區的違憲審查制度問題。這已經成為處理中央與特區關係的一個核心問題，也是處理特區政府內部各機構之間關係的關鍵。本文試圖探討在“一國兩制”之下，到底有哪些機構在特別行政區享有違憲審查權，它們各自的權力到底有多大，應該如何行使各自的違憲審查權等問題。這個問題既是特區基本法上的一個問題，更是中國憲法層面的一個問題，與整個國家的違憲審查制度的發展完善有密切的關係。

根據中國憲法和香港、澳門兩部特別行政區基本法的規定，全國

人大及其常委會作為整個國家的違憲審查機構，當然也是特區的違憲審查機構，在特區享有毋庸置疑的違憲審查權。因此本文著重分析這兩個機構對特區的違憲審查權問題，關於特區法院的違憲審查權問題也將有所涉及。

一、全國人大常委會對特區享有的違憲審查權

根據中國憲法，全國人大常委會作為國家最高權力機關的常設機關，不僅有權對國家的"一府兩院"的行為實施違憲審查，而且可以對省級人大的立法實施違憲審查，是中國主要的違憲審查機構。根據特區基本法的規定，全國人大常委會對於特別行政區立法機關的立法也享有違憲審查權，也是特區的違憲審查機關。

對於特區行政機關的行政行為，基本法只規定特別行政區行政長官依照基本法的規定對中央人民政府和特別行政區負責。[1] 從實踐的情況來看，特區行政長官定期向國務院總理進行述職，這可以視為"對中央人民政府負責"的一個具體表現形式。基本法沒有規定特區行政長官和行政機構要對全國人大常委會負責，因此，可以說全國人大常委會對特區行政機構的行政行為沒有直接的違憲審查權，只能通過對國務院有關行政行為的審查，來間接地對特區的行政進行監督。但是，對特區立法機關的立法，全國人大常委會就明確地享有一定的違憲審查權，這不僅有憲法根據，而且在特區基本法上有充分的授權。全國人大常委會對特區立法享有違憲審查權，主要表現在以下三個方面。

（一）全國人大常委會對特區立法的備案審查權

兩部特區基本法都規定，特別行政區享有立法權。但是特別行政區的立法機關制定的法律須報全國人民代表大會常務委員會備案。這種備案儘管不影響特區法律的生效，但是如果全國人民代表大會常務委員會認為特別行政區立法機關制定的任何法律不符合基本法關於中央管理的事務及中央和特別行政區的關係的條款，可將有關法律發回特區，但不作修改。在發回之前，全國人民代表大會常務委員會需徵

求其所屬的特別行政區基本法委員會的意見。經全國人民代表大會常務委員會發回的法律立即失效。該法律的失效，除特別行政區的法律另有規定外，無溯及力。[2] 基本法的這條規定實際上就是賦予全國人大常委會通過備案的方式有限度地對特區立法行使違憲審查權，儘管迄今為止全國人大常委會還沒有行使過這項權力。

關於這個問題，基本法確立了一種特殊的備案制度。通常的"備案"沒有"批准"的含義。但是，既然全國人大常委會可以將它認為不符合基本法有關條款的特別行政區立法發回特區，也就是拒絕備案，那麼在發回之前，全國人大常委會必須對準備備案的法律是否符合基本法關於中央管理的事務及中央和特別行政區的關係的條款作出一個判斷，這種"判斷"可以說就是一種特殊的違"憲"審查。因此，全國人大常委會對特別行政區立法享有一定的違"憲"審查權，當然這裡的"憲"是指特別行政區基本法中有關中央管理的事務及中央和特別行政區的關係的條款。對特區依據基本法規定就其自治範圍內的事項進行的立法，只要不涉及有關中央管理的事務及中央和特別行政區的關係的條款，全國人大常委會通常只進行一般備案。這種特殊的備案制度的設計是頗費思量的。

在內地，各省、直轄市和自治區的立法也要報全國人大常委會備案，如果全國人大常委會認為某省的某項地方立法違反憲法，根據憲法第 67 條的規定，可以直接撤銷該項省的立法，而不是發回。在內地，全國人大常委會對一般的地方立法和國務院的行政立法享有完全的違憲審查權。

（二）全國人大常委會享有的基本法解釋權

憲法和法律的解釋權儘管和違憲審查權有區別，但毫無疑問，對憲法和法律的解釋權是違憲審查權的重要組成部分，它的行使會極大地影響到違憲審查的進行和結果。香港基本法第 158 條和澳門基本法第 143 條規定"本法的解釋權屬於全國人民代表大會常務委員會"，這實際上進一步肯定了全國人大常委會對特區享有違憲審查權。

1. 中國內地的憲法和法律解釋制度

中國憲法把憲法和法律的解釋權賦予了全國人大常委會，中國內地實行的是由國家最高權力機關解釋憲法和法律的制度，有人稱之為"立法解釋"制度。全國人大常委會的法律解釋是最終的權威解釋，不僅一切行政機關和社會團體必須遵守和執行，而且司法機關在處理具體案件時也必須依據有關解釋來判案。

根據 1981 年 6 月 10 日第五屆全國人大常委會通過的《關於加強法律解釋工作的決議》，凡關於法律、法令條文本身需要進一步明確界限或作補充規定的，由全國人大常委會進行解釋或用法令加以規定。凡屬法院審判工作中具體應用法律、法令的問題，由最高人民法院進行解釋。凡屬檢察院檢察工作中具體應用法律、法令的問題，由最高人民檢察院進行解釋。最高人民法院和最高人民檢察院的解釋如果有原則性的分歧，報請全國人大常委會解釋或決定。2000 年的《立法法》對此也加以了肯定。這說明最高人民法院如果對法律條文本身有疑問，或者最高人民檢察院的解釋與其不同，應該向全國人大常委會申請進行最終的法律解釋。

可見，在中國內地，司法機關如果在審理案件時遇到法律規定不清楚的情況，應該暫時停止審理，首先向最高人民法院尋求對法律的司法解釋。如果最高人民法院不能清楚解釋有關法律，可以由最高人民法院向全國人大常委會尋求最終的解釋。這就是中國的法律解釋制度。全國人大常委會解釋法律，並不是代替司法機關審理案件，它只是行使法律的最終解釋權，而非具體案件的最終審判權。

法律解釋在任何國家都不是越多越好。因此，全國人大常委會解釋法律在中國運用得並不多，尤其憲法性的解釋更是鮮有。最高人民法院基於審理一個具體案件的需要而申請全國人大常委會解釋某一個法律條款的情況，也不多見。[3] 所以，全國人大常委會對法律的解釋通常是不以具體案件的審理為基礎，而是抽象性的，它還可以主動解釋法律。[4] 這就是最高國家權力機關（立法機關）和司法機關的不同之處，最高國家權力機關（立法機關）和行政機關一樣，其行使權力是主動的，司法機關則採用"不告不理"的原則，被動行使司法權。如果法律最終解釋權由司法機關行使，那麼同樣會變成"被動解釋"，這就是普通法的法律解釋制度。

2. 基本法的解釋與違憲審查

現在的問題是，特別行政區基本法是由全國人大制定然而在特別行政區實施的全國性憲法性法律。在處理基本法的解釋問題時，立法者面臨兩難的境地，既要考慮到中國內地的憲法和法律解釋制度，又要考慮到香港、澳門實行"一國兩制"的實際情況。基本法的制定者創造性地解決了這個難題，一方面肯定由全國人大常委會解釋基本法，與內地一般法律的解釋制度相統一，另一方面，由全國人大常委會授權特區法院在審理案件時解釋基本法的條款。但如果要解釋的條款有關中央人民政府管理的事務或中央和特區的關係，那麼特區法院在對案件作出不可上訴的終局判決前，應由特區終審法院提請全國人大常委會對有關條款作出解釋。特區法院在引用該條款時，應以全國人大常委會的解釋為準。但在此以前作出的判決不受影響。可見這是精心設計的特別的法律解釋制度，同時滿足了"一國"和"兩制"的要求。這是一個新的獨特的制度安排。

那麼根據這種安排，全國人大常委會解釋基本法的行為有沒有侵犯特區享有的司法終審權呢？在中國的法律制度裡，憲法和法律的最終解釋權和司法終審權沒有合在一起，不是由一個機構來統一行使的，而是分別由兩個機構來行使。根據中國憲法的規定，憲法和法律的最終解釋權由全國人大常委會行使，[5] 但是中國的司法終審權是由最高人民法院行使的。[6] 在中國內地，人們並沒有因為全國人大常委會行使憲法和法律的最終解釋權而認為全國人大常委會侵犯了最高人民法院的司法終審權，因為全國人大常委會並沒有代替最高人民法院來審理案件，只是進行憲法和法律的最終解釋，司法上的終審仍然由最高人民法院來進行。

關於特區基本法的解釋問題，基本法設定的機制是，基本法條款的"最終解釋權"屬全國人大常委會，但其"最終裁判權"屬特區終審法院。把"最終解釋權"和"最終裁判權"分開，既符合中國的憲法和法律體制，又是"一國"和"兩制"的結合。正是從這個意義上說，全國人大常委會並沒有干涉特區終審法院的終審權，它不是特別行政區終審法院的“終審法院”，全國人大常委會僅僅行使基本法的最終解釋權，並沒有代替特區法院審理案件，最終審判權（終審權）仍然由特區終審法院行使，因此全國人大常委會解釋基本法並沒有侵犯特區終審法院的司法終審權。全國人大常委會充分認識到保持香港司法獨立的極端重要性，絕不會侵犯特區的司法終審權。

實際上，這種法律的最終解釋權和司法終審權由不同機構行使的情況在世界上並不罕見。歐洲大陸各國由於不信奉美國式的“司法優越論”，因此一般都把憲法和法律的最終解釋權和司法終審權分開由不同機構行使。在歐洲大陸國家，法律的最終解釋權一般由憲法法院（或者憲法委員會）來行使，而司法終審權則由普通的最高法院來行使。例如在德國，根據德國聯邦憲法的規定，聯邦憲法法院應聯邦政府、各邦政府以及聯邦議會 1/3 議員的要求，有權就聯邦法律、各邦法律是否違反聯邦憲法和法律進行審查；各級法院在審理具體案件時，如果發現所應適用的聯邦或者某一邦的法律違反聯邦憲法，必須將有關法律提請聯邦憲法法院進行審查、裁判，然後再進行案件的審理。[7] 只是各國行使法律最終解釋權的機構名稱不同，有的叫做憲法法院，有的叫做憲法委員會，中國則是由全國人大常委會來行使這項權力。

在中國台灣地區，司法院大法官會議負責釋法和釋憲。依據現行的“中華民國憲法”及其司法體制，台灣地區各級法院包括最高法院和最高行政法院在審理案件時，雖然可以解釋一般法律，但是如果發現有法律違憲的情況，或者最高法院和最高行政法院對有關法律的解釋不一致，必須暫時中止審訊，而向司法院大法官會議申請解釋有關憲法條款，對有關法律作出是否違憲的判斷，或者對有爭議的法律作出一個統一解釋，然後再據此進行案件審理。儘管行使法律最終解釋權的機構、名稱不同，但是其道理是一樣的。

這樣，在“一國兩制”、“一國多法”的體制下，中國行使法律的最終解釋權的機構仍然只有一個，即全國人大常委會，但是行使司法最終裁判權的機構目前已經有三個，即設在北京的內地的終審法院——最高人民法院和分別設在香港、澳門的兩個特區終審法院，這三個終審法院相互之間沒有隸屬關係，各自在自己的管轄區域內行使自己的司法終審權。

全國人大常委會對特區基本法行使最終解釋權，這既是它對特區享有違憲審查權的重要表現，也是全國人大常委會對特區行使違憲審查的重要方式。通過對基本法的解釋，全國人大常委會可以糾正特區違反基本法的立法和行為。全國人大常委會解釋基本法並不一定要基於特區或者國務院的提請，它可以主動解釋基本法，而且從法理上說，全國人大常委會對基本法的解釋只要不違反"一國兩制"、高度自治的方針，也可以是全面的解釋。

3. 全國人大常委會解釋基本法行為的性質分析

對這種由最高國家權力機關（立法機關）解釋憲法和憲法性法律、而不是由普通的司法機關或者憲法法院解釋憲法和法律的制度，香港人士是比較陌生的。因為在普通法制度下，憲法和法律的最終解釋機關是一般法院；在大陸法體制下，則是專門的憲法法院或者委員會。如果立法機關不同意這些解釋，可以重新立法或者修改法律，甚至發起修改憲法，但是不可以在制定了法律之後再解釋法律。全國人大常委會迄今三次解釋香港基本法，每次解釋之前，都有香港人士建議人大最好修改基本法，進一步明確法律用語，而不要採取解釋基本法的方法解決問題。但是修改法律的前提是法律本身有誤，然而基本法的有關條款本身並沒有錯誤，因此修改基本法成為不可能，只能採取解釋法律的方法。實際上 1996 年和 1998 年全國人大常委會就《國籍法》在香港和澳門特別行政區實施的問題所作出的解釋，也是內地法律解釋很好的例子，但是當時並沒有人對這種解釋的內容和方式提出異議。[8]

全國人大常委會解釋法律問題涉及中國的憲制問題。在中國憲法之下，全國人大常委會是國家最高權力機關的常設機關，也是行使國家立法權的機關。在中國的憲法理論中，法律的解釋權是最高國家權力（立法權）的附屬權力，解釋法律是全國人大常委會作為最高國家權力機關的重要職能之一，因此，它解釋法律的行為具有立法的性質，看起來好像在進行特殊立法，就像在內地當法律制定出來後，有關機關還要制定具體的實施細則一樣，只不過特區基本法的"實施細則”由全國人大常委會分很多次制定罷了。同時，由於憲法和憲法性法律的政治性，使得對憲法或者憲法性法律的解釋不同於對一般法律的解釋，在任何國家這都不是純粹的司法活動。正如凱爾森所言，憲法之解釋，與其認為是純粹的司法行為，毋寧認為是立法行為，還來得正確。[6]因此，按照中國的憲法理論，法律尤其憲法解釋最好由立法機關來負責。

1996 年全國人大常委會就《國籍法》在香港的實施所作出的解釋，填補了《國籍法》沒有規定香港人國籍問題的空白。

人大解釋中國《刑法》等法律也帶有同樣的特點。例如 1999 年12 月 17 日第九屆全國人民代表大會常務委員會第十三次會議應最高人民法院、最高人民檢察院建議對《刑法》第 93 條的解釋，就有這樣的特點。《刑法》第 93 條規定：“本法所稱國家工作人員，是指國家機關中從事公務的人員。”“國有公司、企業、事業單位、人民團體中從事公務的人員和國家機關、國有公司、企業、事業單位委派到非國有公司、企業、事業單位、社會團體從事公務的人員，以及其他依照法律從事公務的人員，以國家工作人員論。”經過“人大釋法”，農村村民委員會等基層組織依法或受政府委託從事村公共事務的管理工作屬依法從事公務，應以國家工作人員論。如果在從事公務時利用職務之便，非法佔有公共財物，挪用公款或者收受賄賂，應當依照《刑法》關於國家工作人員貪污罪、挪用公款罪、受賄罪追究刑事責任，而不應適用《刑法》關於侵佔罪、挪用資金罪和業務受賄罪的規定。這看起來也有修改《刑法》的意思。

從人大解釋香港基本法的方式和程序來看，也遵循了全國人大常委會的一般立法程序。例如 1999 年第一次解釋基本法，國務院向全國人大常委會提出要求解釋基本法的議案，然後由全國人大常委會委員長會議決定是否接受國務院的議案。委員長會議審議了國務院的議案，認為為了保證基本法的實施，由全國人大常委會就基本法有關條款進行解釋，是必要和適當的，因此委員長會議決定將國務院的提案提交全國人大常委會全體會議討論。委員長會議於 1999 年 6 月 22 日將議案提交第九屆全國人大常委會第十次會議審議，並作了說明。第九屆全國人大常委會第十次會議經過認真審議，並徵詢全國人大常委會香港特別行政區基本法委員會的意見，於 1999 年 6 月 22 日通過了對基本法有關條款的解釋。[10] 因此，從整個過程來看，全國人大常委會解釋基本法的行為具有立法的一些特徵，但是不同於制定法律或者修改法律。

全國人大常委會行使憲法和法律的解釋權，從性質上也可以視為其開展違憲審查活動之重要組成部分。因此，它對特區基本法的最終解釋也就是它對特區行使違憲審查權的一個重要方面。

（三）全國人大常委會對特區原有法律的違憲審查

香港基本法第 160 條和澳門基本法第 145 條規定，特別行政區成立時，香港、澳門原有法律除由全國人民代表大會常務委員會宣佈為同基本法抵觸者外，採用為特別行政區法律，如以後發現有的法律與基本法抵觸，可依照基本法規定的程序修改或停止生效。這條規定授權全國人大常委會在特別行政區成立時先行按照對特區成立前的原有法律進行審查，審查的唯一標準就是特區基本法，發現有和基本法抵觸的，就宣佈為無效，其他的得以全部採納為特區的法律，這是非常典型的違憲審查。全國人大常委會據此開展了史無前例的違憲審查，這也可能是憲法史上最大規模的違憲審查，審查法律之多、之複雜前所未有。

香港回歸前的法律體系十分複雜，其憲制性法律是《英皇制誥》和《皇室訓令》，在此之下的香港法律至少包括五大類，即適用於香港的英國的普通法和衡平法、英國國會制定的適用於香港的成文法律、香港本地的法院判例法、香港本地制定的條例和附屬立法以及清朝的一些習慣法。另外港英當局在香港回歸前根據《香港人權法案條例》加緊修改了許多法律，希望中國能夠在香港回歸後保持不變。可見，要對這麼多複雜的法律逐條逐項逐個對照基本法的規定進行違憲審查，而且大部分法律是英文的，其工程之浩大，可以想見。[11]

整個審查工作於 1993 年 7 月開始，1996 年 1 月全國人大香港特別行政區籌備委員會（以下簡稱“籌委會”）正式成立後，新成立的籌委會法律小組又進行了反覆、深入、慎重的研究。“最後，委員們達成了一個共識，即對所有抵觸基本法的情況，都必須作出適當處理。當在處理時應把握一個基本原則，即保持香港現行法律基本不變。在具體處理方法上，可針對抵觸基本法各種情況的不同特點，採取不同的（處理）方式。"[12]

根據法律小組的意見，特區籌委會正式向全國人大常委會提出了《關於處理香港原有法律問題的建議》，對香港原有法律中存在的抵觸基本法的各種情況提出了具體的處理建議。1997 年 2 月 23 日第八屆全國人民代表大會常務委員會第二十四次會議在審議了香港特別行政區籌委會提出的《建議》後，通過了《關於根據〈中華人民共和國香港特別行政區基本法〉第一百六十條處理香港原有法律的決定》（以下簡稱"決定"），詳細規定了對香港原有的各種法律包括普通法、衡平法、條例、附屬立法和習慣法的處理方法。這是對香港原有法律進行的一次全面的"違憲審查"。該決定首先肯定"香港原有法律，包括普通法、衡平法、條例、附屬立法和習慣法，除同基本法抵觸者外，採用為香港特別行政區法律"。然後分門別類對香港原有法律作出了不同的區分，並採取了不同的處理方法。在這個過程中，對絕大部分法律的審查和修改是沒有爭議的，因為大部分審查和修改都是技術性的，原有法律的實體內容並沒有修改，因此並沒有引起社會法律上權利義務關係的實質性變化。對一些有爭議的問題，全國人大常委會在處理時既堅持原則，又有很大的靈活性，十分寬容，體現了中央恪守聯合聲明和基本法，貫徹"一國兩制"、"港人治港"和高度自治的決心和誠意。[13] 總之，在這次前所未有的特殊的違憲審查中，全國人大常委會恰當處理了香港原有法律的過渡，既改變了香港的法統，確立了新的"基本規範"和法律秩序，又沒有對香港原有的法律體系"傷筋動骨"，對香港社會造成動盪，實現了香港政權的平穩過渡。正如香港大學法律學院院長陳弘毅教授所言："總括來說，九七過渡對香港原有法律的衝擊可說是輕微的，無論在民商事、刑事、公法、甚至是人權方面，香港原有法律都可算是——正如《聯合聲明》所言——'基本不變'，香港特別行政區法律對各個人和法人的權益的保護，將一如既往。"[14] 因此這可以說是一次成功的違憲審查。

同樣，在全國人大澳門特別行政區籌備委員會的協助下，1999年 10 月 31 日第九屆全國人民代表大會常務委員會第十二次會議全面系統地對澳門原有法律依照澳門基本法進行了違憲審查，通過了《關於根據〈中華人民共和國澳門特別行政區基本法〉第一百四十五條處理澳門原有法律的決定》，分門別類地對澳門原有法律進行了審查處理。共有 12 部澳門原有法律、法令、行政法規和規範性文件被認定抵觸基本法，因此不採用為澳門特別行政區法律。有三部法律、法令也被認定抵觸了基本法，不採用為澳門特別行政區法律，但澳門特別行政區在制定新的法律前，可按基本法規定的原則和參照原有做法處理有關事務。18 部澳門原有法律、法令中的部分條款被認定抵觸基本法，不採用為澳門特別行政區法律，其他條款繼續適用。其他大部分法律、法令雖然沒有抵觸基本法，但是其中使用的一些名稱或詞句應該改變，決定規定了這些名詞詞句的替換原則。決定還要求對採用為澳門特別行政區法律的澳門原有法律，自特區成立之日起，在適用時應作出必要的變更、適應、限制或例外，以符合中國對澳門恢復行使主權後澳門的地位和基本法的有關規定，還要符合其他一些規定的原則。採用為澳門特別行政區法律的澳門原有法律，如以後發現與基本法相抵觸者，可依照基本法的規定和法定程序修改或停止生效。對澳門原有法律的審查，也沒有對澳門原有的法律體系造成根本的影響，符合基本法規定的澳門原有法律基本不變的原則。這也是一次成功的違憲審查。

　　儘管香港和澳門的原有法律不是特區立法機關制定的，但是既然要採用為特區的法律，作為特區違憲審查機關的全國人大常委會當然有權對這些法律、法令、文件進行全面的違憲審查。全國人大常委會對香港澳門原有法律進行的這種集中時間、集中人力物力、全面系統的審查，在特區成立後，就轉變為對特區立法機關的立法進行日常的備案審查了。

二、全國人大對特區享有的違憲審查權

　　根據上述分析，可以看出全國人大常委會是特區的違憲審查機構。那麼，作為全國人大常委會的上級機關的全國人大是否也是特區的違憲審查機關呢？在中國憲法上，全國人大無疑具有違憲審查權。

這表現在憲法第 62 條規定的全國人民代表大會所享有的權力，其中第 2 項是 "監督憲法的實施"，第 11 項是 "改變或者撤銷全國人民代表大會常務委員會不適當的決定"。可見，全國人大主要的違憲審查對象是全國人大常委會。

從歷史上看，全國人大沒有對其他機構行使過違憲審查權，倒是對自己的立法進行過自我違憲審查。如果要找全國人大進行違憲審查的例子的話，就是全國人大對香港、澳門兩部特別行政區基本法所作的違憲審查。中國憲法是一部社會主義性質的憲法，它規定了中國社會主義的政治、經濟、文化和社會等各方面的制度。但是，1990年 4 月 4 日第七屆全國人大通過的香港特別行政區基本法卻規定在香港不實行社會主義的制度和政策，保持原有的資本主義制度和生活方式，這明顯地違反了憲法。因此，一些香港人士擔心將來香港特別行政區基本法有可能被提起憲法訴訟，並有可能被宣佈為違憲而被撤銷。鑒於此，第七屆全國人大在通過香港特別行政區基本法的同時，通過了一個 "決定"，從而解決了香港特別行政區基本法是否違憲的問題。該決定肯定 "香港特別行政區基本法是根據中華人民共和國憲法按照香港的具體情況制定的，是符合憲法的。香港特別行政區設立後實行的制度、政策和法律，以香港特別行政區基本法為依據。" 這實際上就是一次違憲審查，即全國人大在通過香港特別行政區基本法時，同時對它進行了違憲審查（或叫合憲審查）。全國人大在審查後認為它是合憲的，沒有違反憲法。這就從根本上排除了將來有人認為香港特別行政區基本法違憲，從而提起憲法訴訟的可能。這是新中國立法史上，全國人大第一次公開對一部法律進行違憲（合憲）審查，並正式作出審查結論。

同樣地，1993 年 3 月 31 日第八屆全國人民代表大會通過澳門特別行政區基本法時，也對它進行了違憲審查，通過了一個同樣的 "決定"，解決了其合憲性問題。在中國，香港問題和澳門問題當然是特例。除此之外，中國最高國家權力機關還沒有行使憲法賦予的違憲審查權。

這兩個違憲審查的實例也以慣例的形式解決了應該由哪一個機構對全國人大自己的立法進行違憲審查的問題。憲法只規定了全國人大可以對全國人大常委會的立法進行違憲審查，但是，對全國人大自己的立法由哪個機構進行違憲審查，憲法並沒有規定。根據這個慣例，全國人大要負責對自己的立法進行是否違憲的審查，也就是說全國人大違憲審查的對象除了全國人大常委會等，還有它自己。這已經成為一條不成文的憲法慣例。

基於此，我認為一般情況下全國人大不會對特區直接行使違憲審查權，而是通過對全國人大常委會的行為，包括全國人大常委會的立法、法律解釋和對特區立法的備案審查行為進行違憲審查，來間接地對特區進行監督。

三、人大和特區法院在違憲審查問題上的互動

關於特區法院有無違憲審查權問題，基本法和世界上許多憲法和憲法性法律一樣，沒有明確規定法院是否享有違憲審查權。有學者認為，兩部特區基本法第 11 條都規定，"特別行政區立法機關制定的任何法律，均不得同本法相抵觸"，這說明基本法是特區的最高法律規範，具有真正的凌駕地位，特區的其他一切立法不得違反基本法。這就為建立特區的違憲審查機制提供了憲法性基礎。

那麼由哪一個機關來判斷特區立法是否違反基本法呢？全國人大常委會固然是一個，但它不是唯一的，也不是經常性行使這項權力的機關。香港基本法第 80 條和澳門基本法第 82 條規定，特別行政區各級法院是特別行政區的司法機關，行使特別行政區的審判權。"司法"的"法"當然首先包括特區最高法，即基本法，特區各級法院負有監督實施基本法的職責。加之根據香港基本法第 158 條和澳門基本法第 143 條，全國人大常委會授權特區法院在審理案件時對特區基本法的條款進行解釋的權力，法律解釋與違憲審查是密切相關的。而且，香港基本法第 81 條又規定，"原在香港實行的司法體制，除因設立香港特別行政區終審法院而產生變化外，予以保留"。根據香港學者的研究，在香港回歸前，在普通法體制下，香港已經形成了由普通司法機關即法院負責違憲審查的制度，即司法審查（Judicial Review）制度。在這種制度下，香港法院享有違憲審查權。特區成

立後，根據基本法的這個規定，這種司法審查制度被保留下來了。[15]

　　無論如何，香港回歸中國八年多的實踐證明，香港特區的法院已經多次行使違憲審查權，在有關訴訟中對香港特區本地的立法和行政行為實施是否違反基本法的違憲審查，有些判決還涉及到中國憲法問題。[16] 這確實是一個必須面對的現實問題。

　　至於澳門，原來在葡萄牙的管治之下，只有一審法院（初級法院），上訴案件要由葡萄牙法院直接受理。而有關法律的合憲性審查案件，則只能向葡萄牙的憲法法院提出，[17] 澳門本地是沒有違憲審查權的。由於澳門的情況與香港有很大不同，香港以前已經有司法審查的歷史和經驗，有完整的司法系統，澳門以前則沒有嚴格意義上的司法審查（即對政府抽象行為的憲法性審查），甚至連完整的司法系統也是在回歸前不久建立起來的。[18] 因此，澳門司法機關的違憲審查問題還需要探討。

　　特區法院如果行使違憲審查權，如何處理它和人大違憲審查權之間的關係呢？應該承認，對於內地和特別行政區兩種不同的違憲審查制度，雙方對對方的認識都不夠。在內地的人士看來，由法院來宣佈立法機關通過的法律違憲從而是無效的，這是不可思議的事情，因為在民主體制下，由任命而產生的法官怎麼可以推翻民選機關的決定呢？這是生活在大陸法傳統之下的人們沒辦法理解的。然而，這在普通法區域卻是正常現象。同樣，在香港人士看來，由最高國家權力機關（立法機關）來審查法律和行為是否違憲，這也是不可思議的，因為同一個機構怎麼可以審查自己的決定是否合理合憲呢？普通法有一個諺語，一個人不可以做自己的法官。然而，在內地，在人民代表大會制度之下，這又是符合體制的，是正常的。如果兩地都在各自的範圍內行使自己的違憲審查權或司法審查權，處理自己司法區域內的憲法性案件，這不會產生什麼問題。問題是當出現涉及兩地的憲法性案件和基本法案件時，應該如何處理？兩地的違憲審查機構如何互動？這裡主要有以下兩個問題。

（一）特區法院可否審查全國人大及其常委會的立法

　　在普通法下，法院可以審查立法機關通過的法律。但全國人大及其常委會是否也是特別行政區的最高國家權力機關？這應該是沒有疑問的，而且中國的最高權力機關有權為特別行政區立法，也是特別行政區的立法機關。那麼，特區法院可否審查全國人大及其常委會通過的法律有無違反基本法呢？

答案是不可以。首先，回歸前香港的法院就對英國國會的立法無權實施違憲審查，即使在原來普通法體制下這也是不可能的。[19] 回歸後，儘管香港法院審查的範圍有所擴大，但是全國人大及其常委會通過的法律和決定應排除在其審查的範圍之外，這項限制應該視為基本法第 19 條規定的 "香港原有法律制度和原則對法院審判權所作的限制"。其次，中國的最高權力機關為特別行政區立法的行為是一種國家行為，是代表國家行使主權的行為。而根據香港基本法第 19 條規定，香港特別行政區法院對國防、外交等國家行為無管轄權。既然根本無管轄權，違憲審查也就不存在。所以，從根本上來說，特別行政區法院對全國人大及其常委會的立法包括法律解釋都不可以實施違憲審查。如果特區法院在審理案件中遇有涉及包括國家立法等的國家行為的事實問題，根據基本法第 19 條的規定，應取得行政長官就該等問題發出的證明文件，上述文件對法院有約束力。而行政長官在發出證明文件前，必須取得中央人民政府的證明書。

那麼，如果全國人大及其常委會針對特區的立法包括法律解釋，違反了憲法或者基本法怎麼辦？這是一些人擔心的。如果出現這樣的情況，應該通過中國內地的違憲審查機制來解決，即由中國內地的違憲審查機關來處理。按照中國憲法的規定，目前有權對全國人大常委會的行為實施違憲審查的機構是全國人大。因此，如果全國人大常委會對特區立法的違憲審查有問題，如果全國人大常委會對基本法的解釋違反了 "一國兩制"、"港人治港"、高度自治的立法原則，那麼補救的辦法就是請求全國人大撤銷全國人大常委會的有關決定。這就是目前憲法規定的解決機制。如果內地的違憲審查制度現在還不夠健全，那就應該健全內地的違憲審查制度，而不能以此為藉口否認中央的違憲審查權。

如果說全國人大常委會和特區法院都有違憲審查權的話，前者的違憲審查權是全面的，不僅可以對特區的立法實施一定的審查，而且也有權對內地的立法和行政是否符合基本法的規定實施違憲審查；特區的違憲審查只能面向特區本地的立法和行政，不可以審查全國性法律和中央政府的行為是否符合基本法。

實際上按照目前中國的憲法體制，內地各省、自治區和直轄市的違憲審查機構——它們的人大和人大常委會對上一級立法機關的立法即全國人大及其常委會的立法也是不可以進行違憲審查的，更不用說最高人民法院對全國人大及其常委會的立法進行違憲審查了。在這個問題上，特別行政區基本法並沒有給予特別行政區特別的待遇，與內地一般地方是一樣的，即中央保留了最後的違憲審查權，儘管它可能不經常使用這個權力。

當然，這樣說並沒有否定特區法院對全國人大及其常委會的有關立法行使解釋權。特區法院既然有權解釋基本法，那麼對人大有關特區的其他立法也可以解釋。如果發現這些立法有違反基本法的情況，按照目前的解決機制，特區法院在作出不可上訴的終審判決以前，應該先暫時中止審判，請求全國人大常委會對懷疑違憲的人大法律進行解釋或者違憲審查，然後再按照人大的解釋或者審查結論進行案件審理。如果由於違反基本法而要廢除中央的某一個立法，只能由全國人大及其常委會自己來進行。

（二）全國人大常委會可否審查特區法院的判決

全國人大及其常委會可否對特區法院的判決實行違憲審查呢？根據基本法的規定，特別行政區享有獨立的司法權和終審權，如前所述，全國人大及其常委會不是特別行政區的"終審法院"或者"最高法院"，不會對特區法院在其法定管轄權範圍內進行的判決實行違憲審查。全國人大常委會根據基本法規定享有的基本法的解釋權，並不是一種司法權或者終審權，而是立法權的附屬權力。因此，全國人大常委會解釋基本法的行為不是司法行為。在法理上，"解釋"和"裁判"或者"審理"是不同的概念。全國人大常委會並不具體審理案件，只是說明法律條款的具體含義。根據基本法規定，審理案件的權力屬於特區法院。如果特區法院的判決有違憲的情況，應該通過特區自己的司法機制來加以糾正解決。如果政府對特區法院的判決不滿，可以尋求人大解釋基本法甚至通過法定程序修改基本法，但是不能代替特區法院來審理案件。

在內地，關於人大及其常委會可否對內地法院的判決實施"個案監督"問題，還有一些爭議。全國人大常委會準備起草一個監督法院審判工作的細則，但是據了解，全國人大常委會不會直接辦理或審批具體案件，只是督促法院依法自行糾正、處理有關案件。[20] 我認為，不能因為內地法院現在判案質量比較低甚至有腐敗行為，就由人大代替法院審理案件，因為這樣就會損害另外一個重要的憲法原則，即法院獨立審判原則，而且不利於樹立法院的權威和威信。法院判案質量不高，應該通過提高法官素質、改革審判制度來解決，而不可以因噎廢食，顧此失彼，結果得不償失。

有兩種說法是，英國國會上議院也有司法功能，以此說明中國的全國人大常委會應該也可以進行一定的司法活動；還有，憲法規定全國人大及其常委會是我國的最高權力機關，[21] "最高權力"應該包括司法權。我認為在目前中國的憲法結構下，這兩個說法都是不能成立的。首先英國上議院在英國憲法上的定性就具有司法功能，實際上就是英國法院的重要組成部分，這是歷史形成的，不是可以隨便"學"得到的。[22] 但是中國不是兩院制國家，全國人大及其常委會在中國憲法上的定性也不具有司法功能，因此不可能進行司法活動。至於"最高權力"，我認為就是指憲法第 62 條和第 67 條列舉的各項權力，不包括司法權。"最高權力"就是"最高的權力"，而且僅僅是"最高的權力"，不是"所有的權力"，不可以代替其他國家機構行使各自的憲法權力。如果一定要使全國人大及其常委會像英國國會上議院那樣行使司法權，這也是可以的，但是必須首先修改憲法，擴大全國人大及其常委會的職權，把司法權包括到第 62 條和第 67 條裡邊。這樣全國人大及其常委會就成為中國實際的憲法法院或者最高法院，其運作方式程序等都要相應變化。

如果在內地全國人大常委會都不會對內地法院的判決直接實施違憲審查的話，那麼對高度自治的特別行政區的法院的判決，全國人大常委會就更不會直接行使違憲審查權了。

假設將來全國人大常委會在行使違憲審查權時，採用司法程序，甚至明確它就是中國的憲法法院，或者將來在全國人大之下另設一個憲法法院或者委員會，獨立負責違憲審查，這是否意味着將來特區的司法終審權就要"上交"全國人大常委會或者憲法法院呢？我認為不可能，因為特區的司法終審權不僅受基本法的保護，而且受兩個聯合聲明的保護。即使將來中國違憲審查制度完善了，全國違憲審查機構所享有的權力仍然是基本法規定了的那些（即解釋基本法、對特區立法的本案審查），司法終審權仍然屬特區。

<u>結語</u>

在"一國兩制"之下，這兩種不同的法律觀、兩種不同的違憲（司法）審查制度之間的磨合還需要一段很長的時間。對於特區法院來說，香港特區法院司法審查權的行使遠遠比回歸前的法院活躍，決定事項的重要程度遠比以前的大，範圍比以前的廣得多。而澳門特區法院正在進行有關探索。但是，"我們不可以簡單地說，法院的違憲審查權的範圍越大便越是好事，或者說法院在行使違憲審查權時越多否決立法或行政的措施便越是好事。違憲審查權往往導致法院介入處理一些具有爭議性的社會公共政策問題，在個人權利和社會整體利益之間、在不同的相互矛盾的權益或價值觀念之間進行協調。法院需要學習怎樣適度地行使違憲審查權這種鋒利的武器，並在包括立法、行政和司法的整個政治和法律體制中找尋法院作為司法機關和憲法性法律的監護者的恰當位置。"[23] 特區法院現在可以說正在尋找自己在特區新的憲制架構下、在全國和特區的政治法律制度中的合適的位置。

同樣地，對於特區的上級違憲審查機構即全國人大常委會來說，基本法對全國人大常委會及全國人大違憲審查權的行使，並沒有很多限制。在由普通司法機關或者專門憲法法院負責違憲審查的體制下，由於違憲審查從性質上說屬於司法活動，因此，通常都是被動的，採取不告不理原則，要結合具體案件的審理。但是在中國由最高國家權力機關負責違憲審查的體制下，這一原則並不適用。從理論上說，人大可以根據情況主動對自己的立法、對中央政府的行為、對特區的立法和行政有無違反基本法，實施違憲審查。但是，人大對特區違憲審查權的行使是要遵循一些基本原則的。

這些原則包括：第一，人大對特區違憲審查的主要標準是特區基本法，尤其是基本法關於中央管轄事項和中央與特區關係的條款。當然，中國憲法也是人大必須遵守的最高規範。第二，既然基本法規定人大對基本法的修改都不得同國家對特區 "既定的基本方針政策" 相抵觸，[24] 這實際上是基本法不可以修改的條款，那麼人大對特區的違憲審查也必須符合國家對特區的這些 "既定的基本方針政策"。這些 "既定的基本方針政策" 就是 "一國兩制"、"港人治港"、"澳人治澳" 和高度自治。第三，儘管人大可以主動行使對特區的違憲審查權，但是，人大還是應該非常慎重，儘量少用、不用這個權力。第四，人大行使違憲審查權，不能代替特區立法機關和行政機關的工作，如果特區的立法被宣佈違 "憲"，應該由特區立法機關自行重新立法，而不是由中央代行特區立法。第五，要遵守法定的程序，即釋法以前或者發回特區立法以前，必須徵求其所屬的基本法委員會的意見。人大三次釋法也形成了一些慣例，例如，釋法前，廣泛徵求特區各界、主要是法律界的意見；邀請部分港區全國人大代表列席會議。這都使得人大釋法的制度更加完善。

因此，對於全國人大常委會而言，這也是一個新的挑戰。畢竟特區不同於內地一般的省、市、自治區，如何在實行 "一國兩制" 的情況下，扮演好基本法的監護者角色，做到既維護國家的整體利益，又充分尊重、保障特區的司法獨立和司法終審權，恰到好處地行使自己的權力，並儘快完善內地的法律解釋制度和違憲審查制度，這既是內地法治發展自身的需要，也是處理中央與特別行政區關係、實現並維護國家統一的需要。對國家最高權力機關來說，這也是一個新的課題。

| 註釋 |

1. 香港基本法第 43 條和澳門基本法第 45 條。

2. 香港基本法和澳門基本法第 17 條。

3. 《刑法》自 1997 年修訂以來，全國人大常委會已經進行過七次解釋，有些解釋是全國人大常委會主動解釋的，有些是由國務院提請解釋的，有些是由最高人民法院或者（和）最高人民檢察院提出的。例如，由於最高人民法院與最高人民檢察院的看法不一致，它們曾經就新《刑法》第 93 條第 2 款規定的"其他依照法律從事公務的人員"的含義，請求全國人大常委會進行解釋，2000 年 4 月 29 日第九屆全國人民代表大會常務委員會第十五次會議通過了一個決定，對《刑法》第 93 條第 2 款規定的"其他依照法律從事公務的人員"的含義進行了解釋。但是這次解釋儘管是由最高人民法院等機構主動提出的，但是最後"外在的"表現形式仍然是全國人大常委會的主動行為，即由全國人大常委會委員長會議委託全國人大常委會法制工作委員會提案解釋法律，而不是由最高人民法院直接向全國人大常委會提出解釋法律條款含義的議案。

4. 許崇德：《中國憲法（修訂本）》，210 頁，北京，中國人民大學出版社，1996。

5. 憲法第 67 條。

6. 憲法第 127 條。

7. 李鴻禧：《違憲審查論》，265 頁，台北，台灣大學法學叢書（四十），1990。

8. 1996 年 5 月 15 日第八屆全國人民代表大會常務委員會第十九次會議通過了《關於〈中華人民共和國國籍法〉在香港特別行政區實施的幾個問題的解釋》。該《解釋》考慮到香港的歷史背景和現實情況，採取靈活辦法，圓滿解決了中國《國籍法》在香港特別行政區適用帶來的難題。1998 年 12 月 29 日第九屆全國人民代表大會常務委員會第六次會議作出《關於國籍法在澳門特別行政區實施的幾個問題的解釋》，對澳門回歸後澳門居民的國籍問題也作出了類似的特別安排。

9. 轉引自李鴻禧：《違憲審查論》，297 頁。

10. 《人民日報》1999 年 6 月 23 日，6 月 27 日。

11. 希文：《香港法律發展史上的里程碑——淺談全國人大常委會關於香港原有法律處理問題的決定》，香港《中國法律》1997 年第 2 期，12 頁。

12. 同上，13 頁。

13. 曾育文：《以寬容態度處理香港原有法律》，《大公報》1997 年 2 月 5 日。

14. 陳弘毅：《香港回歸的法學反思》，《法學家》1997 年第 5 期，59 頁。

15. 陳弘毅：《論香港特別行政區法院的違憲審查權》，《中外法學》1998 年第 5 期，12 頁。

16. 同上。

17. 趙秉志、高德志：《澳門法律問題》，16-17 頁，北京，中國人民公安大學出版社，1997。

18. 蕭蔚雲：《一國兩制與澳門特別行政區基本法》，232 頁，北京大學出版社，1993。

19. Albert H. Y. Chen, *"The Court of Final Appeal's Ruling in the 'Illegal Migrant' Children Case: Congressional Supremacy and Judicial Review,"* Law Working Paper Series Paper No.24, Faculty of Law, the University of Hong Kong, March 1999.

20. 全國人大內務司法委員會 1999 年 8 月 24 日向九屆全國人大常委會第十一次會議提請審議了全國人大常委會關於對審判、檢察工作中重大違法案件實施監督規定的草案。見北京《光明日報》1999 年 8 月 25 日。

21. 憲法第 57 條。

22. Richard Ward, *English Legal System*. London, Butterworths, 1998, p.166.

23. 陳弘毅：《論香港特別行政區法院的違憲審查權》，18 頁。

24. 香港基本法第 159 條和澳門基本法第 144 條。

關於"人大釋法"的幾個問題

原載香港《文匯報》、《大公報》2005 年 4 月 10 日

——————— • ———————

香港和內地實行不同的法律和司法制度,在"一國兩制"之下,兩種不同法律制度需要磨合,這種磨合並非無原則地妥協,不是我吃掉你,也不是你吃掉我,而是要互相忍讓,互相適應,和諧共處。二者應該是"和而不同",而非"同而不和"。全國人大常委會在有需要的時候解釋基本法,正是兩種法律制度進行"君子式"磨合的重要機制,是好事情,是正面的。

我今天想談兩個問題:處理領導人缺位繼任問題的一般做法以及人大釋法。

一、各國處理繼任人任期有共同規律

第一個問題,各國在領導人缺位時,怎樣處理繼任人的任期,是有一個共同遵守的規律的。我們的研究發現,當繼任領導人的產生機構是由前任領導人的產生機構來產生的話,那麼繼任領導人的任期就是剩餘任期。比方說,美國、英國,當這兩個國家出現總統或首相出缺,也是由同一個選舉機構選出繼任人。在美國,由同一個總統的選舉團,來選繼任總統,只不過是在選總統時,同一時間把後備總統也選出來;英國,由同一個議會的執政黨選出繼任人。他們的任期都是前領導人剩餘的任期,這是共同規律。但是,在世界上也有例外的情況,就是繼任人是新的任期,法國便是這個情況。法國憲法規定,如

「一國兩制」與基本法:歷史、現實與未來

果出現總統辭職，在 35 天之內要舉行總統選舉，產生的總統是新的完整的任期。為什麼呢？法國不是由產生前任總統的產生機構選出新總統，而是由另一個選舉團選出。

根據基本法規定，在 2007 年前出現特首缺位情況，產生繼任特首是由同一個選舉委員會選舉新的特首。那便符合國際上的慣例，即由同一產生機構選出的領導人任期是上任的剩餘任期。為什麼是這樣的呢？原因是民意和合法性都是有時效的，過去的便作廢，舊的民意不能代替新的民意，舊的合法性不能代替新的合法性，否則便會產生真正的憲制危機。

政府換屆的含意，就是更新政府的民意基礎及合法性。所以，新特首的任期是剩餘任期，這是符合各國憲法處理這個問題的規律和原則。

二、算不算一屆也有成熟國際慣例

3 月 30 日，我在報紙上發表過一篇文章，談到剩餘任期算不算新的一屆任期，如果一個人做了兩年，他還能多做一屆還是兩屆的問題。我看到香港的報紙上說，這個王振民是今日的王振民打倒昨天的王振民。我今天要如實地向各位彙報這個情況，媒體記者可以作證。在過去一段時間，王振民除了體重增加之外，沒有變化。我自己沒有變，可能有些人變了，有些人原來說（新特首任期應）是兩年，後來說五年；有些人原來要求人大釋法，後來反對人大釋法，所以變的好像不是我。

關於剩餘任期算不算新一屆任期的問題，也有一些成熟的國際慣例，以及我們國家的做法可作參考。如果繼任特首的任期超過一個完整任期的一半時間，從學理上說，應該算是一屆。比方說，如完整任期是五年，而繼任特首的剩餘任期是三年，便算是一屆，他日後再選，只可多做一屆。如剩餘任期不到完整任期的一半，比方說做了一年或兩年，從道理上說，不能算是一屆。新特首應該可以還有兩次（連任）機會。這是一個普遍遵守的規律。

由全國人大常委會解釋法律包括香港基本法，是中國憲法和基本法確立的一項基本政治和法律制度，是特區新的政制和法治的重要組成部分，它既是"一國兩制"的應有之義，也是貫徹實施"一國兩制"和基本法的重要機制，是中央依法治港的重要方法。現在社會各界對即將於 7 月產生的新特首的任期有不同的理解，在沒有其他處理辦法解決問題的情況下，由人大再次解釋基本法有關條款就是不可避免的。

任何完備的法律條款都是有灰色地帶的，即使是最具遠見的立法者窮其心智也無法制定出一部十全十美的法律。人的生命在於運動，法律的生命在於運用。法律的文字是死的，但是生活之樹是常青的。對於法律條款的含義，見仁見智，人們有不同的理解是正常的。因此，在運用、實施法律的時候，對含義不夠清楚的條款或者由於新情況的出現，由有關機關對法律進行解釋就是不可避免的。這不是破壞法治，不是什麼不好的事情，相反這是消除法律灰色地帶，明辨是非曲直，解除民眾困惑，從而更好地實施法律的必要手段。法律的解釋制度是各個國家、各個地方法律制度的重要組成部分。缺少法律解釋制度，或者需要解釋法律的時候，法律解釋機制卻不能發揮作用，這樣的法治不是完備的法治。

至於由哪一個機構解釋法律，各國各地的規定是不同的。香港社會十分熟悉普通法的法律解釋制度，即由法院解釋法律，但是我們也要注意到其他不同的法律解釋制度，例如歐洲大陸國家和祖國內地的。

四、人大釋法是"一國兩制"的應有之義，是磨合兩種法制的重要機制

正是基於香港和內地實行不同的法律解釋制度，基本法第 158 條才一方面重述憲法的規定，肯定全國人大常委會是基本法的法定解釋機關，另一方面授權香港法院可以解釋基本法。因此，基本法第

158 條完美地把 "一國" 和 "兩制" 結合起來，最佳地體現了 "一國兩制" 的精神。

由香港法院解釋基本法，這是 "一國兩制" 的內在要求，同樣道理，由全國人大常委會解釋基本法，當然也是 "一國兩制" 的應有之義。由香港法院解釋基本法，這是實施 "一國兩制" 和基本法的重要方法，同樣道理，由全國人大常委會解釋基本法，也是貫徹實施 "一國兩制" 和基本法的重要方法。

我們深深認識到，香港和內地實行不同的法律和司法制度，在 "一國兩制" 之下，兩種不同法律制度需要磨合，這種磨合並非無原則地妥協，不是我吃掉你，也不是你吃掉我，而是要互相忍讓，互相適應，和諧共處。二者應該是 "和而不同"，而非 "同而不和"。全國人大常委會在有需要的時候解釋基本法，正是兩種法律制度進行 "君子式" 磨合的重要機制，是好事情，是正面的。

五、人大釋法是香港新政制和法制的有機組成

由香港法院解釋基本法，這是香港回歸後新的政制和法治的重要內容，同樣道理，由全國人大常委會解釋基本法，當然也是香港回歸後特區新的政制和法制必不可少的因素，它已經內化為香港本地政治和法律制度的有機組成部分，應該正常化，應以平常心來看待。全國人大常委會既是內地法定的、最權威的法律解釋機關，也是 "我們香港" 的最權威的基本法的解釋機關，而不是 "人家的"、外來的法律解釋機關。香港特區終審法院在自己的判決中也早已明確，對人大釋法，特區法院必須遵守執行。

香港回歸以前，談到當時香港的政治和法律制度，我們不能不談英國女王、英國議會和英國樞密院司法委員會（Judicial Committee of the Privy Council），因為她們決定香港的憲制乃至所有案件的終審，這些是當時香港政治法律制度的重要組成部分。香港回歸後，中國政府通過基本法把原來英國中央政府對香港行使的許多權力授予給香港，自己只保留了很少一部分權力，人大釋法就是其中之一。今天當我們談論香港新的政制和法制的時候，是不能不談

人大釋法的，這是香港新的政治法律制度的重要組成部分，是香港回歸祖國帶來的法統和憲制秩序根本轉變的必然反映。

六、行政長官有權報告國務院請求全國人大常委會解釋基本法

有人認為，行政長官無權主動報告國務院請求全國人大常委會解釋基本法，如果要釋法，只能由特區終審法院根據基本法第 158 條提請全國人大常委會對基本法作出解釋。這種看法是不全面的。根據基本法第 43 條規定，行政長官是香港特別行政區的首長，代表香港特別行政區。這就是說，行政長官不僅僅是特區政府行政部門的首長，而且是整個特別行政區的首長。基本法第 43 條還規定行政長官依法對中央人民政府和香港特別行政區負責。第 48 條規定行政長官行使的職權包括負責在特區執行基本法。

在特別行政區，貫徹實施基本法的主體從政府層面看主要有兩個，一是行政長官，二是特區司法機關，這兩個機關都負有貫徹實施基本法的憲制責任。但是，二者實施基本法的責任大小和方式有所不同。行政長官是特區貫徹實施基本法的第一責任人，他或者她要對特區實施基本法的總體情況向中央和特區人民負責。就方式而言，司法機關實施法律是被動的，採取不告不理的原則，必須有案件發生並被訴諸法院。行政長官則必須主動實施基本法，要不斷地推動基本法的落實，例如行政長官可以宣傳推廣基本法，法院則要在後邊就發生的問題作出裁決。一個在前，一個在後。

既然這二者都是實施基本法的主體，都是該法律關係的直接當事人，尤其行政長官還要對特區實施基本法的總體情況向中央負全責，他或者她當然應該把實施基本法中遇到的問題如實向中央報告，並提出解決問題的建議。特別是當在實施基本法過程中遇到了嚴重困難，發生了重大事項，對基本法的有關規定產生了重大歧義，可能導致基本法無法繼續執行下去，在這種情況下，行政長官有憲制上的責任和權力立即向中央人民政府報告，尋求中央政府解決自己不能解決的問題，以保證基本法能夠得到繼續貫徹執行。國務院研究行政長官提交

的報告後，如果認為事關重大，就會主動向全國人大常委會提出請求解釋基本法有關條款的議案。

此外，人大常委會根據基本法第 158 條的規定，有權主動解釋基本法，並不一定以法院訴訟的存在為前提和基礎，認為只有特區法院提請，人大才可以釋法的觀點是不準確的。Yash Ghai 教授在 *Hong Kong's New Constitutional Order* 一書中對此作過深入的研究。

七、人大釋法是維護特區法治之舉

保持香港良好的法治是香港得以繼續成功的重要條件，沒有了法治，也就沒有了一切。在這個問題上，中央與香港各界的看法是完全相同的。我們不要低估中央對維護香港法治的決心。

什麼是法治（rule of law）？法治就是法律之治，它要求奉法律為至高無上的權威。在各種各樣的法律裡邊，憲法具有最高法律效力，法治實為憲法之治（rule of constitutional law）。捍衛法治，首先必須捍衛憲法的權威。對於特別行政區而言，除了國家的憲法，基本法具有最高的法律效力，在各種法律中具有憲制上的凌駕地位，因此特區的法治可謂 "基本法之治"（rule of the Basic Law），捍衛基本法的權威和尊嚴，就是捍衛法治的權威和尊嚴，如果作為特區小憲法的基本法不能被全面、準確地貫徹實施，何來法治？

八、人大釋法是中央依法治港的重要方法

通過人大釋法，把基本法有關條款的含義、把有關立法原意準確地告知社會各界，這有利於基本法的貫徹實施。正是從這個意義上說，人大釋法不是破壞香港的法治，恰恰是在捍衛法治。難道人大常委會捍衛基本法的權威，使基本法得到全面準確實施，不是捍衛法治、維護法治的表現嗎？

需要特別指出的是，人大只釋法，不司法，不處理具體案件。根據中國憲法，人大常委會負責釋法，最高人民法院負責內地的司法終

審。根據基本法，人大常委會只負責解釋基本法，司法終審權由特區終審法院行使，人大常委會並不代替特區終審法院行使司法終審權。從這個角度來說，人大釋法也沒有破壞特區的司法獨立和法治。

依法治國是祖國新的治國方略。依法治國要求任何政府機關的任何行為都必須有嚴格的法律依據，並必須嚴格依照法定程序。在管治香港問題上，毫無疑問更要貫徹法治原則。基本法是把香港特區與祖國內地和中央聯結起來的一部法律，是中國管治香港的根本大法。人大常委會適時釋法，既捍衞了特區的法治，也是中央依法治港的重要方法和渠道，是中央對香港特區承擔的重要憲制責任。

九、人大釋法沒有侵犯特區的高度自治權

香港回歸祖國近八年來，全國人大常委會迄今只對基本法進行過兩次解釋。就數量而言，相比特區法院對基本法的解釋這是非常少的。我們要特別注意，根據基本法第 158 條，儘管人大對基本法的所有條款都有解釋權，但是，人大對基本法的前兩次解釋包括這次可能的再次解釋，都是針對有關中央與特區關係的條款或者涉及中央依法負責的事項的條款進行解釋，並沒有進入特區高度自治的領域，沒有侵犯特區法定的高度自治，那種認為人大只要一釋法，就侵犯了特區高度自治的說法是不正確的。

還需要指出的是，儘管人大常委會有權解釋基本法，但是絕對不是說人大常委會可以隨意解釋基本法。我們知道，特區法院解釋基本法是非常嚴肅的。同樣，人大釋法也是非常嚴肅、非常慎重的。特區法院釋法要聽取雙方的辯論，而人大在釋法之前，則要廣泛地徵求各界包括法律界的意見，尤其是其所屬的基本法委員會的意見，可以說徵求意見的範圍更廣泛；人大常委會的委員們對一個法律解釋案的審議，其認真程度絲毫不亞於法官解釋法律條款的認真程度。人大釋法是非常嚴肅認真的國家行為。

十、人大釋法維護了特區的繁榮穩定和社會和諧

從人大常委會釋法的作用來看，其效果、其積極作用是有目共睹的。1999 年 6 月 26 日第九屆全國人民代表大會常務委員會對基本法第 22 條第 4 款和第 24 條第 2 款第 3 項的解釋，解決了困擾特區政府和各界的一個十分棘手的問題，避免了可能的管治危機。2004 年 4 月 6 日第十屆全國人民代表大會常務委員會對基本法附件一第 7 條和附件二第 3 條的解釋，為特區政治改革清楚地指明了方向，使香港民主政治得以朝着基本法規定的方向繼續健康地向前發展。如果我們再往前追溯，1996 年 5 月 15 日第八屆全國人民代表大會常務委員會就《中華人民共和國國籍法》在香港特別行政區實施的有關問題進行了解釋。這次釋法，保證了香港居民在回歸後可以繼續享有遷徙、旅行的人身自由。

人大釋法的實踐證明，人大釋法有力地維護了香港的繁榮穩定和香港社會的和諧有序，完全是為了香港民眾的福祉。人民的福祉就是最高的法律。中央在香港的最大利益就是特區的繁榮穩定和特區居民的安居樂業，中央採取的一切行動包括人大釋法，無一不是為着這個目的。

人大釋法與其說是權力，毋寧說是人大的憲制責任和義務。在需要解釋法律的時候，人大如果不解釋法律，那就是失職，這種失職可能會對"一國兩制"和基本法的實施，對法治的維護，對香港 680 萬同胞的長遠利益和根本利益造成不可彌補的損失。在上述那些情況下，假設人大不果斷釋法，那將產生什麼樣的政治、經濟、法律和社會後果呢，將會產生什麼樣的國際影響呢？因此，在需要釋法的時候，全國人大常委會有憲制上的權力、也有憲制上的責任適時解釋基本法的有關條款。人大釋法不可以簡單地說越多就越好，或者越少就越好，而是必須根據情況，有需要就釋法，恰到好處就最好。

結語

制定、實施基本法是前無古人的偉大事業。在實施基本法過程

中，人們對基本法的條款有不同的解讀是很正常的。從某種意義上說，通過我們的交流、溝通乃至辯論，反而會加深我們對基本法的理解，從而更好地認識基本法的原則精神。真理總是越辯越明。只要我們以香港同胞的利益和共和國的榮譽為重，事事出於公心，就沒有什麼障礙困難是不能克服的。

著名科學家愛因斯坦（Albert Einstein）曾經說："世上沒有什麼比立了法卻不能執行更能使政府和法律名譽掃地的了。"（Nothing is more destructive of respect for the government and the law of the land than passing laws which cannot be enforced.）法律使我們變得崇高，但我們也必須尊重法律，遵守法治的精神。基本法捍衛了我們的人權和自由，反過來，基本法也需要我們的呵護、珍惜和關愛。只有人人成為"護法"，法治之樹才會常青，人權自由才會永存。

04

對基本法關於特首任期規定的理解

中新社 2005 年 3 月 30 日，收錄時有刪節

————————— ● —————————

一、如何全面準確理解基本法第 46 條

香港基本法第 46 條規定："香港特別行政區行政長官任期五年，可連任一次。"香港法律界有些人士認為這一條款是指所有行政長官，不管何時產生、什麼情況下產生的行政長官，只要擁有"行政長官"的頭銜，他或者她的任期都是五年。而且，這已經規定到香港特區 2001 年 9 月制定的《行政長官選舉條例》中。這體現了英國普通法對法律條款的理解，主要強調字面解釋。然而，這種理解是不全面、不準確的。

基本法第 46 條有兩層含義，第一是作為一個政府職位（Post）的行政長官，其法定任期是五年，也就是說在法律上這個職位存在的時間間隔是五年，不可縮短，也不可延長，屆滿就要換屆。更換新一屆行政長官，就是更換政府。至於在法定五年的時間內由一個或兩個人擔任行政長官，領導特區政府，法律沒有限制，這就說明在政府五年的法定任期內，可以是一人，也可以是兩人做特首。如果是兩人擔任特首，則兩人擔任特首的時間之和不能超過一屆政府的法定五年任期。

第二層含義是指作為一個個人的行政長官，其延續擔任行政長官不可超過兩次，即 10 年。也就是說，一個人擔任行政長官最多兩

次。可見，第 46 條的第二層含義是在講一個人擔任行政長官的最長時間限制。

　　準確地講，基本法第 46 條應該是兩句話，這樣表述可能更清楚："香港特別行政區行政長官任期五年。一個人擔任行政長官只可連任一次（或者說連續任職不得超過兩屆）。"第一句話講的是職位，第二句話講的是個人。第 46 條的英文翻譯就用了兩句話，也就更準確地表達了這個立法原意，即：

　　"*The term of office of the Chief Executive* of the Hong Kong Special Administrative Region shall be five years. *He or she* may serve for not more than two consecutive terms."

　　如果這樣來看，情況就非常清楚了，第 46 條首先規定以行政長官為首的特區政府每屆任期是五年。這五年之中，無論發生什麼情況，無論政府高官如何變換，無論更換幾個行政長官或者政務司長，政府的任期是法定的，就是五年。但是，一個人如果連續擔任行政長官，則不能超過兩屆。

　　法律界一些人士對這一條的誤解是把作為個人的行政長官和作為職位的行政機構混在一起。這是香港過去政治體制的習慣，例如回歸前香港的布政司、財政司、律政司，首先是指個人，然後才是機構。這也是英國的憲法慣例，例如英國人理解國王就是一個人，一個家族，很少從一個國家機構的角度來理解國王，英國人心中只有國王，沒有國家。香港受英國的影響極深，因此只把第 46 條理解為個人，誤以為作為個人的行政長官其任期也必須是五年。

二、中國憲法關於國家職位的期限和領導人連續任職的規定

　　憲法第 60 條規定："全國人民代表大會每屆任期五年。"

　　第 66 條規定："全國人民代表大會常務委員會每屆任期同全國人民代表大會每屆任期相同，它行使職權到下屆全國人民代表大會選出新的常務委員會為止。委員長、副委員長連續任職不得超過

兩屆。"

第 79 條第 3 款規定："中華人民共和國主席、副主席每屆任期同全國人民代表大會每屆任期相同，連續任職不得超過兩屆。"

第 87 條規定："國務院每屆任期同全國人民代表大會每屆任期相同。總理、副總理、國務委員連續任職不得超過兩屆。"

由上述規定我們可以看出，當國家職位和機構的最高領導人名稱不同時，憲法就用兩句話來規定，即先規定該職位每屆的任期，然後再規定最高領導人個人任期的限制。例如憲法關於全國人民代表大會常務委員會每屆任期的規定和對委員長、副委員長連續任職不得超過兩屆的規定，還有關於國務院每屆任期的規定以及對總理、副總理、國務委員連續任職不得超過兩屆的規定，都是如此。

但是，當國家職位和最高領導人的稱謂相同時，例如國家主席和副主席，既指職位，又指個人，憲法的規定就省略成一句話，也就是憲法第 79 條第 3 款規定的 "中華人民共和國主席、副主席每屆任期同全國人民代表大會每屆任期相同，連續任職不得超過兩屆"。這裡儘管是一句話，但絕不是說機構和個人就可以混淆在一起了。憲法第 79 條第 3 款實際上也有兩層含義，即首先中華人民共和國主席、副主席作為國家的元首機構每屆任期五年；其次作為個人的主席、副主席連續任職不得超過兩屆。

基本法關於特區首長的規定就是如此，職位和名稱相同，這樣基本法第 46 條才會是一句話，而不是兩句話。但是英文翻譯無法簡略，只能翻譯成兩句話。理解基本法的有關規定，不能不考慮基本法制定的憲制背景，不能不考慮中國的憲法解釋理論和實踐。基本法是中國憲法在特別行政區的延伸和拓展，是憲法的子法，它不可能脫離中國憲法發展出一套完全不同的法律哲學。特區行政長官是根據中國法律產生的一個政府職位，毫無疑問應該按照同一原則來理解其任期問題，這也是為什麼基本法第 46 條沒有再對此加以特別規定的原因。

三、基本法規定的特區政治體制是獨特的

香港特別行政區基本法規定的政治體制既不同於內地的人民代表大會制，也不同於美、英、法等國以及其他任何一個國家的制度。

根據基本法，香港特區政治體制實際上劃分為兩個階段：第一個階段是 2007 年以前，第一屆行政長官人選由一個推選委員會推舉產生；第二屆行政長官由一個具有廣泛代表性的選舉委員會來選舉，如果在同一個任期內出現行政長官空缺的情況，也由同一個委員會補選。這就是為什麼基本法規定選舉委員會成員有五年任期的原因。可見，在 2007 年以前這實際上是一個常設委員會。根據一些基本法起草委員會委員的回憶，這是一個過渡安排，大家當時認為，基本法只明確規定前兩屆政府如何組成，從第三屆政府開始，可以採取另外的辦法產生行政長官。如果決定從第三屆開始，改變行政長官的產生辦法，那麼從 2007 年開始就進入香港特區政治發展的第二個階段。

第二個階段就是 2007 年以後，特首的產生辦法可以依照基本法的規定進行修改。2004 年 4 月特區政府正式向中央提出修改第三屆特區政府的產生辦法，全國人大常委會也已經決定可以修改 2007 年後特首的產生方法。因此，2007 年以後香港特區可以實行另外一套與 2007 年以前不同的行政長官產生辦法。至於 2007 年以後如果產生特首缺位的情況如何處理，那有待新的法律來規定。

可見，根據香港和整個國家的實際情況，借鑒國外的有關規定，基本法為香港特別行政區提供了一個獨特的行政長官制度，包括任期換屆和缺位時如何處理的制度。2007 年以前產生的任何行政長官無論如何不能跨越 2007 年，因為基本法附件一明確以 2007 年為界，2007 年前後香港可能採取不同的方法產生行政長官，其法律和法理依據不同。第一屆和第二屆，也就是前 10 年行政長官的產生方法基本法已經有明確安排，這期間如果出現行政長官變動的情況，毫無疑問，要採用同一法律制度進行補選，而補選行政長官並非政府換屆，而是政府更換領導人。政府換屆、第三屆特區政府履新要到 2007 年，而非 2005 年。

2004 年 4 月全國人大常委會對基本法的解釋及隨後就特區政治

改革所做的決定也非常明確地指出，2007 年才是特區第三屆政府產生的時間。因此，2007 年之前發生的人事變動都是第一屆或者第二屆任期內的事情，不能影響 2007 年第三屆特區政府的產生。

　　理解特區行政長官的任期，我們還要結合基本法附件一有關行政長官產生辦法的規定，不能孤立地看基本法第 46 條，應該一併研究基本法第 53 條、第 45 條和基本法附件一，研究基本法制定的過程、有關條款的立法原意以及 2004 年全國人大常委會對基本法的解釋和作出的相關決定。這樣才能弄清基本法有關規定的真實意思。

四、關於選舉委員會的任期

　　第二任行政長官選舉委員會是 2000 年 7 月 14 日組成的，有 800 個成員，來自 38 個界別，代表不同行業、專業、勞工、社會服務團體及區域組織。按照基本法的規定，選舉委員會委員任期五年，到 2005 年 7 月 13 日期滿。而第二任行政長官的法定任期從 2002 年 7 月 1 日到 2007 年 6 月 30 日。可見，第二任行政長官選舉委員會的任期和第二任行政長官的任期有近兩年的時間差。這是可以理解的。

　　我們知道普通法（common law）經常講常理（common sense）。試想，如果第二任行政長官選舉委員會的任期和第二任行政長官的任期完全重合，都是從 2002 年 7 月 1 日到 2007 年 6 月 30 日，行政長官選舉委員會根本無法在 2002 年 7 月 1 日同一天選出行政長官並讓行政長官上任，因為還有中央任命的程序需要完成。即使當天選出並使行政長官上任，香港還是有一段時間會出現權力真空、沒有行政長官的情況，這是一個法治社會所不允許的。因此，第二任行政長官選舉委員會提前產生並開始運作，與第二任行政長官的任期有近兩年的時間差，這是科學合理的。

　　如果在第二任行政長官選舉委員會五年任期之內出現行政長官變動的情況，自然應該由該選舉委員會補選。但是由其選出的任何行政長官，包括原來的和後來補選的行政長官，他們的任期都不可跨越第二屆行政長官五年的法定任期，因為這是第二任行政長官選舉委員會，只能選舉第二任行政長官，不可代行 2007 年以後行政長官選舉機構的職權。

有人會說，第二任行政長官選舉委員會的任期到 2005 年 7 月 14 日截止，這以後就沒有第二任行政長官選舉委員會了，如果 2005 年 7 月 14 日到 2007 年 6 月 30 日期間出現第二任行政長官空缺的情況，如何補選行政長官？從道理上講，還應該由原來的第二任行政長官選舉委員會來補選，但是這需要對基本法附件一的有關規定進行法律解釋，以延長第二任行政長官選舉委員會的任期至 2007 年 6 月 30 日。

05

五次人大釋法與中央對港治理二十年

原為筆者為全國高校形勢與政策課 2016-2017 學年度專用教材所寫的有關 "一國兩制" 與基本法的內容介紹，載於《時事報告・大學生版》2017 年 1 月（總第 78 期）

———— • ————

　　香港的繁榮穩定是黨和國家的大事。習近平總書記 2016 年在中國共產黨成立 95 週年大會上發表的重要講話中重申了中央對 "一國兩制" 的信心和決心，高度關注香港未來發展，意涵深遠。近年來，香港社會發生了諸如 "佔中"、"旺角暴亂" 等事件，個別極端分子甚至鼓吹 "港獨"，企圖把已經回歸的香港重新從祖國分離出去。儘管 "港獨" 永遠都不會得逞，但是由此引發的社會動盪卻對香港的經濟社會發展與國際國內形象產生了很大的消極影響。2016 年 11 月 7 日，第十二屆全國人民代表大會常務委員會於第二十四次會議全票通過了《全國人大常委會關於香港特別行政區基本法第一百零四條的解釋》，明確了原本應當遵守的憲制層面的法律規範，打擊了香港少數當選議員違規宣誓、蓄意宣揚 "港獨" 並侮辱國家和民族的惡劣行徑，捍衛了憲法、基本法的權威和民族尊嚴。

　　1997 年香港回歸至今，共發生過五次 "人大釋法"，每一次都是針對香港遇到的重大問題所進行，釋法內容直接關乎着香港的繁榮穩定，是中央運用法治思維和法治方式治理香港的重要體現。從中，也可以看出中央治港 20 年所取得的成效、面臨的問題，以及應對挑戰背後的思路與脈絡。了解這一過程，有利於深刻認識中央對繼續保持香港長治久安、繁榮穩定的立場、態度與信心。

一、全國人大常委會五次釋法的實踐

（一）什麼是"人大釋法"

"人大釋法"是我國憲法規定的一項基本法律制度。根據憲法，全國人大常委會既是我國的立法機關，也是我國憲法和法律的最終解釋機關。人們形象地把全國人大常委會對憲法和法律包括香港基本法的解釋簡稱為"人大釋法"。"一國兩制"是我們解決歷史遺留的香港問題的基本政策。1990年4月4日第七屆全國人民代表大會制定了香港特別行政區基本法，把"一國兩制"法律化、制度化。1997年7月1日香港回歸，基本法開始在香港和內地生效。從國家層面上，基本法實施的一個重要方式就是通過全國人大常委會的解釋得到落實和完善。因此，人大釋法也是全面準確落實"一國兩制"政策和香港基本法的應有之義。那麼，在什麼情況下全國人大常委會需要對基本法進行釋法呢？基本法第158條規定，本法的解釋權屬於全國人大常委會。這就是說，全國人大常委會可以主動或者應請求根據需要隨時對基本法的所有條款進行解釋。全國人大常委會同時授權香港特別行政區法院在審理案件時可以解釋基本法。如香港特別行政區法院在審理案件時需要對基本法關於中央人民政府管理的事務或中央和香港特別行政區關係的條款進行解釋，而該條款的解釋又影響到案件的判決，在對該案件作出不可上訴的終局判決前，應由香港特別行政區終審法院請全國人民代表大會常務委員會對有關條款作出解釋。如全國人民代表大會常務委員會作出解釋，香港特別行政區法院在引用該條款時，應以全國人民代表大會常務委員會的解釋為準。

需要說明的是，全國人大行使基本法的解釋權與香港司法獨立之間並不矛盾。香港回歸後，根據基本法，香港的司法終審權與基本法的最終解釋權一分為二。一方面，香港享有獨立的司法權和終審權，另一方面，基本法的最終解釋權屬於全國人大常委會。法院的終審權與全國人大常委會對基本法的最終解釋權是並行不悖的兩個權力。香港終審法院在判決書中也清晰指出，"人大釋法"是全國人大常委會的憲制性權力，對香港法院有無可爭辯的約束力，香港法院應該按照"人大釋法"來處理有關案件。

（二）全國人大常委會五次釋法

1. 第一次釋法：解決港人在內地子女居港權爭議

隨着香港回歸祖國，大量香港居民在內地所生子女的香港居留權問題引起香港社會廣泛關注。1999 年 1 月 29 日，香港終審法院作出終審判決，認為基本法第 24 條所指的香港居民所生子女，包括在其父或母成為香港永久性居民之前或之後所生的子女，以及婚生或非婚生子女；且同時宣佈基本法第 22 條第 4 款中對 "中國其他地區的人" 進入香港的限制也不適用於這些人士。該項判決改變了香港的出入境管理制度，立即引發了香港社會的討論和擔憂。香港特區政府的調查統計表明，這項判決可能引發嚴重的社會問題，在此標準下，內地新增加的、具有香港居留權資格的人數將超過 167 萬，佔當時香港總人口的近 1/4。吸納如此龐大的內地人士無疑將給香港帶來巨大壓力，香港的土地和社會資源也根本無法應付大量新進入的人口在教育、房屋、醫療衛生、社會福利及其他方面的需要，這將嚴重影響香港的穩定和繁榮。

香港社會就該判決是否符合基本法產生了爭議。當年度 5 月 19 日，香港立法會通過決議，支持政府要求人大常委會釋法。5 月 20 日，時任香港特別行政區行政長官的董建華向國務院提交報告，認為這一判決內容與香港特區政府對基本法有關條款的理解不同，請求國務院提請全國人大常委會對基本法有關條款作出解釋。國務院對報告進行研究後，向全國人大常委會提出釋法議案。1999 年，全國人大常委會對基本法第 22 條第 4 款和第 24 條第 2 款第 3 項作出解釋。解釋明確規定，所有香港永久性居民在內地所生中國籍子女要進入香港特區，必須依法向特區有關機關提出申請，獲准後方能進入，如未按法律規定辦理批准手續，即屬違法。同時，釋法對香港特區永久性居民範圍進行了更為明確的界定。這次釋法也與第五次釋法相同，是香港社會內部包括香港終審法院與立法會和特區政府之間，就某一重大議題產生分歧，並涉及到中央與香港關係，在此情況下，全國人大常委會通過釋法消除理解分歧，平息社會紛爭，有力防止了大批內地人士無序來港，從而保障了香港社會的繁榮穩定和有序發展。

值得一提的是，面對人大釋法，香港終審法院在該判決的附帶意見中表示，特區法院可審查並宣佈全國人大及其常委會的立法行為無效。這顯然違反了基本法的規定，是對全國人大及其常委會的地位及"一國兩制"的嚴重挑戰。對此，1999 年 2 月 8 日，蕭蔚雲等四位曾參與基本法起草工作的內地法律專家表示：第一，全國人大是最高國家權力機關，人大的立法行為和決定是任何機構都不得挑戰和否定的。第二，香港特區是我國一個直轄於中央人民政府的地方行政區域，特區的這種地位決定了特區終審法院根本無權審查和宣佈人大及其常委會的立法行為無效，否則相當於否定了國家主權。第三，特區終審法院的管轄權是有限的，其中就包括不可質疑國家最高權力機關的立法行為。2 月 26 日，香港終審法院作出澄清判決，表示全國人大常委會的基本法解釋權、全國人大及其常委會依據基本法和基本法所規定的程序行使任何權力，是不能質疑的。這一判決意義重大，它標誌着人大釋法在香港落地，成為香港法治的重要組成部分，也是國家通過依法治港實現"一國兩制"的成功實踐。

2. 第二次釋法：釐清香港政制發展程序

香港回歸前，西方媒體大肆唱衰香港，認為香港回歸中國之日，就是香港衰敗之時。然而，回歸後的五年間，香港社會不僅保持穩定，還在各方面都取得突出成就。不僅如此，中央和特區政府也將根據基本法循序漸進推動民主發展，視為自身的重要責任。從 2003 年開始，香港社會圍繞政治體制發展的討論聚焦到基本法附件一和附件二上。鑒於兩個附件未對 2007 年以後行政長官和立法會的產生辦法加以明確規定，香港社會一部分人藉此大肆鼓吹要在 2007 年第三任行政長官選舉及 2008 年第四屆立法會選舉年實現"雙普選"，並拒絕中央在香港政制發展過程中的主導作用。

香港未來政治體制的發展，關係到"一國兩制"方針和香港基本法的貫徹實施，關係到中央與香港特別行政區的關係，關係到香港社會各階層的利益，關係到香港的長期繁榮穩定。有鑒於此，2004 年 4 月 6 日，全國人大常委會對基本法附件一第 7 條和附件二第 3 條作出解釋。人大常委會第二次釋法，明確了香港政治體制是由全國人大制定的基本法規定的，香港無權自行決定或改變其政治體制。與此同時，本次釋法堅持了循序漸進發展香港政制的原則。這一次釋法為香港政制發展提供了清晰的法律指引，也顯示了中央對循序漸進推進香港民主發展的決心和誠意，在香港政制發展史上具有里程碑意義。

3. 第三次釋法：明確行政長官剩餘任期

2005 年 3 月 12 日，時任香港特別行政區行政長官董建華因健康原因辭職。根據基本法及特區《行政長官選舉條例》的有關規定，須於 7 月 10 日選舉新的行政長官。但是，新行政長官的任期到底是新的五年，還是原來行政長官的剩餘任期（兩年），香港社會對此存在不同意見，這就是所謂的"二五之爭"。特區政府認為，補選產生的新的行政長官的任期應為原行政長官任期的餘下部分。據此，特區政府需要修訂《行政長官選舉條例》，把行政長官職位在原行政長官任內出缺時經補選產生的新的行政長官的任期，以清晰明確的條文規定下來。此種意見遭到包括某些立法會議員及一部分香港市民的強烈反對。有立法會議員公開表示會就《行政長官選舉條例》的修訂草案提出司法覆核，而一旦進入司法覆核程序，香港便不可能在短時間內產生新的行政長官，果真如此，將大大不利於香港的穩定與發展。為此，時任署理行政長官曾蔭權向國務院提交報告，建議提請全國人大常委會對香港基本法第 53 條第 2 款就新的行政長官的任期作出解釋。

國務院研究後認為，特區政府面臨的問題，關係到香港基本法第 53 條第 2 款的正確實施和新的行政長官的順利產生，也關係到此後中央人民政府對特區行政長官的任命，因此向全國人大常委會提出《關於提請解釋〈中華人民共和國香港特別行政區基本法〉第五十三條第二款的議案》。2005 年 4 月 27 日，全國人大常委會對基本法第 53 條第 2 款作出解釋，指出行政長官未任滿五年任期造成行政長官缺位的情況下，新行政長官的任期為原行政長官的剩餘任期，從而避免了一場憲制危機。

4. 第四次釋法：明確香港在對外事務上的權限範圍

2008 年 5 月，一家在美國註冊的公司向香港特別行政區高等法院原訟法庭提起訴訟，要求執行兩項國際仲裁裁決。該訴訟以剛果民主共和國為被告、中國中鐵股份有限公司及旗下三家子公司為連帶被告。剛果民主共和國和中國中鐵股份有限公司及其子公司主張，剛果民主共和國享有國家豁免，香港法院對剛果民主共和國無司法管轄權，且剛果民主共和國多次通過外交渠道向我國政府提出交涉。鑒於案件涉及國家主權和中央人民政府的外交權力，經授權，外交部通過駐香港特派員公署向香港特別行政區政府政制及內地事務局先後發出三封函件，說明中央人民政府關於國家豁免問題的立場，指出我國一貫堅持的國家豁免原則，並且統一適用於全國，包括香港特別行政區，香港特別行政區如果實行與中央立場不一致的國家豁免原則將對國家主權造成損害等。上述函件均由香港特別行政區政府律政司司長作為證據轉交香港特別行政區法院。由於案件涉及香港基本法實施的重大法律問題，香港特別行政區政府律政司司長依法以介入人身份參與訴訟。此案先後經香港高等法院原訟法庭、上訴法庭、終審法院開庭審理。

2011 年 6 月 8 日，香港終審法院作出臨時判決，該判決涉及對香港基本法關於中央人民政府管理的事務及中央和香港特別行政區關係條款的解釋。香港特別行政區終審法院依據基本法第 158 條第 3 款規定，向全國人大常委會提出釋法請求。同年 8 月 26 日，全國人大常委會作出解釋，明確管理與香港特別行政區有關的外交事務屬中央人民政府的權力，香港特別行政區有責任適用或實施中央人民政府決定採取的國家豁免規則或政策，而不得偏離上述規則或政策，也不得採取與上述規則或政策不同的規則。香港終審法院據此判剛果民主共和國政府勝訴。

全國人大常委會第四次釋法強調了國家豁免規則屬外交事務，香港法院無權處理以外國國家為被告或針對外國國家財產的案件。除此之外，這也是香港終審法院首次提請釋法，意義重大，成為香港終審法院與全國人大常委會之間良性互動的典範。

5. 第五次釋法：明確公職人員就職宣誓的憲制含義

2016 年 10 月 12 日，在香港特別行政區第六屆立法會就職宣誓儀式上，少數當選議員故意違反宣誓要求，公然宣揚“港獨”，侮辱國家和民族。一名叫游蕙禎的候任議員在宣誓時，將一面印有英文“香港不屬中國”的旗幟攤在了宣誓桌上，並在接下來的宣誓中將香港稱為國家，把中華人民共和國的“共和國”英文唸成了英語粗口，還將 China 讀成“支那”。另一名叫做梁頌恆的候任議員則在宣誓時將一面宣稱“香港不屬中國”的旗幟披在了身上，而且也在宣誓中把中國稱作“支那”。事實上，所有立法會參選人在選舉前都簽署過一個法定聲明，表明擁護中華人民共和國基本法，效忠中華人民共和國香港特別行政區。香港特區選舉管理委員會為此推出確認書，讓所有參選人清楚明白擁護基本法，包括擁護第 1 條、第 12 條和第 159 條第 4 款，即香港是中國不可分離的部分、香港直轄於中央人民政府，以及基本法的任何修改不得與國家對香港既定基本方針政策有所抵觸。兩人的宣誓被監誓人當場判定無效，他們宣揚“港獨”，侮辱整個中華民族的行徑立即引起香港社會和全球華人的公憤。宣誓鬧劇當天，眾多香港媒體以“冒犯國家同胞無資格做議員”、“全港市民怒斥立法會最醜惡一天”等標題報道此事。在互聯網上，許多海內外華人都表達了對此事的憤慨。

根據基本法第 104 條規定，香港特別行政區行政長官、主要官員、行政會議成員、立法會議員、各級法院法官和其他司法人員在就職時，必須依法宣誓擁護中華人民共和國香港特別行政區基本法、效忠中華人民共和國香港特別行政區；根據香港本地法律《宣誓及聲明條例》第 21 條，如任何人拒絕或忽略作出其必須作出的誓言，則該人必須離任；該人若未就任，則須被取消就任資格。根據香港立法會議事規則，議員如未按照《宣誓及聲明條例》規定進行宣誓，則不得參與立法會會議或表決。2016 年 10 月 18 日，香港立法會主席裁定五名未依法宣誓的候任議員宣誓無效，但同時准許五人重新宣誓。對於這一裁定，香港特區政府和大多數市民十分不滿，香港特區行政長官與律政司司長於當日晚上緊急向香港高等法院申請司法覆核和禁制令，要求推翻立法會主席批准該兩名候任議員重新宣誓的裁定，並於 25 日向高等法院提交修訂入稟狀，要求法庭頒佈兩名候任議員的議席懸空。香港社會包括立法會內部及立法會與特區政府之間對宣誓的有效性，以及是否應該重新安排宣誓等議題產生意見分歧，這也嚴重影響到立法會的正常運轉和香港的政治穩定。

在這種情況下，第十二屆全國人民代表大會常務委員會於 2016 年 11 月 7 日第二十四次會議上全票通過《全國人民代表大會常務委員會關於〈中華人民共和國香港特別行政區基本法〉第一百零四條的解釋》，依據基本法的立法原意對第 104 條內容加以明確。該解釋主要明確以下五方面內容：第一，擁護基本法和效忠特區政府不僅是誓詞內容，亦是擔任公職人員包括立法會議員的法定資格和條件；第二，對宣誓內容和具體形式作了更為細緻的規定，明確宣誓需要準確、完整、莊重；第三，明確不依法宣誓即喪失議員資格；第四，監誓人裁定宣誓無效不得安排重新宣誓；最後，宣誓具有法律約束力，作假誓或有違反誓言的行為均要承擔法律責任。11 月 15 日，香港高等法院作出判決，裁定梁頌恆、游蕙禎二人議員資格被取消。法官認為二人行為客觀及清楚地顯示，無論在形式或內容上，他們均不願依照基本法第 104 條及《宣誓及聲明條例》作出立法會宣誓，因此根據《宣誓及聲明條例》第 21 條規定，梁頌恆與游蕙禎二人依法被取消繼續作為立法會議員的資格。二人隨後提出上訴。11 月 30 日，上訴庭駁回二人上訴。12 月 2 日，律政司代表行政長官，就另外四名立法會議員的誓詞問題向特區高等法院提起司法覆核，要求法庭裁定他們的宣誓無效並頒令相應的議席懸空。

本次釋法非常必要及時，不僅針對立法會宣誓事件亮明了原則底線，堅決遏制"港獨"分子進入立法會，且對今後反對和懲治"港獨"活動提供了堅實的法律基礎，維護了憲法和基本法的權威及香港的法治。

回顧全國人大常委會的五次釋法經過，無論是人大主動釋法，還是國務院或香港終審法院提請人大釋法，每一次都是確有實際需要，都是出現了基本法條文理解上的重大分歧，都是香港無法依靠自身解決、只有通過全國人大常委會釋法才能定紛止爭、維護香港的繁榮穩定。人大釋法是行使國家主權的重要方式，也是回歸後香港法治的重要組成部分，對確保"一國兩制"和香港基本法的全面準確實施，維護香港的繁榮穩定發揮了巨大作用。

二、從人大釋法看中央對香港的治理

（一）堅持"一國兩制"不動搖

"一國兩制"既是我們解決歷史遺留的香港問題的基本方針政策，也是回歸後處理中央與特別行政區關係、貫徹實施基本法的根本準則。從 20 年的實踐來看，"一國兩制"在實踐中已經取得公認的成功，具有強大生命力。當然，作為前無古人的偉大事業，"一國兩制"的實踐不可能一帆風順，會遇到各種風險和挑戰。但是無論遇到多大的困難，我們都要堅定不移貫徹"一國兩制"、"港人治港"、高度自治的方針，不會變，不動搖；同時要全面準確落實，確保"一國兩制"在香港的實踐不走樣，不變形，始終沿着正確方向前進。2016 年 12 月 23 日，國家主席習近平在中南海會見香港特別行政區行政長官梁振英時再次強調，"一國兩制"符合國家利益和港人福祉，符合包括香港同胞在內的全國人民共同心願，中央、特區政府和香港社會要堅定信心、堅守底線、堅決維護，確保"一國兩制"在香港的實踐在基本法軌道上向前推進。全國人大常委會五次釋法正是為了確保"一國兩制"的實踐不走樣，不變形。從中央和內地來說，要充分尊重、堅決維護香港實行的各種與內地不同的制度，不干預香港特別行政區依法自治的事務。從香港來說，必須認識到"一國兩制"的前提和基礎是"一國"，沒有"一國"就沒有"兩制"。因此，在香港不能容許任何人從事任何形式的危害國家主權安全的活動，不容許挑戰中央依法行使的權力和憲法、基本法的權威，不容許利用香港對內地進行滲透顛覆活動、破壞全國的社會和諧和政治穩定，這是"一國兩制"的應有之義，也是貫徹實施"一國兩制"的底線原則。

（二）用好用足憲法法律賦予中央的權力

2014 年國務院新聞辦公室發表的《"一國兩制"在香港特別行政區的實踐》白皮書指出："憲法和香港基本法規定的特別行政區制度是國家對某些區域採取的一種特殊管理制度。在這一制度下，中央擁有對香港特別行政區的全面管治權，既包括中央直接行使的權力，也包括授權香港特別行政區依法實行高度自治。對於香港特別行政區的高度自治權,中央具有監督權力。"白皮書是中央在充分總結"一國兩制"在香港實踐經驗基礎上,全面表明中央對港方針政策的權威性文件,對我們理解中央對港管治權具有重要指導作用。固然,根據基本法,香港特別行政區享有高度自治權,包括行政權、立法權以及獨立的司法權和終審權。這些自治權不僅是內地任何一個省、自治區和直轄市無法比擬的,甚至在很多方面遠遠高於美國等聯邦制國家下一個邦(州)所能夠享有的自治權,例如香港有自己一套獨立的法律制度、有權自主發行貨幣、香港可以參加有關經貿方面的國際組織(例如 WTO)和國際活動,等等。20 年來中央充分尊重、保障特別行政區行使這些高度自治權,沒有干預特區依法高度自治的任何事項。但是,高度自治不是絕對自治,不是中央什麼都不管,對中央政府而言,依法用好用足憲法法律賦予的權力也是"一國兩制"的必然要求,否則就是不作為,這其中就包括全國人大常委會解釋基本法的權力,還包括中央對高度自治的監督。但是,香港社會仍有人把全國人大常委會釋法視為洪水猛獸,深究起來,主要還是因為這些人根本不認為中央應該享有這些權力或者不應該真正行使這些權力,把基本法規定的"五十年不變"理解成了"五十年不管",甚至有意無意把香港視為獨立、半獨立的政治實體。"一國兩制"的成功實踐,既需要保證特區高度自治權的充分行使,也有賴於中央依法行使主權,把中央的事權落實到位;既不亂作為,也不不作為,而必須嚴格依法為所當為。人大五次釋法充分彰顯了中央治理香港的這些思路。

其實,關於這個問題,1987 年 4 月,在會見香港特別行政區基本法起草委員會委員時,鄧小平就有一段非常精闢的闡述:"切不要以為香港的事情全由香港人來管,中央一點都不管,就萬事大吉了。這是不行的。這種想法不實際。中央確實是不干預特別行政區的具體事務的,也不需要干預。但是,特別行政區是不是也會發生危害國家根本利益的事情呢?難道就不會出現嗎?那個時候,北京過問不過問?難道香港就不會出現損害香港根本利益的事情?能夠設想香港就沒有干擾,沒有破壞力量嗎?我看沒有這種自我安慰的依據。如果中央把什麼權力都放棄了,就可能會出現一些混亂,損害香港的利益。"鄧小平的這段話是 30 年前說的,但對當下依然有着非常強的針對性。一段時間以來，"港獨"有愈演愈烈的趨勢，中央多次明確表示"港獨"活動衝擊"一國兩制"的原則底線，是不可容忍的。但是"港獨"分子不僅不知收斂，反而更加肆無忌憚，公然從街頭走向政權機關和學校，公然挑釁基本法權威和"一國"的底線。儘管"港獨"絕不可能成事，但也絕不能放任其蔓延下去，人大第五次釋法就是依法遏制"港獨"惡性膨脹的利器、良藥，獲得了很好的法律和政治效果。

（三）發展經濟、改善民生，循序漸進推動民主

從五次釋法和 20 年來全國人大常委會就兩地關係、香港長遠發展作出的一些決定的內容來看，中央始終堅持發展經濟、改善民生的重要性。無論是 1999 年第一次釋法，或者 2003 年推出的 CEPA（即《內地與香港關於建立更緊密經貿關係的安排》），或者 2006 年就"一地兩檢"作出的決定，20 年來中央持續不斷推出的一系列惠港惠民措施，都着眼於香港的長期穩定發展，讓香港經濟不斷發展，不斷升級，讓香港廣大市民的生活不斷改善，有"獲得感"，讓香港能夠充分享受"一國"帶來的各種好處和便利，搭上國家經濟快速發展的列車，參與中華民族偉大復興的進程，這個思路 20 年來一以貫之，從未動搖，充分體現了中央對香港民眾福祉的關注和關懷。與此同時，中央堅定不移地按照基本法循序漸進推動香港民主政制的發展，人大五次釋法和相關決定涉及政制發展的內容比較多，體現了中央推動香港發展民主的決心和誠意。儘管 2015 年 6 月 18 日由於反對派議員的反對，2017 年普選產生香港特別行政區行政長官的決定未能獲得香港立法會的通過，香港普選之路遇到重大挫折，但是中央循序漸進推動民主發展的信心和決心沒有動搖，行政長官和立法會議員"雙普選"最終一定能夠實現。

三、"一國"之下"兩制"的相處之道

香港自古以來就是中國的一部分。鴉片戰爭後，香港被英國侵佔並統治 150 多年，中國政府 1997 年 7 月 1 日對香港恢復行使主

權，實現了香港的永久回歸。"一國"是永遠、永久的，是誰都無法改變的客觀事實。而在"一國"下實行兩種制度則是前無古人的偉大創舉，是特定歷史條件下的最佳選擇，我們相信"兩制"也將跨越2047年，成為中央治港的長久之策。展望未來，為了尋找"一國"之下"兩制"長遠和諧相處之道，最大限度地實現互利雙贏，要確立以下三個基本認識。

首先，香港要學會正確看待自己的祖國，要對祖國有正確、全面、客觀的認識。第一，不僅要認識祖國的過去，也要認識祖國的現在，要接受過去的、歷史上的中國，也要接受現在的中國。第二，不僅要接受苦難、貧窮、落後的中國，更應該接受繁榮、富強、進步的中國。第三，祖國雖然還有不少不足的地方，但也要看到並承認國家一直在進步。第四，要客觀、科學認識國家的政治體制。如果香港是一篇內容豐富的章節，那麼祖國可以說是一部厚重宏大的巨著。要全面深入認識今日之中國，理解國家面臨的各種挑戰和困難，要主動地為國家的發展作貢獻，在中華民族復興的偉大事業中當一名參與者，而非旁觀者。必須認識到，香港的根、香港的本、香港的源，香港的過去和未來都在偉大的祖國。

其次，香港是國家改革開放最大的受益者。有人覺得英國150多年的統治從頭到尾都非常美好，但這絕非事實。客觀地說，英國殖民統治者對待中國人根本沒有什麼公平正義和法治可言，香港真正的發展是從20世紀70年代中、末期開始的，在此以前，香港曾腐敗橫行，經濟長期落後。香港經濟真正的騰飛與國家改革開放幾乎同步，由於特殊的地理位置和歷史地位，香港一直扮演着內地與世界"超級聯絡人"的角色。港人靠這種特殊的地位和自己的勤奮和努力，取得了令人羨慕、令人驕傲的成績，但"聯絡人"一定是雙向的，如果一方不開放，另一方也就沒辦法擔當聯絡人的角色，可以說，香港是中國改革開放最大的受益者。與此同時，香港也是國家重要的資產，沒有香港的特殊貢獻，中國現代化的很多方面可能要摸索更長的時間。香港為國家的改革開放，特別是社會主義市場經濟建設作出了特殊巨大的貢獻，這是中國其他任何一個地方都沒辦法取代的。

最後，"兩制"要融洽相處。第一，要堅守法治的原則，合情合理地處理兩地關係。既要嚴格按照法律來處理兩地關係問題，也要考慮到兩地是一家人、是骨肉同胞，合法的同時也要注重合情合理。第二，共同維護憲法的尊嚴。一個國家，只有一部憲法。憲法是包括香港在內的全國的根本大法，香港基本法是根據憲法制定的，即便香港不適用憲法規定的很多制度，但是香港作為中國的一個特別行政區，必須尊重國家憲法規定的制度，尊重我們共同的祖國。第三，國家要嚴格依據憲法和香港基本法行使主權，擔負起對香港的憲制責任。中央行使解釋基本法的權力，是合憲合法的行為，既是權力，也是責任，絕非一些人片面理解的"干預"。事實上，香港回歸 20 年，全國人大常委會僅對基本法進行過五次釋法，這足以看出中央對於釋法非常自制。第四，中央確保特別行政區依照基本法充分行使高度自治權，包括行政管理權、立法權、獨立的司法權和終審權，以及基本法第 5 章、第 6 章規定的高度自治的事項等。20 年實踐充分證明中央尊重、落實"兩制"，充分保證特區依法高度自治。

"一國兩制"與基本法的各種制度設計是科學的、合理的，20 年來取得了舉世矚目的成就。近年來香港社會出現的一些問題，恰恰是由於某些重要的制度建構尚未有效落實造成的。面對這種情況，我們不應該懷疑"一國兩制"本身，而是應該勇敢地啟動香港基本法裡面那些沉睡條款，把基本法規定的應該建立的完善的制度、體制和機制，不折不扣地建立起來、完善起來。要回歸香港基本法，以香港基本法為依據，努力達成最廣泛的社會共識，以最高的智慧、耐心、決心和毅力，共同克服前進中的一切艱難險阻，續寫"一國兩制"在香港成功的故事，創造香港和祖國更加美好的明天。

第四章

政制發展

"一國兩制" 與特區政制發展

原文為 2012 年 9 月 14 日在 "澳門特區政制發展與法律
改革" 學術研討會上的主題發言

―――――― ● ――――――

　　我今天發言的題目是 "'一國兩制' 與特區政制發展"，重點談特區政制發展中 "一國" 的問題。這個問題的提出主要是在這些年港澳兩個特區都通過人大釋法，對自己的政治體制做了一定程度的修改、發展，在這個過程中一直有很多討論，特區政制發展是不是屬高度自治的事項，是不是特別行政區自己的事情，中央有沒有責任，國家的責任在政制發展中如何體現，等等。特別是在香港的政制發展過程中這個問題討論得比較多，比方說有人提出 "公投"，用 "公投"來決定香港實行什麼樣的體制，怎麼去改變體制。

　　在港澳整個政制發展過程中，到底哪些應該由中央來決定，哪些是特區可以自己決定的呢？談這個問題，首先要從特區目前的政治體制是如何形成的談起，應該從源頭上來看這個問題。

　　兩個特區的政治體制是怎麼形成的我們都非常清楚，是通過基本法規定了特區實行什麼樣的政治體制，所以特區政治體制是通過法律來規定。我們說的政制發展實際上也很簡單，就是行政長官和立法會兩個產生辦法的修改，這就是政制發展。在 "一國兩制" 前提下，兩個特區都是高度自治的經濟實體，但是兩個特區都不是獨立的政治實體。在經濟問題上它們是獨立的，也就是說 "一國兩制" 實際上是不完全的統一，經濟、社會、文化、教育這些方面港澳可以保留原來獨立的現狀，原來是什麼就是什麼。在這些方面，我們說高度自治有四層含義：第一個含義就是獨立決策，例如經濟、稅收、教育、民政等等，特區獨立決策。第二是獨立執行。第三是獨立監督。第四是獨立承擔責任。

這就是高度自治的四個含義，也就是港澳經濟搞得好不好，是"澳人治澳"、"港人治港"的事情，搞得好是你的成績，搞不好是你的責任。所有經濟社會事務都是高度自治的，不需要請示中央，經濟社會發展的問題可以獨立決策，中央保留一個監督權，特首要來述職。然而，政制問題不是獨立決策、獨立承擔責任的問題了，政治和經濟社會問題是區分的，港澳不是獨立的政治實體，不是純粹"兩制"的問題，主要是"一國"的問題，也就是在經濟、社會、法律方面的高度自治與特區政治上"一國"的實現，這就是"一國兩制"。

基本法最重要的功能有兩個，一是規定特區居民的權利，二是規定特區的政治體制。特區政治體制是由基本法規定的，那麼基本法是由誰制定的呢？哪個機構有權力制定基本法，哪個機構就有權規定特區的政治體制。基本法制定的過程就是特區政治體制形成的過程。國家最高權力機關——全國人大制定基本法，當然全國人大也就享有規定特區政治體制的權力，從法理上這非常明確。

全國人大如何制定基本法，如何規定特區政治體制，我們簡單回顧一下。全國人大成立了基本法起草委員會，由內地和港澳人士共同組成，也就是說基本法起草委員會是全國人大之下的一個特設機構，組成是以內地為主，由港澳人士參與，而且參與的人數比例相當大。整個起草過程是專家起草和民意諮詢相結合。專家起草主要是對特區的政治體制進行科學研究，研究"一國兩制"和聯合聲明，研究世界上主要國家和地區的政治體制，這是專家研究。還要開展民意諮詢，民意諮詢有兩個方面，一是在內地開展民意諮詢，就是由基本法起草委員會在內地諮詢民意，二是到港澳諮詢民意，在國際社會諮詢全世界華人的意見。在決定特區政治體制的時候一定要廣泛諮詢民意。當年基本法起草委員會確實開展了廣泛的民意諮詢。

特別是香港、澳門都成立了地方的諮詢委員會，兩地居民廣泛參與討論了自己的政治體制，提出了很多很好的意見和建議。這些意見很多被接受，已經是特區政治體制的組成部分。基本法起草完成之後，就提交全國人大常委會去審議，再提交全國人大審議，全國人大要經過各代表團的討論，大會表決，這樣才最終決定了特區實施什麼樣的政治體制。許崇德教授曾經回憶說，全國人大在討論基本法草案的時候，很多省區市的代表對特區實行什麼樣的政治體制，都有熱烈的討論，提出很多意見，例如很多人不理解為什麼給香港、澳門那麼多自治權，有些內地代表對香港、澳門了解不多，提出了自己的看法。可見，特區實行什麼樣的政治體制當年是由全國人民認真討論，由全國人大代表全國人民制定的，當然這裡面吸收了大量的民意。全國人大既然有權力制定特區基本法，有權規定特區的政治體制，當然也有權發展特區的政治體制。為什麼政治體制問題與經濟問題不一樣，經濟上特區就可以自己決定呢？因為政治體制體現國家主權，一個地方實現什麼樣的政治體制是主權的表達，跟實行什麼經濟制度是不同的。

因此，儘管特別行政區有立法權，但是特別行政區不能制定基本法；儘管特區立法會有修改法律的權利，但是特區立法會不能修改基本法。這就意味着特區無權力單方面制定、修改本地的政治體制。從特區政治體制形成的過程來看，可以很清楚看到，這本來就不是香港、澳門兩個地區的立法機關來完成的，特區立法機關不僅不能規定特區實行什麼樣的政治體制，相反它自己也是政治體制的組成部分，它的職權、產生辦法還要由全國人大通過制定、修改基本法來規定，所以特區政治體制的決定權是在全國人大而非特區。中央主導特區政制發展，這是中央的憲制責任。

下面一個問題是，特區政制發展的兩種法定模式。剛才我們回顧了特區政治體制產生的過程，也就是基本法的起草過程。特區政治體制通過基本法固定下來之後是要發展的，要與時俱進。發展可以有兩種模式。第一個模式當然是通過全國人大，全國人大有權通過制定基本法來規定特區實行什麼樣的政治體制，當然全國人大也有權通過修改基本法去發展特區的政治體制，從法理上、從政治上這完全沒有問題。全國人大有權通過修改基本法對特區的政治體制加以修改完善，這是第一個模式。第二個模式是全國人大授權它的常設機關——全國人大常委會去發展特區政制體制。全國人大通過修改基本法去改革特區政治體制目前還沒有，但是，全國人大常委會主導發展特區政治體制的發展在兩個特區都已經發生過。

首先，全國人大如何發展特區的政制呢？全國人大發展特區政制當然是通過修改基本法，澳門基本法第 144 條規定，本法的修改權屬於全國人大。全國人大可以修改澳門基本法規定的所有條款，也包括政治體制的條款。根據第 144 條的規定，修改基本法的提案分兩種情況，一是中央提案，中央可以主動提案修改基本法關於政治體制的條款。根據有關法律，中央提案可以由全國人大常委會或者國務院提案，全國人大代表聯名也可以提。第二種情況就是特區可以提議。澳門特區可以提出修改基本法，通過這種方式來發展特區政制。如果是特區提案，要有六個步驟。全國人大提案是三步曲，特區提案則是六步曲。首先特區的全國人大代表 2/3 同意，第二是特區立法會全體議員 2/3 同意，第三是澳門特區行政長官同意，第四是特區出席全國人大的代表團向全國人大提出，第五步要由澳門特區基本法委員會研究對政治體制修改問題的意見，看有沒有違反 “一國兩制”，而且要提出意見。第六步是全國人大審議通過。如果要通過這種方式發展特區政治體制的話，六步曲是一定要走的。當然如果是全國人大從中央層面提出來，一般就是三步，全國人大常委會、國務院提案，然後交給全國人大代表去討論，最後由全國人大投票通過。

當然全國人大通過修改基本法去發展特區的政治體制，有一些限制條件，這就是對政治體制的任何修改均不得同國家對港澳的既定方針政策相抵觸，政治體制可以發展，但不能違背 “一國兩制”。迄今為止，兩個特別行政區都還沒有嘗試過由最高國家權力機關通過修改基本法來發展特區的政治體制。

全國人大常委會如何發展特區的政治體制呢？基本法附件一、附件二對此做了規定，如果行政長官同意、立法會同意，全國人大常委會批准和備案即可。附件一第 7 條和附件二第 3 條規定 “如需修改”，但是誰覺得需要修改呢？沒有主語。中文的說法經常是沒有主語的，由此產生的爭議最終導致全國人大常委會解釋基本法，把主語解釋出來，這就是特區政制發展五步曲的來歷。要發展特區的政治體制就需要走這五步，如有需要，是雙方都覺得需要，特區覺得需要，中央也覺得需要，特區覺得需要修改必須要報中央批准，由中央決定是不是真的需要修改。如果行政長官覺得需要修改特區的政制，他應該先向全國人大常委會提出報告。

第二步全國人大常委會對是否需要修改作出決定。就是說行政長官代表特區提出來後，全國人大常委會覺得有必要就決定，如果覺得沒有必要就駁回。如果覺得有需要，才會有後面第三、第四、第五步。這是通過全國人大常委會決定特區政制發展必須遵循的五個步驟。

由此我們可以得出以下結論：

第一，特區實現什麼樣的政治體制是國家通過基本法規定的，這是國家主權的體現，是"一國"的要求，一個地方如果能夠獨立決定自己實施什麼樣的政治體制，這個地方一定是享有獨立主權的國家，只有獨立主權國家才能決定自己的政治體制，比如說我們國家決定我們實行人民代表大會制，我們不需要任何另外一個主權來批准，這就是主權國家。從歷史上看，香港和澳門的政治體制從來沒有自己決定過，香港、澳門在英國、葡萄牙到來之前實現什麼樣的政治體制，是由明、清朝的中央政府規定的，不是自己規定的。英國、葡萄牙到了之後實現什麼樣的政治體制是英國、葡萄牙規定的，港澳居民根本沒有權利參與，葡萄牙決定在澳門實行什麼樣的政治體制是不會徵求澳門人的意見。為什麼是這樣？因為港澳從來不是獨立的國家，它實現什麼樣的政治體制從來不是由它自己決定的，是由最高主權者決定的。

第二，特區政治體制的修改、發展也屬國家權力範疇，就是全國人大和全國人大常委會的權力，這是"一國"所要求的，我們共同屬一個國家，決定了目前的體制。

第三，通過任何法律之外的程序去發展特區的政治體制，都是非法的。要麼通過全國人大，要麼全國人大常委會，就這兩個法定渠道，任何之外的程序都是非法的。比如說香港曾經有人提議要搞"五區公投"，也包括通過變相的公投來進行所謂的民意調查，都是違反法律的。即便不說基本法，通過公投自己決定自己的政治體制，這本身違反常識，違反法理，當然也違反基本法。

第四，國家在行使規定特區政治體制權力的時候，要充分保證特區的參與。政治體制無論當年的形成包括現在的發展，都是中央的權力，但是中央一定要保證特區的廣泛參與，廣泛徵求特區的民意，保障港澳特區居民廣泛的參與權，與全國人民一道來參與決定自己的政治體制。所以，不是說港澳人民不能決定，他們當然有權決定，只不過必須與內地的民眾一起來決定自己的政治體制，而不能自己單獨決定。

第五，國家決定特區政治體制要遵循幾個原則。一、不得違反"一國兩制"，這是基本法明文規定的。二、國家決定特區的政治體制，不是國家決定讓特區實行和內地一樣的政治體制，國家決定的政治體制是與內地不同的體制，要適應資本主義社會的生態，要體現"兩制"精神。政制發展的主導權、決定權在中央，很多人擔心中央會不會把內地的政治體制推廣到港澳去，不會這樣的。就是說，具體內容上要體現"兩制"，中央要決定在港澳實行不同的政治體制，即跟內地不一樣的政治體制。香港澳門實行的政治體制不同於內地，是"兩制"，特區應該有自己的政制發展道路，但是這種"兩制"是國家創造、允許的，國家允許港澳實行與內地不同的政治體制，這是國家授權的。三，既然允許港澳實行跟內地不同的政治制度，那麼特區的政治體制發展要朝着更加民主的方向發展，這對我們來講，我們內地的民主還沒有充分發展，在內地的民主還沒有充分發展的情況下，中央要為特區創造更為民主的政治體制，這是一個新的問題。就是內地的民主還沒有發展到一定高度和程度，這個時候中央要為特區規定一個符合特區情況、適合資本主義發展需要、符合時代發展潮流的更高級的民主政治體制，這是一大挑戰。中央既要把內地的政治體制改革做好，把內地的法治民主建設好，也一定要把兩個特區的政治體制發展做好，把"一國"之下的兩種政治體制建設好，這對中央來講是一大挑戰。內地實行什麼政治體制，我們也需要走向法治，走向民主。對兩個特區來講，它們的民主步伐應該比內地要快，國家為兩個特區規定更快的民主發展步伐、更為民主的政治體制，這就是"一國"之下的"兩制"。

最後還有一個問題，"一國"之下兩種不同政治體制之間產生什麼樣的相互影響。首先國家的政治體制，即人民代表大會制對兩個特區來講也會產生影響。儘管香港、澳門兩個地方可以實行跟內地不同的體制，不實行人民代表大會制，但是這兩個特區的政治體制都是由全國人民代表大會決定的，所以全國人大、全國人大常委會制度本身對兩個特區是發生效果的，是產生直接政治影響的，但是人大制度本身不在特區適用。如何看待"一國"之下兩種政治體制之間的關係，國家的政治體制是更高位的政治體制，特區的政治體制是相對獨立的政治體制，但都是在"一國"之下的政治體制。這是我對特區政治體制發展中"一國"因素所做的概括總結，有不到位的地方，請大家多多批評指正，謝謝大家。

國家對香港的民主承諾

寫作於 2004 年 3 月 1 日

———————— • ————————

2004 年 2 月 19 日新華社重新播發了鄧小平先生 20 年前發表的題為《一個國家，兩種制度》的談話，重申 "一國兩制" 的科學內涵，強調 "一國" 是 "兩制" 的前提，"港人治港" 必須 "以愛國者為主體的港人來治理香港"。對此，有學者指出對於香港政制的發展北京擁有最終發言權。西方一些媒體認為，中國此舉的目的是阻止香港民主的發展。這種觀點是不成立的，中國對於香港民主的發展早已作出了莊嚴的承諾，並由法律做保障，而且已經付諸於行動。

一、在香港推行民主是中國單方面的決定

在香港逐漸推行民主是中國一貫的主張和追求，在這件事情上中國的態度一直十分積極明確。一個人所共知的事實是，香港在英國一個半世紀的殖民式統治下，根本沒有什麼民主可言，不要說對於總督的任命港人無緣置喙，就是對於諮詢性的行政、立法兩局議員的產生，港人也只能聽命於英國人的安排。從總督到香港各主要官員都由英國任命產生，而且由英國人擔任，本地人長期只能擔任一些中下級的政府職位。只是臨近九七回歸，英國才突然 "良心發現"，"慷慨地" 給予香港民主，甚至不惜破壞中英之間已經達成的協議，一意孤行推行自己的政改方案。中國從來不反對實行民主，中國反對的是借民主之名，行破壞之實。在香港回歸中國前夕，英國人對在香港推行

民主突然過分的"熱心"，不能不令人懷疑其動機，這只是殖民主義者在撤退前慣用的伎倆，其意根本不在民主，而在試圖延續其影響，使新政府無法有效施政。試想，如果英國人對香港實行民主真有誠意，為什麼不早幾十年、上百年就在香港推行民主？中國政府和人民不是阿斗，早就識破了英國的動機和目的。

香港問題在 1997 年前是中英之間的問題，1997 年英國把香港的主權交還中國之後，香港問題成為中國的內政問題。中國如何治理香港，香港的政治體制如何設定，完全是中國政府和人民自己決定的事情。中國當然可以延續港英長期沒有任何民主因素的政治架構，全盤接受英國人設計的政治體制。但是中國沒有這樣做，而是單方面決定 1997 年後在香港逐漸推行民主，在恢復行使主權後讓港人在自己的祖國享受到真正的民主。在香港實行民主是中國自己的決定，絕非英國人為香港"爭取"來的。尤其需要指出的，即便對英國人在撤退前單方面進行的所謂"民主改革"，中國一方面堅決反對英國不負責、背信棄義的做法，對這些"小動作"進行了有理、有利、有節的鬥爭，另一方面在處理具體問題的時候，卻根據實際情況區別對待，沒有採取一刀切的做法，值得保留的制度中國都儘可能予以保留。這充分表現了中國對香港民主發展的誠意。

二、基本法本身就是民主的體現

國家對香港的民主承諾，已經通過香港特別行政區基本法予以法律化，為香港實行民主提供了堅實的法律基礎和保障。基本法充分貫徹了民主的原則和精神。首先，從基本法制定的過程來看，儘管制定基本法的權力屬中央，但是中央仍然廣泛徵求了香港廣大市民和社會各界的意見，尤其他們關於香港政治體制的看法，其中許多被基本法起草委員會所吸收並規定到基本法中去。基本法充分體現了香港廣大市民的意志和利益，是一部通過民主程序制定的法律。

其次，從基本法規定的香港政治體制的內容來看，也充分體現了民主的原則，是民主的制度化、法律化。基本法規定，香港特別行政區行政長官和主要官員必須由香港永久性居民中的中國公民擔任，中央不派官員到香港政府任職。從"英人治港"到"港人治港"這本身就是巨大的民主進步，是香港人當家作主的生動表現，是香港走向民主的里程碑。基本法還規定，根據香港特別行政區的實際情況和循序漸進的原則，特區行政長官的產生辦法最終實現由一個有廣泛代表性的提名委員會按民主程序提名後普選產生的目標。根據同樣的原則，立法會議員的產生辦法也要逐漸增加直接民選的數額，最終實現全部直選。可以看出，香港基本法規定的政治體制是一個民主的體制、科學的體制，更為重要的是，它為最終實現全面民主指明了發展的方向，規定了香港民主化的原則和步驟。相比香港以前的憲法性法律《英皇制誥》和《皇室訓令》，基本法是十分民主的。

因此，香港基本法是一部通過民主程序制定、充分體現民主原則的法律。一個不容否認的客觀事實是，香港人民只是在 1997 年後按照基本法的規定，才開始真正當家作主，行使自己的民主權利，香港政治體制的真正民主化是在中國人的治理下從回歸中國後開始的。

三、問題不在於是否實行民主，而在於如何實現民主、實行什麼樣的民主

在要不要實行民主的問題上，中央與香港各界並沒有分歧。問題不是要不要推行民主，而是如何推行民主，推行什麼樣的民主。中央關切的是，香港民主的發展，一定要遵循法治的原則，嚴格按照基本法辦事，按照基本法規定的原則和方向逐漸推行，而且要在基本法已經設定的政治框架下進行，不能違背基本法確立的基本原則，不能離開基本法來談民主和政治發展。而且，香港民主的發展，不是一部分人的民主，而是全體香港人民的民主，一定要保障社會各界的均衡參與，一定要有利於香港資本主義的發展，有利於香港的繁榮穩定。還有，香港民主的發展，既是香港的事情，也是國家的事情，一定要貫徹"一國兩制"的指導思想，既要考慮到香港本地的需要，又要照顧到國家的整體利益，不能損害國家的主權和統一。民主發展不能以犧牲香港的繁榮穩定、尤其不能以犧牲"一國"為代價。香港對國家的價值固然在於"兩制"，因為有"兩制"香港才不同於內地任何一個

地方，對國家才有特殊的價值，因此一定要保持"兩制"。但是香港對於國家的價值，也在於"一國"，如果沒有了"一國"，香港對於國家的價值將大打折扣。因此，香港的政制發展應該既有利於推進民主，也有利於香港的繁榮穩定和"一國"的提升。

在發展民主的步驟上，一定要按照香港的實際情況，循序漸進、按部就班、積極穩妥地進行，不可能一步到位。這絕不是在拖延民主進程，而是一個科學問題，我們不能不考慮社會的協調發展，不能不考慮社會各階層的呼聲和要求。任何一個國家、任何一個地方的民主進程都不是一蹴而就的，即便是西方各國，其民主發展也都經歷了相當長的時間。比如西方許多國家對選民和候選人資格長期存在諸多限制。英國曾經規定，只有達到一定收入或者擁有一定不動產的公民才有選舉權和被選舉權，1918 年英國才賦予婦女以選舉權，其後又通過 1926、1928、1939、1944、1945、1948、1949 和 1969 年多次修改選舉法，最終才實現了普遍平等的選舉，而不是一步到位。有些人士至今仍然被禁止參選議員，例如有未償清債務的破產人士；在過去 5-10 年裡犯有選舉瀆職罪的人士；賣國者，即那些未獲寬赦的賣國罪犯等。這些人即使參選並獲勝，其資格仍然可以被取消。

美國最初只有白人男子才有選舉權和被選舉權，黑人和婦女被排除在政治之外。美國參議院議員一直到 1913 年才實現全面直接選舉。1919 年美國才取消了公民選舉權的性別歧視，實現男女平等；1964 年才取消了選民人頭稅及其他稅種的限制；1965 年才立法取消了各州對選民的文字測驗；1971 年才確認 18 歲公民的選舉權。如果能夠一步到位，或者一步到位就好，為什麼美國不那樣做呢？在美國制定憲法以及後來歷次政治檢討的時候，既有主張給予各州更多權力的"州權派"，也有主張聯邦中央應該有更多權力的"集權派"。如果簡單地說主張中央權力就是不民主、就是拖延民主的話，那麼像華盛頓、漢密爾頓等美國的開國元勳豈非最大的"反動派"？

發展民主是一個科學問題，需要科學理性、耐心細緻的討論，需要在充分討論的基礎上就民主進程形成一個基本共識。西方國家的民主發展，無不按照本國的實際情況、循序漸進地進行，幾乎用了上百年乃至兩三百年的時間才形成今天的狀況。當然香港民主的發展不會像西方那樣需要那麼長的時間，其速度肯定更快，但是一定要穩妥，方向要正確。中央政府關切香港民主的方向和進程是完全合情合理、理所當然的，因為中央政府不僅要對"一國"負責，而且要對"兩制"負最高責任，對香港的長期繁榮穩定和國家統一與主權向全國人民負責。

四、香港民主的發展是中國人自己的事情

美國等少數國家對香港民主發展感到"好奇"和"關心"。其實，對於美國人的"民主教導"，中國人民早已"領教"過。中華民國第一任總統袁世凱曾經聘請美國政治學協會（American Political Science Association）創始會長、哥倫比亞大學政治學和憲法學教授古德諾（Frank J. Goodnow, 1859-1939）為自己的憲法顧問，就中國憲法的起草和政治體制問題諮詢他的意見，這不能不說中國不重視美國人的"關心"。1915 年 8 月 3 日《亞細亞日報》發表了這位洋顧問的"真知灼見"，在其"名作"《共和與君主論》一文中，這位西方民主大師鼓吹中國是"民智卑下之國，最難於建立共和，教各地勉強實行，終無善果"。認為中國數千年專制，大多數人民智不高，學校闕如，對政治沒有研究能力，因此"中國如用君主制，較共和制為宜，此殆無可疑者"。他的高論還發表在 1915 年《美國政治學評論》上，題為 "Reform in China: Social and Political Conditions Necessary for Western-Style Democracy"。[1] 我們的袁大總統對這位洋教授可謂言聽計從，決定廢除民主共和，解散國會，復辟帝制，最終導致中國陷入長期的內亂和內戰。這就是西方民主大師在中國民主發展過程中扮演的角色！具有諷刺意味的是，為了表彰這位古教授對政治科學的"特殊貢獻"以及他的公共服務和"無私"，1996 年美國政治學協會甚至以他的名字設立了一個專門獎項！

可見，對於洋人的"諄諄教誨"一定要分析，要鑒別。洋和尚唸歪經、導致天下大亂的現象在第三世界國家並不少見。中國作為香港的主權國，比任何一個外國都更加關心香港人民的切身利益，更加

關心香港民主的發展。一切有利於香港的事情，中國一定會積極去推動；反之，一切不利於香港人民和香港繁榮穩定的事情，中國政府和人民是堅決不允許的。對於西方先進的民主成果和政治文明，我們要學習，要"拿來"，但是我們一定要根據自己的情況去借鑒，不可不問青紅皂白全盤照搬。包括香港 600 多萬同胞在內的全中國人民有足夠的智慧和能力判斷什麼是正確的，什麼是不正確的。正像一位美國學者所言，在美國"出生"以前，中國已經存在了幾千年時間，中國完全不需要美國"教導"如何安排自己的生活，如何處理自己的內政。中國有自己的邏輯和政治哲學，中國人有足夠的智慧來解決自己的問題。

中國內地這些年也在積極進行民主改革試驗，中國政治正在走向民主和法治。在這個大背景下，香港無需擔心中央不讓香港實行民主，香港民主發展的步伐只能比中國主體的民主發展更快，而不會更慢。中國主體的民主法治建設，對香港民主發展來說也是有力的保障。

中國將繼續堅定不移地在包括香港在內的全中國逐步推行民主，不會隨着個別國家的"指揮棒"起舞。今天重溫鄧小平先生 20 年前發表的談話，只是為了強調中國對於香港的方針政策是一貫的，中國將繼續貫徹實施"一國兩制"、"港人治港"、高度自治的方針政策。重溫鄧小平先生的有關論述，是為了更好地發展香港的民主，並使得民主的發展能夠在一個健康正確的軌道上進行。中國認真對待對香港的民主承諾，相信在基本法規定的原則框架下，中國人一定能夠治理好香港，未來的香港一定是經濟繁榮、社會穩定、法治健全、政治民主的東方明珠。

| 註釋 |

1. *American Political Science Review* 9, 209-224.

03

嚴格依據基本法處理香港政制問題

原載《中國人大》2007 年 6 月 25 日

———— • ————

長期以來，政制發展一直是香港社會面臨的一個重大課題。如何處理香港政制發展問題，本質上不是要不要發展民主，而是要不要按照基本法的規定辦事的問題。我們認為，嚴格遵循基本法的規定，才能夠妥善處理香港特別行政區政制發展的問題。

一、政制發展的特殊含義

在討論政制發展的時候，我們需要首先弄清楚"政制發展"的特殊含義和特定範圍。

基本法是特別行政區的憲制性法律文件，為特別行政區提供一個民主法治、穩定可行的政治體制，是基本法的重要內容之一。關於特區的政治體制，基本法規定了兩個層面的問題。第一個層面是中央與特區的關係，基本法對中央和特區各自享有的權力作出了明確規定，中央授權特區享有高度自治權，中央保留外交、國防、主要官員任命等權力。這解決了特區政治體制與國家政治體制的銜接問題。

第二個層面是特區本地的政治體制，這又包括兩個方面，第一個方面是特區設立哪些政權機關以及這些政權機關之間的關係，基本法設計了行政主導的政治體制，規定司法獨立，行政機關和立法機關互相配合又互相制約；第二個方面是行政、立法和司法三機關成員如何產生，即行政長官、立法會議員和法官的產生辦法，基本法規定法官通過委任的方法產生，行政長官和立法會議員的產生辦法在回歸前通過的基本法中已作了明確規定，回歸十年的時候可以檢討行政長官和立法會議員的產生辦法，使其朝着更加民主的方向發展，最終實現行政長官和立法會全體議員通過普選方法產生的目標。基本法附件一和附件二規定的兩個產生辦法是香港整個政治體制的組成部分。可見，基本法規定的香港特別行政區的政治體制是一個既涉及中央與特區關係，又涉及特區政府各部門之間權責關係的完整的概念。

在制定基本法的時候，香港特區政治體制的設計是在吸收了香港各界提出的各種方案基礎上、經過科學研究而形成的。為了政權的平穩過渡，保證新的特區政府能夠有效運作，這個體制吸收了原有政治體制中行之有效的部分，例如行政主導就是香港原有政治體制的重要特點和優點，也就被基本法所吸收。

關於特區的政治體制，上述第一個層面中央與特區關係和第二個層面第一個問題即特區行政、立法和司法的職責和相互之間的關係，應該是長期不變、保持穩定的，不屬政制發展的範疇。目前的政制發展只是要檢討第二個層面的第二個問題，即對特區政治體制進行局部修改，不是對特區整個政治體制進行全面的重新審視。因此，政制發展不是無限的，而是有特殊的含義、特定範圍的。

二、政制發展的特殊含義決定了政制發展必須遵循基本法

既然政制發展只是檢討整個特區政治體制中的一部分內容，更換其中一個零部件，那就只能按照目前這台政府機器的操作章程——基本法來進行。如果拋開基本法全面檢討特區的政治體制，那就等於把基本法規定的政治體制推倒重來，另起爐灶，另行規定中央與特區的關係，另行規定特區行政、立法和司法的職責和相互之間的關係，等於重新制定基本法關於政治體制的內容。

因此，我們必須首先明確政制發展並非推翻基本法規定的政制框架結構，不是更換整個政府機器，而是進行局部的調整，是在一定範圍內更換零件，即只對行政長官和立法會議員的產生辦法根據需要進

行修改。香港的政制發展既不能修改國家的政治體制，也不能影響基本法確立的香港特別行政區整個政治體制的有效運作，而只能在不改變中央與特區的關係，不改變特區行政、立法和司法職責和相互之間關係的前提下，考慮行政長官和立法會議員產生辦法的修改問題。如果可以脫離基本法進行政制發展，什麼都可以“發展”，政制發展是無限的，勢必影響基本法確立的中央與特區的憲制關係，而且衝擊目前基本法規定的特區三部門之間的關係及其運作機制，造成香港特區政治體制的混亂，影響特區政府的有效運作，最終也將影響到香港的穩定繁榮。

　　這就是為什麼香港特別行政區的政制發展必須嚴格依據基本法的原因，政制發展既然不是推倒重來，只是修改整個政治體制的局部，這就決定了政制發展必須遵循基本法，在基本法確立的政制大框架內來進行。只有維護基本法確立的政治體制的穩定，才能夠構建和諧的中央與特區關係，維護香港特區的長期繁榮穩定。

三、依據基本法處理政制發展問題是法治原則的要求

　　香港的法律制度一直比較健全，擁有良好的法治傳統。香港回歸後，香港法治得到了進一步完善和加強。法治的一項基本原則就是嚴格依法辦事。這裡的“法”包括所有在香港具有法律約束力的各種立法和判例，其中最重要的法就是香港基本法。“法治”（rule of law）可以說首先是“基本法之治”（rule of the Basic Law）。如果置基本法於不顧來討論政制發展，顯然是對法治原則的不尊重。

　　法治是香港繁榮穩定的基石，是保障人權自由最重要的元素，我們必須認真對待、堅決維護香港的法治。要維護法治，首先就要維護基本法的權威和尊嚴。我們不能離開基本法談法治，當然也就不能離開基本法談政制發展問題。在政制發展問題上強調法治原則尤其重要。因為法治既是目前香港政治體制的一個重要元素，是香港政制的優點和優勢，也是維護整個政治體制穩定的重要保障。因此，通過政制發展，不僅要解決政治體制本身的問題，也應該使香港的法治得到

進一步的加強，在社會大眾面前樹立依法辦事的新典範。

　　社會各界關於政制發展的討論，可以百花齊放，百家爭鳴，但是最終形成的方案一定要不折不扣嚴格按照基本法的規定辦事，並按照基本法規定的程序加以通過。任何脫離基本法原則精神的政改方案，任何脫離基本法規定的程序、試圖另謀出路的做法，不僅是不切實際的，而且也違反了法治的基本要求。

四、基本法規定了政制發展的原則和程序

　　香港基本法起草委員會姬鵬飛主任委員 1990 年 3 月 28 日在第七屆全國人民代表大會第三次會議上所做的《關於〈中華人民共和國香港特別行政區基本法（草案）〉及其有關文件的說明》中指出："香港特別行政區的政治體制，要符合'一國兩制'的原則，要從香港的法律地位和實際情況出發，以保障香港的穩定繁榮為目的。為此，必須兼顧社會各階層的利益，有利於資本主義經濟的發展；既保持原政治體制中行之有效的部分，又要循序漸進地逐步發展適合香港情況的民主制度。" 這些原則和因素既是基本法規定香港政治體制所堅持的方針，也是我們今天討論、規劃香港政制發展所必須遵循的原則精神。

（一）有利於 "一國兩制" 的貫徹實施

　　基本法是根據我國憲法制定的，其主要內容是規定香港特別行政區實行的制度，目的是保障 "一國兩制" 方針和中央對香港基本方針政策的實施。香港特區的政治體制是根據 "一國兩制" 方針政策設計的，因此香港政制發展同樣要堅持 "一國兩制"，而不能脫離 "一國兩制" 去發展，政制發展要有利於 "一國兩制" 的實施和強化。

　　香港政制的發展，既是香港的事情，也是國家的事情，既要考慮到香港本地的需要，又要考慮到國家的整體利益，不能損害國家的主權和統一，民主發展不能以犧牲 "一國" 為代價。香港對國家的價值固然在於 "兩制"，正因為有 "兩制"，香港才不同於內地任何一個地方，對國家才有特殊的價值，因此一定要保持好 "兩制"；但是

「一國兩制」與基本法：歷史、現實與未來

香港對於國家的價值，也在於"一國"，如果沒有了"一國"，香港對於國家的價值也將大打折扣。只有"一國"得到了充分的保障和提升，"兩制"尤其香港的那"一制"才能得到較大較快的發展。"一國"的落實，不僅會促進"兩制"的落實，而且有利於香港民主政治的發展。因此，香港政制的發展應該既有利於保持"兩制"，也要有利於"一國"的提升。"一國"和"兩制"應該通過政制發展得到同樣的保障和強化，削弱其中任何一個，都不符合"一國兩制"的精神。

（二）符合香港的法律地位

香港的法律地位，就是香港特別行政區在整個國家的法律地位，這主要是由基本法所規定的，同時受憲法的規制。基本法規定，香港特別行政區是中華人民共和國享有高度自治權的地方行政區域，直轄於中央人民政府。這就明確了香港特別行政區的法律地位。

從憲法上來看，憲法第 31 條關於設立特別行政區的規定直接適用特別行政區，除此之外，對於特別行政區有直接意義的憲法制度主要有兩個，一個是人民代表大會制度，一個是單一制的國家結構形式。正是基於這些憲法制度，基本法才一方面賦予特區高度自治權，另一方面也規定了體現國家統一和主權的內容，保證中央依據憲法應該享有的權力能夠落實。

因此，香港政制發展不能忽視香港特別行政區在憲法和基本法上的法律地位，不能不考慮中央根據憲法和基本法應該行使的職權。中央政府對香港政制發展擁有最終決定權，這不僅是基本法規定的，也是國家憲法所要求的。中央政府不僅要對"一國"負責，而且要對"兩制"負最高憲制責任，就香港的長期繁榮穩定和國家統一與主權向全國人民負責。

（三）均衡參與，有利於維持香港的繁榮穩定，有利於資本主義的發展

參考西方各國民主發展的經驗，基本法確立了一個社會各界都能夠均衡參與的政治架構，是代表性比較全面、各種因素都考慮得到的架構，能夠保證香港各界人士平等參與政治活動的民主權利，保障每

一個人都有參政議政的機會。我們在討論政制發展的時候，仍然要以均衡參與為重要的考慮因素，無論富人、中產階級或者窮人都有參與的機會，發展後的政制要同時保護社會各階級、各階層的利益，都能夠從香港穩定繁榮中獲得好處。

目前香港的政治體制從整體上是有利於維持特區繁榮穩定、有利於特區資本主義發展的。因此政制發展也必須有利於、而不能損害香港的繁榮穩定和資本主義的發展，不能以犧牲香港的繁榮穩定為代價。

（四）"循序漸進" 和 "實際情況"

任何一個成熟的民主體制都是逐漸形成的。為此，基本法規定要"根據香港特別行政區的實際情況和循序漸進的原則"，最終實現普選產生行政長官和所有立法會議員的目標。這是政制發展的一項重要原則。

"循序漸進" 就是 "按照一定的秩序逐漸往前走"。這裡的 "進" 是有方向的，如果方向不正確，那就不是 "進"，可能事倍功半，甚至南轅北轍。這個方向就是 "一國兩制"、"港人治港" 和高度自治，既有利於民主發展，又要保障均衡參與，有利於維持特區的繁榮穩定，有利於特區資本主義的發展。什麼時候 "進"，如何 "進"，那要根據香港的 "實際情況" 來決定。所謂的 "實際情況"，既指香港的社會、經濟情況，也指香港的整個政治狀況以及香港社會能夠接受的程度。同時，我們也不能無視國家和整個國際的大環境。

發展民主是一個科學問題，需要科學理性、耐心細緻的討論，需要在充分討論的基礎上就民主進程形成一個基本共識。西方國家發展民主，無不按照本國的實際情況、循序漸進地進行，幾乎用了上百年乃至兩三百年的時間才形成今天的狀況。當然香港民主的發展不會像西方需要那麼長的時間，其速度肯定更快，但是一定要穩妥，方向要正確。

（五）政制發展在程序上也要依法辦事

關於香港政制發展的程序，基本法附件一和附件二作了規定。全國人民代表大會常務委員會 2004 年 4 月 6 日通過了《關於〈中華人民共和國香港特別行政區基本法〉附件一第七條和附件二第三條的解釋》，進一步明確了政改的啟動程序。4 月 26 日全國人大常委會通過了《關於香港特別行政區 2007 年行政長官和 2008 年立法會產生辦法有關問題的決定》。全國人大常委會對基本法的解釋和決定具有法律效力，完善了政制發展應該遵循的程序。政制發展除了遵循基本法本身外，還必須遵循全國人大常委會對基本法的有關解釋和作出的有關決定，不能在基本法和"人大釋法"之外尋求政制發展的程序。

五、依據基本法處理政制發展問題是最終實現普選的捷徑

眾所周知，在香港逐漸推行民主是國家一貫的主張和追求，這也是中國單方面的決定。國家對香港的民主承諾，已經通過香港特別行政區基本法予以法律化。基本法充分貫徹了民主的原則和精神。從基本法制定的過程來看，儘管制定基本法的權力屬中央，但是中央仍然廣泛徵求了香港廣大市民和社會各界的意見，尤其他們關於香港政治體制的看法，其中許多被基本法所吸收。從基本法規定的政治體制內容來看也充分體現了民主原則，是民主的制度化、法律化。"港人治港"本身就是巨大的民主進步，是港人當家作主的生動表現，是香港走向民主的里程碑。基本法還規定，根據香港的實際情況和循序漸進的原則，行政長官的產生辦法最終實現由一個有廣泛代表性的提名委員會按民主程序提名後普選產生的目標。根據同樣的原則，立法會議員最終也要實現全部普選產生。可以看出，香港基本法規定的政治體制是一個民主、科學的體制，更為重要的是，它為最終實現全面民主指明了發展的方向，規定了香港進一步民主化的原則和步驟。

既然如此，嚴格依照基本法規定的方針路線，推動香港政制不斷往前發展，就是香港最終實現"雙普選"的捷徑。離開基本法尋求政制發展，不僅違背法治原則，而且也是捨近求遠、捨本求末的不智之舉。嚴格依據基本法處理香港政制發展問題，是加快民主政治發展、早日實現"雙普選"的不二法門。

結語

總之，政制發展，茲事體大。基本法已經解決了香港政治體制的主要問題，大的框架已經具備，中央和特區授權與被授權的關係已經確立，司法獨立，行政機關和立法機關互相制衡又互相配合，整個體制是行政主導，這也已經明確。在相當長一段時期內，不存在修改基本法這些規定的問題，這個架構應該保持長期穩定。

今天我們所討論的政制發展，不是離開基本法確立的這個根本政治架構重新擬定一個全新的體制，不能"突破"基本法來談政制發展。香港政制的發展一定要嚴格按照基本法和"人大釋法"確定的原則、方向和程序，在基本法的軌道上不斷推動民主政治向前邁進。這是法治精神的要求，也是推動香港民主政治儘快發展的捷徑。只要嚴格按照基本法辦事，香港特別行政區的民主政治一定會更快更好地不斷往前發展，最終實現"雙普選"。

04

2007/2008 政改立法屬授權立法
——試論特區就兩個產生辦法修改而進行的本地立法的性質

原載香港《紫荊》2005 年 11 月號

————— ● —————

　　根據基本法附件一第 7 條和附件二第 3 條的規定以及全國人大常委會 2004 年 4 月通過的《關於香港特別行政區 2007 年行政長官和 2008 年立法會產生辦法有關問題的決定》，香港特別行政區在廣泛徵求民意基礎上，已經發表了第五號政改報告書，並據此即將啟動本地的立法程序，進行有關立法。這裡對特區就 2007 年和 2008 年兩個產生辦法進行本地立法的性質和有關問題進行一些學理探討。

一、修改 2007 年和 2008 年兩個產生辦法的權力在憲制上屬中央

　　1. 特區政治體制的決定權在中央。根據憲法第 31 條的規定，在特別行政區內實行的制度按照具體情況由全國人民代表大會以法律規定。根據憲法第 62 條的規定，全國人民代表大會行使的職權其中第 13 項為，全國人大決定特別行政區的設立及其制度。由此可以看出，根據憲法，在特別行政區實行的制度包括特別行政區實行什麼樣的政治制度，應該由全國人大決定。

　　2. 根據憲法第 57 條的規定，全國人民代表大會是最高國家權力機關，它的常設機關是全國人民代表大會常務委員會。憲法第 67 條

規定全國人民代表大會常務委員會行使的職權其中第 3 項是 "在全國人民代表大會閉會期間，對全國人民代表大會制定的法律進行部分補充和修改，但是不得同該法律的基本原則相抵觸"。可見，根據憲法，全國人大常委會是經常性行使國家最高權力的機關，尤其在全國人大閉會期間，全國人大常委會是實質上的最高國家權力機關，行使憲法賦予國家最高權力機關的職權。

因此，中央對特區政治體制的決定權，具體表現形式之一就是全國人大常委會對特別行政區的政治體制問題的決定權，包括行使修改兩個產生辦法的權力。

3. 香港特區基本法貫徹了中國憲法的上述原則和制度。這表現在：（1）基本法序言指出："根據中華人民共和國憲法，全國人民代表大會特制定中華人民共和國香港特別行政區基本法，規定香港特別行政區實行的制度，以保障國家對香港的基本方針政策的實施。"（2）基本法附件一《香港特別行政區行政長官的產生辦法》第 7 條規定，對 2007 年以後行政長官的產生辦法的修改，在完成本地立法程序後，必須報全國人民代表大會常務委員會批准。（3）附件二《香港特別行政區立法會的產生辦法和表決程序》第 3 條規定，對 2007/2008 年以後香港特別行政區立法會的產生辦法的修改，在完成本地立法程序後，要報全國人民代表大會常務委員會備案。

這些規定表明基本法貫徹了憲法確立的原則和制度。在香港實行什麼樣的政治體制屬憲制層面的問題，其立法權不在特別行政區，不屬特區高度自治的範圍，不是特區立法的事項，其決定權在中央，是中央依照憲法和基本法應該立法的事項，具體來說就是全國人大常委會立法職權範圍內的事項。

二、特區就兩個產生辦法修改而進行的本地立法屬授權立法

儘管全國人大常委會享有憲制上的權力修改特區的兩個產生辦法，但是為了給特區人民和各界人士更多機會參與特區的政治體制改革，全國人大常委會不直接行使這個立法權，而是授權特區行政長官

和立法會先進行立法，然後再報全國人大常委會批准或者備案。

因此，基本法附件一第 7 條和附件二第 3 條是授權立法條款，通過這兩條，全國人大和全國人大常委會把本來屬自己的權力（即修改兩個產生辦法的權力）授權特別行政區行使。從性質上來看，特區行政機關、立法會和行政長官是在代替全國人大常委會進行立法工作，在代行全國人大常委會的立法權。

正因為如此，儘管該項立法的事項十分重要，但是它不屬基本法第 50 條規定的"重要法案"。如果在立法會通不過，不會導致行政長官解散立法會的後果。一般而言，基本法第 50 條規定的"重要法案"是特區對其自治範圍內的事項所進行的重大立法，一般不包括中央授權立法。

授權立法是在各國都普遍存在的一種法律制度，通常是指有某項立法權的國家機關基於特定原因把該項立法權授予其他國家機關行使，自己保留監督權和審查權，也就是最終的決定權，而不直接實施立法。實際上，全國人大及其常委會把自己享有的立法權以法律的形式授予其他國家機關行使，在中國是常見的。例如，1984 年 9 月第六屆全國人民代表大會常務委員會第七次會議通過《關於授權國務院改革工商稅制發佈有關稅收條例草案試行的決定》，授權國務院在實施國營企業利改稅和改革工商稅制的過程中，擬定有關稅收條例，以草案形式發佈試行，再根據試行的經驗加以修訂，提請全國人民代表大會常務委員會審議。有關稅收的立法權本來屬全國人大常委會，但是基於改革的需要，全國人大常委會不行使這項立法權，而是授權國務院有條件地行使指定的稅收立法權。再比如，為了保障經濟體制改革和對外開放工作的順利進行，1985 年 4 月第六屆全國人民代表大會第三次會議通過《關於授權國務院在經濟體制改革和對外開放方面可以制定暫行的規定或者條例的決定》，授權國務院對於有關經濟體制改革和對外開放方面的問題，必要時可以根據憲法，在同有關法律和全國人民代表大會及其常務委員會的有關決定的基本原則不相抵觸的前提下，制定暫行的規定或者條例，頒佈實施，並報全國人民代表大會常務委員會備案。經過實踐檢驗，條件成熟時由全國人民代表大會或者全國人民代表大會常務委員會制定法律。

上述是橫向授權，即授予其他中央國家機關以特定的立法權。除此之外，還有縱向授權，即全國人大常委會把自己享有的立法權授予地方國家權力機關行使。例如，1981 年 11 月，全國人大常委會通過《關於授權廣東省、福建省人大及其常委會制定所屬經濟特區的各項單行經濟法規的決議》，授權兩省人大按照該省經濟特區的具體情況和實際需要，制定經濟特區的各項單行經濟法規。1988 年 4 月，第七屆全國人大常委會授權海南省人大及其常委會根據海南省經濟特區具體情況和實際需要，遵循國家有關法律、全國人大及其常委會有關決定和國務院有關行政法規的原則制定法規，在海南省特區實施。此外，全國人大常委會還先後授權深圳市、廈門市、汕頭市和珠海市特區立法權。

全國人大及其常委會進行授權立法，既可以通過單行立法以"決定"或者"決議"的形式來進行，也可以通過一部正式的法律來進行，例如通過基本法那樣正式的法律把自己享有的修改特區行政長官和立法會產生辦法的權力授予特區行使。第二種情形在內地的法律中也經常出現。

三、授權立法的原則

授權立法是一個機構把依法享有的立法權委託給其他機構行使。因此，它必須符合一定的條件，遵守一定的原則。

第一，授權機關自己必須享有某項立法權，然後才可以授予其他機關行使，不能授予自己依法也沒有的立法權。全國人大常委會在憲法和基本法上享有無可置疑的決定特區兩個產生辦法的立法權，具備授權的前提。

第二，授權立法是派生立法，即根據高一級的"母法"而進行的次級立法。因此，被授權的機關在實施立法的時候，必須遵守授權機關確定的立法精神和程序，不得違背"母法"的基本原則。特區既然被授權就該事項進行本地立法，在修改特區兩個產生辦法的時候，就必須遵守基本法確定的特區政治發展的基本原則和精神，也就是"香港特別行政區的政治體制，要符合'一國兩制'的原則，要從香港的法律地位和實際情況出發，以保障香港的穩定繁榮為目的。為此，必須兼顧社會各階層的利益，有利於資本主義經濟的發展；既保持原政治體制中行之有效的部分，又要循序漸進地逐步發展適合香港情況的民主制度。"[1] 同時還要遵守授權機關即全國人大常委會 2004 年 4 月就此專門通過的《關於香港特別行政區 2007 年行政長官和 2008 年立法會產生辦法有關問題的決定》。

在程序上，授權立法必須遵守"母法"和授權機關規定的立法程序，具體來說就是要遵守基本法附件一第 7 條和附件二第 3 條的規定以及 2004 年 4 月 6 日全國人民代表大會常務委員會對這兩條規定所作的解釋。

任何違背"母法"和授權機關確定的原則精神以及立法程序的授權立法都是無效的。

第三，授權機關對授權立法有最終決定權，也就是對授權立法的監督權和審查權。首先，授權機關對被授權機關進行的立法有監督權，即監督被授權機關是否嚴格遵守有關授權的實質和程序要求；被授權機關在完成立法後，要及時向授權機關報備，接受授權機關的審查。這就是為什麼基本法附件一第 7 條和附件二第 3 條規定，對兩個產生辦法的修改，在立法會全體議員 2/3 多數通過和行政長官同意後，還必須報全國人民代表大會常務委員會批准或者備案。全國人大常委會收到特區提交的有關立法後，會依據基本法和 2004 年的有關解釋和決定進行審查，然後再決定是否批准或者備案。

總之，全國人大常委會在憲制上享有對特區政治體制的決定權。香港特區本地對兩個產生辦法的修改，在性質上不同於本地立法，是全國人大常委會通過基本法授權特區進行的特別立法活動，屬憲制層面上的問題。香港特區在對兩個產生辦法進行修改的時候，必須遵守兩個產生辦法的"母法"即基本法和授權機關即全國人大常委會確立的修改原則和程序。

1. 香港特別行政區基本法起草委員會主任委員姬鵬飛 1990 年 3 月 28 日在第七屆全國人民代表大會第三次會議上所做的《關於〈中華人民共和國香港特別行政區基本法（草案）〉及其有關文件的說明》。

05

為了全體香港民眾的根本利益
——香港普選方案的法理和情理

原文為新華社 2015 年 5 月 21 日約稿

————— • —————

　　特區政府根據全國人大常委會"八三一決定"提出的 2017 年行政長官普選方案,是綜合各種因素,考慮到香港的繁榮穩定和長治久安,考慮到國家主權和安全,考慮到民主與法治、政治與經濟等各種錯綜複雜的關係,為了香港全體民眾的福祉和根本利益,所能夠尋找到的最大共識,合乎法理和情理。

　　從法理上講,這個方案符合我國憲法的有關規定和原則精神。憲法是維護國家主權、安全和發展利益的根本大法。在任何國家,區域(地方)政權的產生辦法無論民主成份有多少,都必須首先合憲,能夠維護國家的主權和安全。合憲性是第一要求。任何違憲的選舉制度都不可能存在,更不可能生效。任何一個國家都不可能允許自己轄下的一個地方政權擬定的行政首長產生辦法,可能危及到本國的主權、安全和最高利益。

　　根據憲法,香港特別行政區實行什麼樣的政治、經濟和社會制度,行政長官如何產生,決定權屬於中央,中央對香港享有最高的憲制上的立法管治權。《憲法》第 31 條規定:"國家在必要時得設立特別行政區。在特別行政區內實行的制度按照具體情況由全國人民代表大會以法律規定。"憲法第 62 條規定,"全國人民代表大會行使下列職權:……(十三)決定特別行政區的設立及其制度"。因此,從憲法層面看,設立特別行政區的權力、決定特別行政區實行的制度的權力由全國人民代表大會行使，不是由香港特別行政區任何一個機構或者機制決定的。這本身就是國家主權的體現和保障，是對國家安全的捍衛。

25 年前全國人民代表大會據此制定了香港特別行政區基本法，通過這部法律，國家規定了在香港特別行政區實行的各種制度，其中包括政治制度和體制。根據基本法和 "人大釋法"，形成了發展香港政治體制的政改 "五步曲"。

基本法序言開宗明義指出："香港自古以來就是中國的領土，……為了維護國家的統一和領土完整，保持香港的繁榮和穩定，並考慮到香港的歷史和現實情況，國家決定，在對香港恢復行使主權時，根據中華人民共和國憲法第三十一條的規定，設立香港特別行政區，並按照 '一個國家，兩種制度' 的方針，不在香港實行社會主義的制度和政策。國家對香港的基本方針政策，已由中國政府在中英聯合聲明中予以闡明。"

根據中華人民共和國憲法，全國人民代表大會特制定中華人民共和國香港特別行政區基本法，規定香港特別行政區實行的制度，以保障國家對香港的基本方針政策的實施。"

基本法第 45 條和附件三以及全國人大常委會的有關解釋和決定，又對香港特區如何改革基本法規定的政治體制作出了具體明確的法律指引。無論是憲法、基本法，或者全國人大常委會的 "釋法" 和決定，都是中國作為主權國行使對香港的主權的行為，是特區政府施政，特別是擬定政改方案必須遵守的最高法律指引，對特區具有最高的法律約束力。

特區政府就是根據憲法、基本法和全國人大常委會的有關解釋和決定，特別是去年（編按：2014 年）8 月 31 日所作出的決定，擬定了目前正在討論的政改方案，是合憲合法的。

這個方案也是合情合理的。有人懷疑中央在香港普選的誠意和決心，認為這不是 "真普選"。其實，中國共產黨從成立之初就把實現人民民主作為自己的奮鬥目標，如果香港 2017 年能夠順利實現普選，香港將是中國共產黨執政下第一個實現普選的地方，對實現中華民族偉大復興的中國夢具有特殊意義。香港普選不僅是香港地方的事情，更是國家的大事，符合國家發展的戰略方向和根本利益，具有重要戰略意義。中央支持普選、推動普選，不是玩假的，而是玩真的，儘管很難，但是這一步必須邁出去，任何人不要懷疑國家的誠意和決心。

與回歸以前港督的產生辦法相比，現行選舉委員會選舉特首的模式無疑是民主的巨大進步，過去的港督和港英政府如何產生，港人根本就無緣置喙，沒有任何參與的空間和機會。雖然回歸後，香港的民主進程從未停止，選舉委員會規模從 400 人擴大到 800 人，再到現在的 1,200 人，但這不是香港民主發展的終極目標，只是 "熱身" 起步。將來實行行政長官普選後，最大的政治效果就是選舉行政長官的投票權從 1,200 人向 500 萬人轉移，500 萬人將開始享有更多的政治權利，香港的政治生態將發生根本的變化。

即便不是所有、最起碼絕大部分政治問題最終都是經濟問題。人們談政治，很多時候實際上是在談經濟。美國開國先驅、憲法之父，美國政治體制的重要設計師詹姆斯‧麥迪遜在《聯邦黨人文集》第十篇毫不含糊地提出一個原則：一切政府的首要任務就是經濟。[1] 美國總統由普選加上 538 人組成的選舉團最終選舉產生的制度設計，就是基於維護美國資本主義發展這一重要的經濟考慮。儘管不是直接、完全的民主，經常被人批判，但是大部分美國人民不認為這是 "假普選"，200 多年來也沒有多少美國人為 "真普選" 而試圖修改憲法規定的這個不是很民主的普選制度。包括英國在內的很多其他國家對選民和候選人資格施加這樣或者那樣的限制，也都是基於類似的經濟考慮。因此，香港普選也絕不僅僅是政治法律問題，本質上也是經濟問題。目前行政長官由主要由工商界等組成的 1,200 人選舉委員會產生，政府自然更多關照工商界，香港因此成為工商友好的資本主義大都會。普選將產生的直接經濟效果是，普選必然促使行政長官和特區政府更加有力地保護和照顧香港普羅大眾的利益，資源和財富的分配將逐漸向 500 萬人傾斜，貧富懸殊將逐漸減少，廣大市民的福利將會不斷提高。任何理想的普選方案不僅要讓全體選民能夠行使神聖的投票權，真正當家作主，也必須有利於維護香港資本主義的發展，維護香港的繁榮穩定，讓投資者可以繼續放心，兼顧工商利益和普羅大眾的利益，魚和熊掌必須兼得。

經常有人問為什麼一定要保留 1,200 人的提名委員會？保留提名委員會不僅是憲制要求，是基本法制定時就規定了的，當時就經過了很多很多討論，最終達成了這麼一個共識。最重要的是，保留提名委員會，就保留了香港資本主義，保留了香港國際工商大都會的地位，保留了香港的繁榮穩定。一句話，保留提名委員會，就是為了香港經濟持續穩定的發展。取消提名委員會，勢必極大影響香港經濟發展，影響香港的國際和國內經濟競爭力，影響到香港的繁榮穩定。試想，如果沒有這個提名機制，目前掌握香港經濟命脈、向政府交納大量稅收的這 1,200 人，與 500 萬選民一樣也是一人一票，完全無法對特首的產生發揮任何實質影響，這勢必極大改變香港長期堅持的"工商友好"的政權架構。未來的行政長官和特區政府將只對 500 萬人負責，而不用怎麼照顧工商界的利益。香港的工商稅收將會越來越多，長期的低稅政策將會改變，"小政府，大社會"將逐漸演變為"大政府，小社會"。由於"劫富濟貧"政策的推行，相應地社會福利將會越來越多，福利主義色彩將會越來越濃。

因此，要不要提名委員會，本質上是經濟問題，是香港特別行政區未來根本走向的大問題。香港到底是走向高福利的、福利主義色彩濃厚的資本主義，或者在實現普選、照顧好 500 萬人利益和福祉情況下，讓投資者可以繼續放心，繼續參與政治，繼續把香港作為自己事業發展的基地，繼續為廣大市民提供穩定的工作機會，維護好香港資本主義的繁榮穩定。其實工商界的利益與普羅大眾的利益最終是統一的，只要工商界能夠繼續在香港好好放心經營，不斷擴大自己的企業，香港普羅大眾才能夠有更多更好的工作機會和收入。如果沒有有力的制度保障，香港營商環境變差，工商界無法在香港經營了，人人都只享受民主的過程和隨之帶來的更多的福利，以為這些福利都是從天上掉下來的，都着眼於如何分餅，如果分享社會財富，不再努力打拚，艱苦創業，增加社會財富，最終香港一定會坐吃山空，工商凋零，民生艱困，繁榮不再，所有人都蒙受其害，無人獲益。

政府是全體民眾的政府，既要照顧好大眾的利益——普選後這是必然的，也要照顧好關鍵"小眾"的利益——如果沒有這個提名機制，普選後這是不一定的。目前的方案就是這麼一個 "雙贏" 的方案，大眾 "小眾" 都是骨肉同胞，都應該得到照顧，一個都不能少，均衡參與，利益均享，所有人的利益和權利都必須得到保護。因此，這是一個科學的、合情合理的制度設計。最終，一切都是為了全體香港民眾的福祉和根本利益。

| 註釋 |

1. 查爾斯 · A. 比爾德：《美國憲法的經濟觀》，何希齊譯，119 頁，北京，商務印書館，2010 年。

06

論特別行政區的行政主導體制

寫作於 2005 年 5 月 21 日

—————— • ——————

　　不同國家、不同地方在行政、立法、司法三者之間分權的方式方法不同，由此形成了不同的政治體制。例如美國採取的是三權分立的體制，英國採取的是議會制，法國採取的是"半總統制、半議會制"，而孫中山先生結合美國的三權分立和中國傳統政治體制中的精華，創造了"五權憲法"的體制。根據自己的國情和歷史，中國憲法規定的政體是人民代表大會制。香港特區由於不是一個國家，但又不是一個普通的地方政府，內地的人民代表大會制肯定不適用於香港，但是又不能原封不動地保留香港原有的行政主導體制，也不能全盤引進三權分立或者議會制。基本法起草委員會對此有過激烈的討論，[1]由此設計的政治體制具有很多鮮明的特色。

　　基本法首先繼承了香港原有政治體制中被實踐證明是成功的、對香港的繁榮穩定具有重要作用的因素，在特區行政機關、立法機關與司法機關三者之間關係上，基本法確立的體制是，司法獨立，行政機關和立法機關互相制衡、又互相配合。[2]而整個特區政治體制貫徹了行政主導的原則精神。

　　司法機關必須實行獨立，只服從法律，不受任何干涉。行政機關和立法機關互相制衡、又互相配合，對於這些，基本法規定得比較清楚。這裡重點談談"行政主導"問題。

　　"行政主導"是相對"立法主導"而言的，重點解決行政和立法的關係問題。基本法儘管沒有明確使用"行政主導"這個詞，基本法起草委員會主任委員姬鵬飛 1990 年 3 月 28 日在向第七屆全國人民代表大會第三次會議做《關於〈中華人民共和國香港特別行政區基本法（草案）〉及其有關文件的說明》中，也沒有使用這樣的字眼，但是，毫無疑問這個立法指導思想是明確的，從基本法具體條款的規定上也可以很清楚地看到這一點。

一、"行政主導" 的表現

1. 根據基本法的規定，行政長官既是特區行政機關的首腦，又是整個特別行政區的首長，代表整個特別行政區。"特別行政區行政長官" 中的 "行政" 兩個字是可以去掉的，即準確地應該叫做 "特別行政區長官"，其地位儘管與以前的 "港督"（Governor）不同，但是二者是相似的，只是 "特別行政區行政長官" 的產生有港人的參與。

2. 行政長官不僅直接領導特區政府各部門，獨立掌握行政權，而且在某些特定的立法和司法過程中，也扮演十分重要的角色，例如行政長官如認為立法會通過的法案不符合香港特別行政區的整體利益，可在三個月內將法案發回立法會重議，行政長官可以解散立法會，行政長官任命法官，等等。

3. 尤其在與立法的關係上，儘管行政長官不能像以前港督那樣領導立法局，但是，行政長官應該有一定的、獨立的超越地位，不能成為立法機關的附屬，不能完全受制於立法機關，否則那就是 "三權分立" 或者 "議會主導" 了。

4. 在與中央的關係上，中央人民政府主要是通過行政長官與特別行政區發生關係的，行政長官要對基本法的實施、並就特別行政區的所有事務向中央人民政府負責。這些都是行政主導的體現。

二、採取 "行政主導" 的原因

這樣做的目的並非基本法制定者特別喜歡行政主導，原因主要有二。一是香港原來的體制是絕對的行政主導，港督儘管由英國任命而非由香港居民選舉產生，但是港督相對行政機關和立法機關卻是處於無可挑戰的凌駕地位，這樣使得政府能夠高效運作，迅速解決各種各樣的問題。基本法基本保留這樣的體制不是為了便於國家控制香港，而是為了香港能夠維持穩定和繁榮。因為這樣的政府體制是香港以前成功的必要條件（儘管不是充分條件），如果基本法設計一個全新的體制，基本法的制定者心中無數，不敢肯定能否成功。而政治體制是不可隨便嘗試的，可以說只能成功，不能失敗。沒有一個人敢於拿香港的繁榮穩定、拿香港的未來做試驗，嘗試一個全新的政治體制，可謂責任重於泰山！中央負責制定基本法，負責規定香港特區實行的制度，就要對香港的持續繁榮穩定負起最高的責任。為了穩妥，最好就是基本保留原來的制度和體制。

第二個原因是，從現代各國各地政治體制發展變化的經驗來看，第二次世界大戰後，無論實行三權分立或者議會主權，都在或多或少向行政主導演進，行政權力的擴大是一個不爭的現實，以至於像在美國那樣嚴格實行三權分立的國家，人們都驚呼產生了"帝王般的總統"。原因是當代社會日趨複雜，人們不得不授予行政機關更多的權力。[3] 基本法的制定者不能不考慮各國憲法發展的這個態勢，香港作為一個人多地少、情況複雜的地方，讓行政長官和行政機關發揮較大的作用是適宜的。

但是，基本法並非全盤繼承原來的行政主導體制，而是根據香港社會發展的需要有所改革。在堅持行政主導的同時，也強調行政長官要對整個特別行政區負責，特區政府要對立法會負責，行政機關和立法機關之間既要有配合，也要有制衡。基本法在這個方面也規定了相應的制度和機制。

| 註釋 |

1. 王叔文主編：《香港特別行政區基本法導論（修訂本）》，207 頁，北京，中共中央黨校出版社，1997。

2. 蕭蔚雲：《一國兩制與香港基本法律制度》，225、231 頁，北京大學出版社，1990。

3. 參見許崇德、工振民：《由"議會主導"到"行政主導"——評當代憲法發展的一個趨勢》，《清華大學學報》（哲學社會科學版）1997 年第 2 期。中國人民大學書報數據中心複印報刊資料《憲法行政法》1997 年第 6 期轉載。

第五章

普通法與大陸法

普通法的治理哲學

原載《法制日報》2002 年 4 月 15 日，收錄時有刪節

———— • ————

最近研讀普通法的一些著作，對普通法產生了一些新的認識，寫出來與大家共勉。我認為，普通法絕不僅僅是一種法律制度，而是一套治理國家的哲學。

法治是治理國家的一種現代方式。提起這種新的治國之道，我們首先聯想到立法，即由立法機關制定大量的法律，用"法網"把社會生活的每一個方面都給"網上"，這好像就是法治了，就放心了。然而，生活之樹是長青的，任何完備的法律、任何最即時的立法在日新月異的社會生活面前，都會顯得過時、落伍，因此，必須得有人解釋法律才行。尤其對憲法性法律，要求有很高的穩定性，不可能經常修改，因此由一個特定機關不斷對成文立法進行闡述發揮就是不可避免的。那麼，由哪個機關來解釋憲法和法律呢？不同的法律制度對此有不同的規定，但是在任何法律制度下，法院都起碼是其中一個解釋法律的機關。然而在普通法之下，法院的角色絕不僅僅限於解釋已經制定好了的成文立法，法院還有更重要的用場，即法官通過判案可以被動創造法律規範，這才是普通法的精髓所在。

普通法對社會發展出現的任何新生事物所採取的基本態度是，任何事情在剛出現的時候，先保留一段看似"無法無天"的狀態，先讓社會自我規制，如果社會能夠自我"搞定"，國家就不再立法干預了。因為任何事情如果一出現就立即立法管治，肯定會限制社會的發展。任何立法，無論如何寬鬆的立法，都會對人的創造力的充分

發揮、對社會的充分發展構成一定的限制，對社會帶來一定的"硬傷"。所以，在普通法看來，不是立法越多越好，相反立法太多可能阻礙社會的發展。因此最好先不要立法管治，讓社會大膽地試、大膽地闖，一直往前走。

普通法的治理邏輯是，先假定一切都是可以做的、是合法的。法無明文規定不犯法、不為罪。如果沒有人對你的行為提出異議，那就說明你這樣做是可以接受的，因而是合法的。但是，如果"出事"了、發生問題了，有人對你的行為提出異議，到法院去挑戰你的行為，那麼就要由法官大人來審理並決定你這樣做到底行不行，到底是否合"法"，這個時候才由法官出面告訴你在這件事情上"法律"是什麼，這個時候才有"法律"問題，才有國家出面的問題，否則國家會一直不出面。在普通法制度下，沒有什麼案件是法院不可以受理的，也沒有什麼案件是法官不可以判決。普通法法院一般不會因為沒有成文法律依據而將一個案件拒之門外，因為那是不負責任的。像中國這樣通過法律設定法院的受案範圍，而法院也可隨意決定什麼案件可以不受理，從而將一些"麻煩"拒之門外，這在普通法看來，是不可思議的。

所以，在普通法的環境下，法治不等於立法；相反，法治主要是指司法，而司法相比立法和行政的一個主要特性是被動性，即"不告不理"。在普通法的語境下談論法治，首先想到的是法官的獨立和高標準的司法，而非立法機關大量的立法，更非行政機關大量的"行政立法"（相反這些可能正是法治要"治"的重點對象）。社會管治一定要考慮社會成本，要儘可能減小社會成本，減少社會為人定規範付出的代價，最好讓社會形成自己的發展規範和機制。採取立法行動往往打擊一大片，而司法只針對個案，採取個案處理的方式來管治社會是相對較為經濟的方法。由司法而非立法或者行政來"主管"社會，就是代價最小的一種社會治理方式。

但是，普通法下的這種"法治主義"不是無政府主義，而是要"積極地"不干預，無為而治，不輕易"打擾"，不強制中斷社會的正常發展進程，但是要有合理的政府規制。政府對任何事情當然可以立法管治，如果它認為必要的話。只不過任何政府的立法不得有追溯力，不得溯及既往，對人民在法律生效以前的行為沒有效力。而且，當社會出現新的事物時，如果政府想先下手為強，先管理，政府可以立法，制定"法律"規範，但是政府的立法是否合理，法律是否具有正當性，這要由獨立的法院來最終決定。無論是立法機關制定的正式法律，或者行政機關的行政性法規，都不是最後的、最權威的規範，這些"人定"的法律規範還要接受法官的審查，人民有權利到法官那裡訴說政府的立法是如何滑稽、沒用、甚至非"法"，要求法官廢除這些立法。政府當然可以爭辯，說我這樣立法是為了社會整體利益，如何科學合理。最後要看法官如何判斷了。

法官會如何作出判斷呢？其標準是什麼呢？標準就是憲法或者憲制性法律，例如特別行政區的基本法。這就是司法審查或者違憲審查的來歷。可見，法官是政府和人民之間的仲裁者，仲裁的最高標準是由人民制定的根本法，即憲法。在普通法下，法官的最高職責是捍衛憲法，而不是法律。什麼是法治？我們常說，法治主要是為着治"官"，而"官"由立法官、行政官和司法官組成。從某種意義上說，法治主要就是"治"立法、"治"行政，即由獨立的司法官根據憲法和常識來"治"立法官和行政官。

因此，普通法的治理觀念是，法治（rule of law）就是法官之治（rule of judge），是被動之治，是個案之治，並非立法之治，主動之治，全面之治。法律的主要目的是保護人民，而非打擊罪犯。寧可漏掉一萬個不法之徒，不可冤枉一個無辜百姓。[1] 政府是監控者，而非社會發展的主導者、領導者，人民才是社會的主人，是主導者。法官是法律的源泉，是一切是非標準的最後裁判者、制定者。

這樣治理國家和社會的好處是，第一，讓社會獲得充分的發育、發展，把人的潛力充分地挖掘出來，社會得到最充分的"膨脹"，這樣就形成一個大社會、小政府的格局，社會的自我管理能力特別強。其假設的前提條件是，社會不需要"父母官"，人民比政府聰明，憑自己的良知和教育，人民知道如何管理自己；而不是政府比老百姓聰明，老百姓好像永遠都長不大，事事需要政府管治"教育"才行。

第二，在這種治理模式下，由於政府不輕易立法干預，社會的發展發育是自然的、正常的，"人為的"痕跡較少。無政府主義的一個立論就是，無論政府的任何管治干預、國家的任何事先立法都是對社會正常發展的粗暴干預，而政府干預太多，社會就難於成長，就不可能長成參天大樹。正如使用大量農藥種植蔬菜一樣，由於大量使用農藥，蔬菜固然沒有了病蟲害，十分蔥綠"健康"，但是很多營養也就失去了，損失其實很大，而且還會危害食用這些蔬菜的人的健康，這就因噎廢食、弄巧成拙了。社會發展也是一樣的，普通法的邏輯是，應該儘可能按照社會發展運動的自在規律讓它自然地成長。不戰而屈人之兵，無為而治，才是最好的治理。

再次，在這種治理模式下，社會的發展是平衡、平穩的。這裡說的"平衡"，是指社會和政府之間的平衡。如果政府對社會干預太多，肯定會導致政府機構膨脹，形成大政府、小社會，頭重腳輕，導致不平衡。普通法、衡平法的真諦就是通過一個獨立的司法系統，使社會和政府處於一個平等、平衡的狀態。而且由於這樣可以使社會平穩發展，社會的發展是充分的、正常的、平衡的，因此就是平穩的，較少衝突。這樣就可以使國家長治久安、國泰民安。

還有，這種積極的不干預的法治管理模式，可以儘可能多地消滅社會不平等，促進社會正義。新的事情出現時，由於政府不參與競爭，因此新的機會對所有社會成員都是平等的。加之政府通常不預先立法干預，這樣就不可能產生人為的特權。即使發生了糾紛和問題，也由獨立的法官來居中解決，可以不偏不倚。這樣就儘可能消除了產生嚴重社會不公的可能。因為實際上很多社會的不公正，都是由於政府的過多干預才產生的，而不是社會自發形成的，問題往往就出在政府本身。就好像人人都在社會的汪洋大海中游泳，大家都是平等地自由競爭。但是如果政府也下去游泳了，或者政府干預游泳活動過多，那就會導致很多不公問題的產生。因此，普通法的理念就是在這種情況下，政府只需在岸邊監督，如果有人體力不支，需要救濟，政府這個時候才出面救濟；如果有人仗着自己技術好、力量大，想獨霸一方，形成壟斷，造成了不公正，那麼在岸邊負有監督職責的政府就要干預，就要反對壟斷或者不平等交易。這才是實行市場經濟情況下政府應該扮演的角色。

這看似是很寬鬆的一種治理方法，但是一旦你觸犯了法律，而法官也認可國家的立法是"合法"的，那麼其處罰是很嚴格的。例如在普通法之下，犯法就是犯罪，任何違法行為不管大小，都要"過堂"，都要由法官來解決。中國把違法和犯罪當成兩個不同的概念，比如偷盜、貪污、受賄，如果數目小就不視為犯罪，可以不經過法官而徑直給予行政處分或者不處分。但是在普通法下，偷盜、貪污、盜竊哪怕是一分錢，也是犯罪，也要追究，也要交法官處理。從性質上說，貪污一分錢和貪污一億性質上是一樣的。這就是為什麼香港曾經出現因為偷竊五元錢而被治罪的個案。犯法到一定程度才是犯罪，這在普通法看來是過於寬鬆。

這樣看來，在普通法國家或者地區，最"有權"的不是民選政府官員或者議員，而是法官。情況確實是這樣。這樣一種社會治理模式，是以司法為中心的模式，實行的是"司法至上主義"，法官是體制的核心，法官可以廢除政府的所謂立"法"，法官可以通過判決"制定"真正權威的"法"。[2]

這種社會治理方式看起來很奇怪，讓一群沒有民意基礎的法官來治理，好像不民主。這實際上是一種精英治理模式，類似於亞里士多德的"哲學王"治理模式，即挑選一些社會的長者、智者、真正懂"法"（而非"法律"）的人來判斷是非，對重大事情、重大的憲法問題作出最後決定，而非交給那些受民意支配、常常衝動、非理性的民選官員和議員。

這種情況下，選擇什麼樣的法官就顯得相當重要。法官是法的化身，是一切社會糾紛的最高、最後的權威裁判者。法官應該是人間精英，法官應該是神，永遠不會犯任何錯誤，人民實在承受不了法官犯的任何錯誤。我發現有兩個非常有趣的"造神"現象，在人治下，人們把最高行政長官當成神，對他（她）的一切都充滿了好奇；而在法治下，人們把法官當成"神"那樣地去崇拜，法官自我也覺得是神，整天把自己封閉起來，似乎不食人間煙火。本人就曾經親自經歷過，香港的法官一次聚餐時發現有記者在場，就要求我先"清場"，把老記們請出去才肯入座，我問為什麼，他們說那樣不雅。怎麼可以讓"凡人"看見法官大人是如何吃飯的呢？那太影響形象了。這就難怪法官不願意接受記者採訪，而香港的記者偶然見到首席大法官李國能週末到戶外訓練營"度假"，和一群中學生打籃球，大法官笑逐顏開，對此十分好奇，馬上當成新聞加以報道，因為好不容易捕捉到大法官"青春活潑的神態"。[3] 法官打球可以成為新聞，這足見社會公眾對法官的崇拜心理。

對法官提出這麼苛刻的要求，是因為社會對法官的寄託太多、太沉重，人民的身家性命、財產、一切的一切都操在法官的手中，國家和社會的命運可能由他們來決定。所以，選擇法官的條件除了要求是法律精英，要懂最根本的大"法"、要公正無私外，還要求法官是道德精英，是智者，是長者，這可能是人類最原始的由長老掌管部落重大事務的一種現代變形吧！法官要長者，行政官和議員則可以年輕一點。[4] 實際上，把民選政府官員、民選議會和由社會精英獨立操作的司法機關有機結合起來，就做到了既是民主的，又是法治的、科學的、理性的，這可能是較為理想的治理模式。

實行普通法（判例法），不僅要求法官的素質水平要高，而且人民的素質也要普遍達到一定的程度才可以。因為很多社會規則要由人民自發形成，法官要尊重人民的慣例，如果人民普遍的教育程度不高，素質不好，社會可能就亂套了，這樣就很難實行這種法律自治。

在這裡，我不是建議中國全盤採取普通法制度，那是不可能的。但是加深我們對普通法基本精神的理解，深入探討普通法的治理哲學，對在發展市場經濟條件下如何正確處理政府與社會的關係有好處，對中國正在進行的法制改革乃至政治體制改革都是有啟發的。我覺得如果能夠發展出一套具有中國特色的判例法，對中國完善法治肯定不是壞事。以判例法為主要特點的普通法制度一個鮮明的優點是，在遵循先例的原則下，可以避免同類案件反覆發生，避免不同法院對同樣的案件作出不同的判決。在中國，我們常常見到許多案件反覆發生，例如法院判決政府的某一項罰款是違法的，應該退還給公民甲，有關政府部門執行判決，退錢給公民甲。但是由於法院的判決沒有先例的效力，因此，政府據以罰款的"規定"依然有效，在公民乙碰到同樣事情的時候，政府同樣罰款，同樣的官司就可能在法院無限重複，不同的法官作出的判決又可能完全不同。這絕對不是一個法治狀態。因此，我建議在條件成熟的時候，應該發展中國自己的判例法。

| 註釋 |

1. 中國現任前南斯拉夫戰犯國際法庭法官劉大群先生，曾經對普通法和中國法的觀念有過精彩的對比。以刑法為例，儘管任何刑法都有打擊犯罪、保護人民兩種功能，但是他認為普通法的刑法首先着重保護人民，中國刑法強調的首先是打擊敵人，而這兩種觀念在實際中產生兩種不同的司法實踐。2001 年 12 月 20 日劉大群法官在清華大學的演講。

2. 儘管英國實行普通法，但是由於英國奉行 "議會主權"，因此議會是最高的，法官只能忠實執行議會的立法。但是，隨着英國加入歐洲聯盟，這種情況已經發生變化，議會至上已經受到動搖。參見，Yash Ghai, *Hong Kong's New Constitutional Order*, Hong Kong University Press, 1999. p.305.

3. 《明報》2002 年 1 月 19 日。

4. 當 1991 年美國總統布殊提名年僅 43 歲的非裔律師 Clarence Thomas 為美國最高法院大法官時，就遭到社會強烈的批評。除了其他種種原因外，批評者其中一個觀點就是他太年輕，經驗不夠，不足以擔當如此大任。

從香港律政司署的性質功能
看普通法對律師職業的理解

原載《中國律師報》1996 年 7 月 31 日，收錄時略有修改

————— ● —————

香港自 19 世紀中葉引進英國的普通法，並由此形成自己一套獨特的法律制度，本文僅就律政司署的性質、功能以及普通法下律師職業的特點作一些介紹。

一、律政司署的性質與功能

律政司署，其英文為 Legal Department 或 Attorney General's Chambers（可譯為國王總法律顧問辦公廳或辦事處），律政司署的首腦（Head）為律政司。律政司署是處理香港政府所有法律事務的部門，因此稱為 "法務部" 應該是最合適的。

在現代社會，政府與其他社會組織如公司、工會、學校和公民個人一樣，要遇到各種各樣的法律問題。在這種情況下，政府就必須聘請大量的律師來處理自己繁多而又複雜的法律業務。例如，當政府與公民或法人發生民事糾紛時，當政府在進行社會管理過程中，認為某一方面的事宜有必要進行立法管制時，都要聘請律師處理法律業務，有時政府也會請律師研究政府對整個社會法律秩序的看法、態度和所應採取的對策等。

這種情形與公民聘請私人律師，其他社會團體、法人聘請法律顧問，在性質上是相同的。只是由於政府是最大、最具權威的社會組

織，因而，它聘請律師與公民和法人聘請律師有所不同。其一，政府是長期聘請的，只要有政府存在，就有聘請律師的必要，而公民個人和社會團體一般是一事一聘，不一定長期聘請律師；其二，政府聘請各種專業律師，包括憲法方面、刑事、民事、國際法、立法草擬（就像私人律師草擬民事合同）等各種專門律師，而一般個人或社團只會根據自己遇到法律問題的性質不同而聘請不同的律師；其三，政府所需律師數目大，是律師業的最大僱主；其四，由於上述種種原因，政府聘請的律師只能像一般文職官員一樣領取固定的薪金，而不能像律師樓中的私人執業律師一樣可以隨行就市，因案因人而異收取不固定的傭金。雖然他們的收入有差距，但政府律師的收入是穩定的，是"鐵飯碗"。香港政府聘請的這些各種律師集合到一起，就組成香港政府的一個法律部門，即律政司署。

當律政署勤奮能幹的大律師向我們介紹他們的工作時，多次用到"Client"（顧客、客戶）這個詞來指政府及政府各部。這充分顯示了他們強烈的服務意識與獨立的職業精神。

二、對普通法下律師職業的一些看法

1. 在普通法下，所有從事法律工作的人都必須是職業律師出身，都必須受過正規的大學法學教育與訓練，並取得職業律師資格。這樣就保證私人律師樓中的律師和律政署及其他政府部門的律師，還有法院中的律師（法官），所受的法學教育都相同，因而有共同的價值取向，不致造成法律標準的不一，使公平正義受到侵害。

2. 在普通法下，律師完全是一群自由的職業者，靠自己學會了法律這門"手藝"生活。律師資格的授予、律師級別的評定、行業紀律的執行完全是律師公會、大律師公會自己的事，跟其他行業協會是一樣的。有兩個例子最能證明律師業的獨立性。當一個時期犯罪率上升，律政署中的政府律師（Government Lawyer）人手不夠，香港政府就出錢聘請一些私人執業律師臨時代表政府檢控刑事嫌疑犯。而法院的法官也來自律師隊伍，在普通法裡，法官必須是律師精英，因為他們也制定法律，而且是最權威的法律發言人。如果法官人數不夠，而案子又多，則可以從資深的私人執業大律師中聘請"暫委大法官"來臨時處理案件。

3. 在普通法下，沒有絕對權威的立法者。政府和公民個人都可以提出立法倡議，議會作為民意的代表機關進行審查。一個法案在議會通過後並不當然地成為法律，如果沒有公民對它的"合法"性，即是否符合憲法提出挑戰，就推定它合法；一旦有公民到法院對其"合法性"提出挑戰，就要由法官審查其"最終合法性"了。如果法官確認了它"合法"，那麼就可最後賦予這部法律以法律效力，如果法官認為它不合"法"，這部法律可以說就是沒有通過最後的"立法程序"，就要被廢止。可見，在普通法體系下，議會也不是最終的、權威的立法者，它的立法必須接受法官的審查（Judicial Review）。這樣，真正"合法"的法律就體現在法官的判詞裡邊，這就是為什麼普通法賦予法院判決以普遍法律效力的原因。

那麼，誰是權威的立法者呢？律師。因為法官也是律師出身。同時，議會在審議法律時，要徵求律師意見。政府或公民個人在提出法律草案時也有律師參與，可見，在整個立法過程中起主導作用的始終是律師。

（註：根據基本法的相關規定，1997 年香港回歸後，香港律政司署改為香港律政司，香港律政司署的首腦改為香港律政司司長。）

03

論特別行政區立法權的一個問題

寫作於 2007 年 3 月 29 日

———————— • ————————

　　根據基本法的規定，特別行政區享有的重要的高度自治權之一是立法權。我們是否可以據此認為中央就不再享有對特別行政區的立法權呢？如果中央還保留了對特區的立法權，這些立法權是如何行使的呢？回歸十年又有哪些立法個案？本文探討的就是基本法關於立法權限的規定，認為儘管基本法授權特區享有立法權，但是並非把所有的立法權都授予了特別行政區，而是保留了一些立法權，中央在不屬特別行政區高度自治的事項上仍然享有立法權。

一、中央與特別行政區立法事項的分工

　　基本法關於特別行政區的立法權有如下規定：

　　第 2 條規定：全國人民代表大會授權特別行政區依照本法的規定實行高度自治，享有行政管理權、立法權、獨立的司法權和終審權。

　　第 17 條規定：特別行政區享有立法權。

　　第 18 條規定：在特別行政區實行的法律為本法以及本法第 8 條規定的香港／澳門原有法律和特別行政區立法機關制定的法律。

　　全國性法律除列於本法附件三者外，不在特別行政區實施。凡列於基本法附件三之法律，由特別行政區在當地公佈或立法實施。

　　全國人民代表大會常務委員會在徵詢其所屬的特別行政區基本法委員會和特別行政區政府的意見後，可對列於本法附件三的法律作出

增減，任何列入附件三的法律，限於有關國防、外交和其他按本法規定不屬特別行政區自治範圍的法律。

全國人民代表大會常務委員會決定宣佈戰爭狀態或因特別行政區內發生特別行政區政府不能控制的危及國家統一或安全的動亂而決定特別行政區進入緊急狀態，中央人民政府可發佈命令將有關全國性法律在特別行政區實施。

可見，根據基本法第 2 條的規定，在特區實施的法律按照制定主體可以分為兩大類，第一大類是特區本地法律，主要由特區立法機關制定；第二大類是國家為特區制定的法律。基本法規定特區享有立法權，但是特區的立法權並非排他的、壟斷性的，中央在授予特區立法權的同時，還保留了對特區的部分立法權。

特區對於依據基本法屬於特區高度自治的事項，擁有立法權。這些事項包括：

1. 行政管理方面；

2. 本地立法的技術性事務；

3. 本地司法問題；

4. 第 5 章經濟方面，包括財政、金融、貿易和工商業、土地管理、航運和民用航空；

5. 第 6 章規定的事務，即教育、科學、文化、體育、宗教、勞工和社會服務；

6. 第 7 章規定的對外事務。

基本法第 17 條所指立法權就是這些方面，中央不會對這些事項進行立法。但是，超越上述事務特區就不再享有立法權，而是中央立法權限的範圍。依據基本法，中央享有的立法權都是涉及國家外交、國防等主權問題的事項，在這些方面特別行政區與內地各省、直轄市、自治區又具有共性。這些全國性事務包括：

1. 與特別行政區有關的外交事務；

2. 特別行政區的防務；

3. 其他不屬特別行政區高度自治範圍的事項，例如特區政治體制改革等；

4. 剩餘立法權。

關於"剩餘立法權"問題,在單一制和人民代表大會制度下,實際上並不存在"剩餘立法權",因為任何地方區域的立法權本來就是中央授予的,而且中央有權通過法律明確界定自己與地方各自享有的立法權力。規定中央和地方立法權限的《立法法》本身就是全國人大制定的,這就說明地方的立法權是由中央授予的。但是,在立法技術上還必須規定如果出現法律沒有規定的事項時,應該歸誰立法管轄的問題,否則就要造成"權力真空"、"法律真空",就有可能導致混亂。為此,《立法法》第8條在列舉了中央專屬的九項立法權後,第10項規定"必須由全國人民代表大會及其常務委員會制定法律的其他事項",該規定也說明如果還有法律沒有明確的立法事項,自然就先歸中央享有,再由中央決定是否把該項立法權授予地方行使。這是《立法法》對"剩餘立法權"的處理。

對於中央與特別行政區之間的"剩餘立法權"的處理,基本法堅持了同樣的原則,即如果還有"剩餘立法權"的話,也應該首先歸中央,然後再由中央決定是否繼續授權特區享有。基本法第2條規定全國人民代表大會"授權"特別行政區實行高度自治,第20條規定特別行政區"可享有全國人民代表大會和全國人民代表大會常務委員會及中央人民政府授予的其他權力",這些規定就暗含了如果存在"剩餘立法權"的話,當然歸中央享有,儘管它可以繼續把這些"剩餘立法權"授予特別行政區行使。因此,中央保留了"剩餘立法權"。

二、中央對特區立法的方式

中央享有基本法的制定權和修改權,是中央對特區享有立法權的最重要的表現。除此之外,中央在自己法定職權範圍內對特區立法有兩種形式:一是由全國人大或者全國人大常委會把全國性法律列入基本法附件三,直接在特區實施。二是全國人大或者全國人大常委會單獨為特區進行特別立法。下邊分別對此加以論述。

(一)基本法的制定和修改
基本法是規定特別行政區政治、經濟、文化制度、居民的權利與義務、中央與特別行政區的關係等重大問題的基本法律，是特別行政區行政、立法和司法的基礎，也是中央和特別行政區都必須遵守的憲法性法律，號稱"小憲法"。根據中國憲法，只有中央才有特別行政區的創制權、才有權對特別行政區實行立法管治、規定特別行政區實行的制度，因此也只有中央才有權制定基本法。基本法的制定主體只能是中央，而不是特別行政區，也不能是中央與特別行政區兩個主體，也就是說基本法不是中央與特別行政區雙方協商談判的產物。中央享有對特別行政區的立法權、有權為特區立法，最重要、最明顯的表現就是基本法是由全國人大制定的。

法律的制定機關必然有權修改自己制定的法律，全國人大制定了基本法，也必然有權修改基本法。基本法規定，修改基本法的提案權屬於全國人民代表大會常務委員會、國務院和香港／澳門特別行政區。基本法的修正案要由全國人民代表大會以全體代表的過半數同意才算通過。在基本法制定後，中央享有基本法的修改權是中央享有對特區立法權的最重要的表現。

（二）將全國性法律適用於特別行政區

正常情況下，全國性法律應該適用於國家的每一個地方。但是由於我國實行"一國兩制"，這使得我國在法律上客觀形成了"一個國家，三套法律制度"的情況。基於政治上的"一國"，總有一些全國性法律需要在特區實施。全國人大在通過香港、澳門基本法的時候，已經把個別有關"一國"的全國性法律實施於特區。特區成立後，全國人大常委會又增加了一些全國性法律在特區實施。根據基本法，全國人民代表大會常務委員會要增加或者減少附件三的全國性法律，必須徵詢其所屬的特別行政區基本法委員會和特別行政區政府的意見。

把全國性法律直接適用於特區是中央為特區立法的主要方式，也是最簡便的方式。目前已經有 12 部全國性法律在香港實施，11 部法律在澳門實施。[1] 這些全國性法律毫無疑問在特區是有法律效力的，是特區法律的組成部分。

1. 全國性法律在香港特別行政區適用的情況

基本法 1990 年通過時有六部全國性法律被列入基本法附件三在香港實施。回歸十年以來，全國人大常委會分別於 1991 年、1998 年和 2005 年三次增減附件三的全國性法律，目前有 12 部全國性法律在香港特區實施。這 12 部法律規範的事務都是特區沒有立法權的事項。具體情況如下：

（1）基本法 1990 年通過時，全國人大決定下列六部全國性法律，自 1997 年 7 月 1 日起由香港特別行政區在當地公佈或立法實施：

①《關於中華人民共和國國都、紀年、國歌、國旗的決議》

②《關於中華人民共和國國慶日的決議》

③《中央人民政府公佈中華人民共和國國徽的命令》附：國徽圖案、說明、使用辦法

④《中華人民共和國政府關於領海的聲明》

⑤《中華人民共和國國籍法》。為了實施國籍法，1996 年 5 月 15 日第八屆全國人民代表大會常務委員會第十九次會議通過《關於〈中華人民共和國國籍法〉在香港特別行政區實施的幾個問題的解釋》，以適應香港的實際情況。

⑥《中華人民共和國外交特權與豁免條例》

（2）1997 年 7 月 1 日香港回歸時，根據當時的情況，全國人民代表大會常務委員會決定增加五部全國性法律在特區實施，同時減少了一部全國性法律。

在基本法附件三中增加的五部全國性法律是：

①《中華人民共和國國旗法》

②《中華人民共和國領事特權與豁免條例》

③《中華人民共和國國徽法》

④《中華人民共和國領海及毗連區法》

⑤《中華人民共和國香港特別行政區駐軍法》

在基本法附件三中刪去的全國性法律是《中央人民政府公佈中華人民共和國國徽的命令》附：國徽圖案、說明、使用辦法。這部法律已經被新的《國徽法》所取代。

（3）1998年11月4日，全國人大常委會決定在基本法附件三增加《中華人民共和國專屬經濟區和大陸架法》在特區實施。

（4）2005年10月27日，全國人民代表大會常務委員會決定在基本法附件三中增加《中華人民共和國外國中央銀行財產司法強制措施豁免法》。

除了上述正式立法，國務院依據基本法也有一些行政命令在特區實施。這包括：《中華人民共和國香港特別行政區行政區域圖》；《國務院關於香港特別行政區簡稱及在全國行政區劃中排列順序的通知》；《國務院關於在香港特別行政區同時升掛使用國旗區旗的規定》。

至於最高人民法院與香港特區達成的司法互助方面的"安排"，也是"兩制"平等協商的結果。這方面的規範有：《關於內地與香港特別行政區相互執行仲裁裁決的安排》和《最高人民法院關於內地與香港特別行政區法院相互委託送達民商事司法文書的安排》。

2. 全國性法律在澳門特區適用的情況

澳門基本法1993年通過時全國人大決定將八部全國性法律適用於特區，1999年澳門回歸時決定增加兩部全國性法律，2005年又增加一部。目前共有11部全國性法律在澳門特區實施。

（1）澳門基本法1993年通過時，全國人大決定下列八部全國性法律自1999年12月20日起由澳門特別行政區在當地公佈或立法實施：

①《關於中華人民共和國國都、紀年、國歌、國旗的決議》

②《關於中華人民共和國國慶日的決議》

③《中華人民共和國國籍法》

④《中華人民共和國外交特權與豁免條例》

⑤《中華人民共和國領事特權與豁免條例》

⑥《中華人民共和國國旗法》

⑦《中華人民共和國國徽法》

⑧《中華人民共和國領海及毗連區法》

（2）1999年12月20日澳門回歸時，全國人大常委會決定增加兩部全國性法律在澳門特別行政區實施：

①《中華人民共和國專屬經濟區和大陸架法》

②《中華人民共和國澳門特別行政區駐軍法》

（3）2005年10月27日，全國人民代表大會常務委員會決定在澳門基本法附件三中增加《中華人民共和國外國中央銀行財產司法強制措施豁免法》。

上述是在正常情況下全國性法律在特區實施的情況。基本法規定，全國人民代表大會常務委員會決定宣佈戰爭狀態或因特別行政區內發生特別行政區政府不能控制的危及國家統一或安全的動亂而決定特別行政區進入緊急狀態，中央人民政府可發佈命令將有關全國性法律在特別行政區實施。在這種特殊情況下可以短暫性把有關的全國性其他法律在特區實施。

（三）中央單獨為特別行政區制定單行法

除了把已經制定的全國性法律直接適用於特別行政區外，中央還可以單獨為特別行政區制定單行法。香港回歸後，迄今中央為香港或（和）澳門特區進行這樣的單行立法共有三次。

1. 香港、澳門特區全國人大代表產生辦法

基本法第21條規定，特別行政區居民中的中國公民依法參與國家事務的管理。人民代表大會制度是中國的根本政治制度，因此特別行政區居民參與國家管理的主要方式是參加全國人民代表大會的活動，產生特區的全國人大代表就成為關鍵。但是，由於特別行政區並不實行人民代表大會制度，因此特區全國人大代表的產生不能適用內地的選舉法。特區全國人大代表的產生又不屬特區高度自治的事項，也不能適用特區本地立法機構成員選舉的法律。特區全國人大代表的產生屬中央負責的事項，只能由全國人大制定單行法律來規定，在特區實施。

為此，1997年3月14日第八屆全國人民代表大會第五次會議通過了《香港特別行政區選舉第九屆全國人民代表大會代表的辦法》。同樣，1999年3月15日第九屆全國人民代表大會第二次會議通過《澳門特別行政區第九屆全國人民代表大會代表的產生辦

法》。這兩個產生辦法是全國人大為特區制定的單行法律，是我國全國人大代表的特別選舉法。從那以後，每屆全國人大的最後一次會議都要通過下一屆港澳全國人大代表的產生辦法，對以前的產生辦法進行少量修改。迄今對這兩個產生辦法共進行了兩次修改，分別是2002年3月15日第九屆全國人民代表大會第五次會議通過《香港特別行政區選舉第十屆全國人民代表大會代表的辦法》和《澳門特別行政區選舉第十屆全國人民代表大會代表的辦法》，2007年3月16日第十屆全國人民代表大會第五次會議通過《香港特別行政區選舉第十一屆全國人民代表大會代表的辦法》和《澳門特別行政區選舉第十一屆全國人民代表大會代表的辦法》。

2. 關於香港特別行政區2007年行政長官和2008年立法會產生辦法有關問題的決定

香港特別行政區行政長官董建華2004年4月15日向全國人大常委會提交了《關於香港特別行政區2007年行政長官和2008年立法會產生辦法是否需要修改的報告》。全國人大常委會經過徵詢香港各界的意見，於2004年4月26日通過了《關於香港特別行政區2007年行政長官和2008年立法會產生辦法有關問題的決定》，依據香港基本法的有關規定和《全國人民代表大會常務委員會關於〈中華人民共和國香港特別行政區基本法〉附件一第七條和附件二第三條的解釋》，對香港特別行政區2007年行政長官和2008年立法會的產生辦法作出相應安排。該決定具有法律約束力，等同於單行立法，是特區必須遵守的。這是全國人大常委會為特區進行的第二次單行立法。

3. 關於授權香港特別行政區對深圳灣口岸港方口岸區實施管轄的決定

第三次是全國人大常委會關於深圳灣口岸實行"一地兩檢"所作出的決定。為了緩解內地與香港交往日益增多帶來的陸路通關壓力，適應深圳與香港之間交通運輸和便利通關的客觀要求，促進內地和香港之間的人員交流和經貿往來，推動兩地經濟共同發展，有必要在深圳灣口岸內設立港方口岸區，專用於人員、交通工具、貨物的通關查驗。港方口岸區將位於深圳境內。這樣就必須取得中央的特別授權，而且中央的授權必須以法律的形式進行。全國人大常委會經過認真審議，於 2005 年 10 月 31 日表決通過了《關於授權香港特別行政區對深圳灣口岸港方口岸區實施管轄的決定》，授權香港特別行政區自深圳灣口岸啟用之日起，對該口岸港方口岸區依照香港法律實施管轄，包括行政管理、立法管制和司法管轄。該決定屬特殊立法，具有立法性質，與法律有同樣的效力。

4. 特例：《外國中央銀行財產司法強制措施豁免法》

除了上述三次立法外，其實 2005 年 10 月 27 日全國人大常委會通過《中華人民共和國外國中央銀行財產司法強制措施豁免法》，同時決定把這部法律適用於香港和澳門特別行政區，其最初目的是為香港專門制定的。迄今並沒有什麼外國中央銀行把財產存放在我國內地，內地目前並沒有特別需要制定這樣一部法律。但是，香港作為重要的國際金融中心，一直以來就保管有外國中央銀行的財產。對於這些財產，國際慣例是不可以視同普通的民間財產，應該給予司法強制措施豁免權。香港在回歸以前適用英國的有關法律，回歸後我國沒有這樣的法律，而且國家似乎短期內也沒有需要進行這樣的立法，為此曾經有建議讓香港特區自行立法解決這個問題。但是，這樣的法律涉及國家政治和司法主權問題，超出了特別行政區高度自治權的範圍，依據基本法特區沒有這樣的立法權，而必須由中央立法。既然內地沒有需要制定這樣的法律，中央完全可以直接為香港制定一部法律就可以了。但考慮到國家將來也會有這方面的需要，倒不如把這部法律變成全國性法律，然後再把它增加到基本法附件三在特區實施即可。這樣兩全其美，既解決了香港的問題，也解決了國家未來可能面對的法律問題。

至於中央是否可以不採取這樣的形式，即不是先把有關事項制定成全國性法律然後再適用於特區，而是徑直為特區立法，我認為只要在基本法賦予的職權範圍內，不屬特區高度自治權的事項，中央可以徑直為特區制定單行法律，在特區實施。如前所述，特區全國人大代表產生辦法和 2004 年 4 月 26 日全國人大常委會就香港政治體制改革所作出的決定，就是具有法律約束力的立法，是專門為特區制定的，在英語世界看來就是國家立法機關通過的 Act（法律）。這樣的法律不需要增加到基本法附件三，就可以直接在特區實施。回歸前英國和葡萄牙中央一直享有這樣的特權，有權直接為香港和澳門立法。回歸後，我國主權機關把大量的立法權授權特區行使，自己只保留了很少部分的立法權。

需要強調的是，中央保留的對特區的立法權，限於基本法規定的中央管理的事務以及其他不屬特區高度自治的事項，中央不會就特區依法高度自治的任何事項進行立法。

三、中央對特區的授權立法問題

中央對特區的授權立法有兩個層面，第一個層面是，特區享有的所有立法權本身就來自中央的授權。基本法第 2 條規定全國人民代表大會授權特別行政區依法實行高度自治，享有立法權。這就說明特區享有的任何立法權都有授權立法的性質，包括對特區高度自治範圍內事項的立法也都是全國人大授予的，並非特區固有的。第二個層面是，中央把依法應該由自己立法的事項，也就是不屬特區高度自治範圍內的立法事項通過單獨授權，由特區自行立法。這裡主要探討第二個方面的授權立法。

第二個層面的授權立法又有兩種形式。第一種形式是中央通過基本法把應該由中央立法的事項授權特區自行立法。第二種形式是根據基本法第 20 條特別行政區"可享有全國人民代表大會和全國人民代表大會常務委員會及中央人民政府授予的其他權力"的規定，中央在基本法已經授予的立法權力之外，再根據需要和"一事一議"的原則把應該由自己立法的事項授權特區立法。

（一）基本法規定的授權立法

基本法多處規定授權特別行政區"自行立法"或者"自行制定"有關規則，這些授權立法直接來源於基本法，屬憲制性授權，是中央必須授予的。

1. 基本法第 23 條立法

這方面最典型的是基本法第 23 條。本來涉及國家安全的立法在任何國家，無論是單一制或者聯邦制國家，無論是議會制或者總統制國家，在憲法上都屬國家（中央）立法事項，都是由國家統一立法的，不會允許一個地方區域自己立法規定國家安全問題。國家安全的標準、保障國家安全的措施、對破壞國家安全的處罰，全國必須是一樣的，不能有不同標準，也不能有漏洞。以美國為例，其關於國家安全的法律從來是美國聯邦政府的權力，各州無權立法。但是，我國由於實行"一國兩制"的原因，為了表示對特區高度自治的尊重，中央通過基本法第 23 條授權特區自行立法維護國家安全。這種授權既是憲制要求，特區必須完成有關立法，也是內地各地方不能享有的特權，是中央對特區的特殊信任和照顧。

2. 關於特別行政區政治體制改革的本地立法

根據基本法有關規定以及全國人大常委會 2004 年 4 月通過的釋法和決定，香港特別行政區政府在廣泛徵求民意基礎上於 2005 年 12 月向立法會提出了政改方案，就香港特別行政區 2007 年行政長官和 2008 年立法會產生辦法的修改展開本地立法程序。這樣的本地立法在法理上屬授權立法。

根據憲法和基本法，在特區實行什麼樣的政治體制屬憲制層面的問題，其立法權不在特別行政區，不屬特區高度自治的範圍，不是特區立法的事項，而是中央負責的事項，具體來說就是全國人大常委會立法職權範圍內的事項，因此修改 2007 年和 2008 年兩個產生辦法的權力在憲制上屬中央。儘管全國人大常委會享有憲制上的權力修改這兩個產生辦法，但是為了給特區人民和各界人士更多機會參與特區的政治體制改革，全國人大常委會不直接行使這個立法權，而是通過基本法授權特區行政長官和立法會先進行立法，然後再報全國人大常委會批准或者備案。

因此，基本法附件一第 7 條和附件二第 3 條是授權立法條款，通過這兩條全國人大和全國人大常委會把本來屬自己的權力（即修改兩個產生辦法的權力）授權特別行政區行使。從性質上來看，特區行政機關、立法會和行政長官是在代替全國人大常委會進行立法工作，在代行全國人大常委會的立法權。儘管五號政改方案沒有得到立法會的少數議員的認可，導致特區政制發展停滯不前，但是未來要改變兩個產生辦法進行本地立法，其性質仍然是授權立法。

3. 直接來自基本法的其他授權立法

直接來自基本法的授權立法還有很多。例如香港基本法第 83 條、澳門基本法第 84 條規定 "特別行政區各級法院的組織和職權由法律規定"。這裡的 "由法律規定" 指的是由特區自行制定本地法律來規定，而不是由國家來制定法律。在內地，任何地方法院的組織和職權都是由國家立法規定的。基本法中類似的規定還有很多處，例如香港基本法第 75 條、第 98 條、第 110 條、第 111 條、第 123 條、第 133 條、第 134 條、第 153 條、第 154 條、第 155 條以及澳門基本法的相關條款的規定，都包含由特區制定政策或者法律的內容，可以說都是授權立法條款，大部分需要特區本地立法予以配合。這些都是直接來源基本法的授權立法。

（二）中央在基本法之外的授權立法

基本法第 20 條規定，特別行政區除了享有基本法已經明確授予的自治權外，還 "可享有全國人民代表大會和全國人民代表大會常務委員會及中央人民政府授予的其他權力"。這裡的 "其他權力" 就包括其他立法權。

香港澳門回歸後，這方面最突出的實例是第十屆全國人大常委會 2005 年 10 月 31 日通過了《關於授權香港特別行政區對深圳灣口岸港方口岸區實施管轄的決定》，授權香港特別行政區自深圳灣口岸啟用之日起，對該口岸所設港方口岸區依照香港法律實施管轄。這個授權既包括授予香港特區以行政管理權和司法管轄權，也包括立法權。根據該授權，特區政府有權對港方口岸區實施立法。而特區享有的這個立法權是基本法本身所沒有的，而是全國人大常委會根據需要進行的新授權。相信將來根據特區的需要和實際情況，中央還可以授予香港、澳門兩個特區更多、更大的立法權。

授權立法是各國普遍存在的一種法律制度，通常是指擁有某項立法權的國家機關基於特定原因把該項立法權授予其他國家機關行使，自己保留監督權和審查權，也就是最終決定權，而不直接實施立法。實際上，全國人大及其常委會把自己享有的立法權以法律的形式授予其他國家機關行使，在中國是常見的。例如，1984 年 9 月第六屆全國人民代表大會常務委員會第七次會議通過《關於授權國務院改革工商稅制發佈有關稅收條例草案試行的決定》，授權國務院在實施國營企業利改稅和改革工商稅制的過程中，擬定有關稅收條例，以草案形式發佈試行，再根據試行的經驗加以修訂，提請全國人民代表大會常務委員會審議。有關稅收的立法權本來屬全國人大常委會，但是基於改革的需要，全國人大常委會不行使這項立法權，而是授權國務院有條件地行使指定的稅收立法權。

除此之外，全國人大常委會把自己享有的立法權授予地方國家權力機關行使。例如，1981 年 11 月，全國人大常委會通過《關於授權廣東省、福建省人大及其常委會制定所屬經濟特區的各項單行經濟法規的決議》，授權兩省人大按照該省經濟特區的具體情況和實際需要，制定經濟特區的各項單行經濟法規。

全國人大及其常委會進行授權立法，既可以通過單行立法以 "決定" 或者 "決議" 的形式來進行，也可以通過一部正式的法律來進行，例如通過基本法那樣正式的法律把自己享有的修改特區行政長官和立法會產生辦法的權力授予特區行使。第二種情形在內地的法律中也經常出現。

授權立法要遵守一定的原則。這些原則包括：

第一，授權機關自己必須享有某項立法權，然後才可以授予其他機關行使，不能授予自己依法也沒有的立法權。全國人大常委會在憲法和基本法上享有無可置疑的決定特區兩個產生辦法的立法權，具備授權的前提。

第二，授權立法是派生立法，即根據高一級的 "母法" 而進行的次級立法。因此，被授權的機關在實施立法的時候，必須遵守授權機關確定的立法精神和程序，不得違背"母法"的基本原則。在程序上，授權立法必須遵守"母法"和授權機關規定的立法程序。任何違背"母法"和授權機關確定的原則精神以及立法程序的授權立法都是無效的。

第三，授權機關對授權立法有最終決定權，也就是對授權立法的監督權和審查權。首先，授權機關對被授權機關進行的立法有監督權，即監督被授權機關是否嚴格遵守有關授權的實質和程序要求；被授權機關在完成立法後，要及時向授權機關報備，接受授權機關的審查。

結語

儘管基本法授予特別行政區立法權，但是就像回歸前英國有權為香港立法、葡萄牙有權為澳門立法一樣，中央並非把所有的立法權都授予了特別行政區，基本法同樣為中央保留了部分立法權。根據"一國兩制"的原則，中央與特區在立法的事權上有合理的分工，中央不會就特區高度自治的事項進行立法。

根據"一國兩制"的方針和基本法，港澳回歸後，各自保留自己的法律制度，內地則繼續實行自己的法律制度。這樣在全國就形成了"一個國家，兩種制度，三種法律體系（司法管轄區）"的狀況。換句話說，那就是在國家統一後，全國在法律上並沒有實現統一，也不追求法律上的統一。我們講"統一"，主要是政治上、主權上的統一，並不追求經濟上和法律上的統一。可以講，在經濟上和法律上香港、澳門與中國內地都是獨立、半獨立的實體；但是在政治上，香港和澳門並非獨立的實體，也不可能成為獨立的政治實體。以前在"一國一制"的觀念下，我們認為國家統一不僅要在政治上統一，而且在經濟上和法律上也必須實行全國一盤棋。在"一國兩制"之下，顯然我們的國家統一觀發生了很大的變化。

但是，即便如此，既然是一個國家，一定會有一些法律是在全國每一個地方都實施的，這就是為什麼全國人大及其常委會保留了部分立法權的原因。中國目前只存在很少可以在全中國範圍內包括內地、香港和澳門兩個特別行政區一體適用的法律。當然，憲法是適用於全國的，憲法是政治與法律的交匯點，國家政治統一的法律表現就是全國只有一部憲法。根據本文的分析，除了中國憲法，在全國包括港澳適用的“中國法律”目前只有 12 部，即上述被列入香港和澳門基本法附件三在香港和澳門適用的全國性法律。港澳回歸後，無論講“香港法律”或者“澳門法律”，除了講本地立法和司法外，還要講中國憲法、各自的基本法以及全國人大及其常委會為特區制定的其他法律，主要是列入基本法附件三的全國性法律。這才是回歸後“香港法律”、“澳門法律”的完整概念。

1. 在香港特區適用的全國性法律比在澳門特區適用的全國性法律多一部,即《中華人民共和國政府關於領海的聲明》。那是因為澳門傳統的管轄區域只包括陸地,不包括海域。澳門周圍的海域在法律上一直歸屬珠海,但是習慣上由澳門管理。根據 1999 年 12 月 7 日國務院通過的《中華人民共和國澳門特別行政區行政區域圖》,澳門特別行政區包括澳門半島、氹仔島和路環島,很明顯只有陸地,不包括海域。但是中央同意澳門特別行政區維持澳門原有的習慣水域管理範圍不變。而根據 1997 年 5 月 7 日國務院通過的《中華人民共和國香港特別行政區行政區域圖》,香港特別行政區的區域明確包括陸地和海上兩個部分。因此《中華人民共和國政府關於領海的聲明》對於香港是有實質意義的,但沒有必要列入澳門基本法附件三在澳門特區適用。然而,整體來看,由於這部法律涉及國家的主權,澳門特區同樣要尊重、遵守這部法律。就像中國內陸各省儘管不存在領海問題,但是不能說這部法律對他們無效一樣。所以我們也可以籠統地說,在澳門和香港發生效力的全國性法律都是 12 部。

04

關於香港 "司法覆核" 的若干問題

寫作於 2005 年 7 月 8 日

•

一、"司法覆核" 的含義

"司法覆核（judicial review）"，在內地一般稱為 "司法審查"，分為憲法意義和行政法意義兩種。憲法意義上的司法覆核也被稱為 "憲法審查" 或者 "違憲審查（constitutional review）"。它特指由一般法院在審理具體案件過程中對立法機關所制定的法律或者行政機關的行為是否符合憲法而進行的獨立審查，法院如果發現立法機關制定的法律或者行政機關的行為違反了憲法，有權宣佈這樣的立法或者行政行為無效。這實際上賦予了法院審查並廢止違憲的法律和行政行為的權力，是司法機關限制、約束立法機關和行政機關的主要手段。

司法覆核的標準是憲法，憲法是法院司法活動的最高準則。法院被認為是監督憲法實施的主體，是公民憲法權利的捍衛者，也是國家機關之間發生權限糾紛時的裁決者。法院在司法活動中有權解釋憲法，它對憲法的解釋有法律效力，而且是發展憲法、使憲法與時俱進的重要方法。

在有些國家，憲法意義上的 "司法覆核" 是由一個獨立的機構、而不是由普通法院進行的，例如在德國是由德國憲法法院而不是德國最高法院負責的。

行政法意義上的司法覆核，是指由法院對行政機關的行為是否符合一般法律、是否合理、是否濫用職權進行的審查監督，審查的標準通常是普通法律。這種司法覆核被視為司法機關對行政機關的正常監督，一般不會產生什麼爭議。

香港目前的司法覆核主要是指憲法意義上的，即香港特區法院對香港特區立法會所制定的本地立法以及特區政府的行為是否違反了香港基本法所進行的審查。法院有權解釋基本法條款的含義，如果發現特區立法會所制定的本地立法或者特區政府的行為違反了基本法，特區法院有權宣佈其無效。香港特區司法覆核的最高準則是特區的小憲法——基本法。在香港，各級法院都有這樣的司法覆核權力。本文要討論的就是這種憲制意義上的司法覆核問題。

二、"司法覆核" 在香港的發展過程

司法覆核在香港的發展可以分為三個階段：1991 年以前、1991-1997 年和 1997 年以後。

（一）1991 年以前

香港學者認為，香港早已經有了司法覆核制度。在英國人統治時期，香港的 "憲法性文件" 是英國頒佈的《英皇制誥》（Letters Patent）和《皇室訓令》（Royal Instructions）。這兩份文件奠定了香港的政治、法律、經濟制度，當時在本地具有最高法律效力，是香港回歸前的 "小憲法"，香港任何本地立法、港英政府的任何行為均不得與其相抵觸。可以說當時的香港有開展司法覆核的 "憲法" 基礎。

但是，由於香港一直實行以總督為核心的行政主導體制，因此在相當長的時間內，香港並沒有嚴格憲法意義上的司法覆核，很難想像當時香港的法院能夠宣佈總督的行為 "違憲" 從而無效。在長達 100 多年的時間裡，人們只能很勉強地找到一兩個這樣的案例。[1]

從理論上講，以前香港法院可以對港英立法局的立法以濫用職權或者超越立法權限等為由進行司法覆核，但是法院基本上不行使這項

權力，因為當時英國把香港視為殖民地，殖民地人民是沒有什麼憲法權利的，當時港英的憲法文件並不保護香港居民的憲法權利即基本人權，香港人民不能以自己的憲法權利被侵犯為由向法院提起訴訟，法院自然也就沒有機會開展司法覆核。

（二）1991-1997 年

1991 年港英當局決定正式加入《公民權利和政治權利國際公約》，港英立法局據此通過《香港人權法案條例》。《英皇制誥》第 7 條也被修訂為："香港立法機關不得在 1991 年 6 月 1 日之後，制定任何有關限制人權的法律，如果有關限制與適用於香港的《公民權利和政治權利國際公約》的規定有所抵觸的話。"按照香港法律界一些人士的看法，1991 年的這些人權立法為香港法院進行憲法性的司法覆核提供了正式的法律基礎。

由於在香港回歸前全國人大常委會依據基本法對香港原有法律進行了審查，並廢除了《香港人權法案條例》的個別條款，因此港英以《香港人權法案條例》架空基本法的目的並沒有達到。但是基本法的憲制地位至今不能完全確立，與此有相當的關係。

隨着這些立法的完成，港英開始大力推廣司法覆核制度。

從 1991 年到 1997 年，香港司法覆核的案件開始明顯增加。同年即有 *R v Sin Yau-ming* 和 *R v Lum Wai-ming* 案，香港上訴法院先後裁定《危險藥品條例》中的若干條款及修訂後的若干條款因不符合《香港人權法案條例》和《公民權利和政治權利國際公約》的標準而無效。審查的法律依據就是 1991 年修訂後的《英皇制誥》第 7 條。香港法院對此條的理解是，它們可以據此審查和推翻任何在 1991 年 6 月 8 日後制定的違反《公民權利和政治權利國際公約》人權標準的本地立法。[2]

儘管如此，回歸前香港司法覆核的範圍非常有限。"法院無權受理控告國家行為的案件；法院的審判權不得構成對其他部門（如行政部門）正常工作的干預；法院在審理案件中，如果遇到涉及國家行為的事實問題，必須向行政機關要求就該事實問題提供證明。"[3] 香港法院更無權審查英國議會頒佈的法律和英國樞密院令以及英國政府的行為。它審查的範圍只限於香港本地立法，尤其是有關人權保障的立法。

特別需要指出的是，由於回歸前香港不享有司法終審權，因此，香港本地的司法覆核並非終局的。當事人不服，還可以上訴到英國樞密院司法委員會，該委員會可以通過否定案件的判決來否定香港法院的司法覆核。

（三）1997 年以來香港法院進行司法覆核的情況
1. 基本法的有關規定

1997 年香港回歸，基本法開始生效。基本法與世界上許多國家憲法和憲法性法律一樣，沒有明確規定法院是否享有司法覆核權。香港法律界人士是這樣認識這個問題的：

基本法第 11 條規定："香港特別行政區立法機關制定的任何法律，均不得同本法相抵觸。" 這說明基本法是特區的最高法律規範，具有真正的凌駕地位，特區的其他一切立法不得違反基本法。這就為建立特區的違憲審查機制（即司法覆核）提供了憲法性基礎。

那麼由哪一個機關來判斷特區立法是否違反基本法呢？全國人大常委會固然是一個，但它不是唯一的，也不是經常性行使這項權力的機關。基本法第 80 條規定："香港特別行政區各級法院是香港特別行政區的司法機關，行使香港特別行政區的審判權。""司法"的"法"當然首先包括特區最高法，即基本法，特區各級法院自然負有監督實施基本法的職責。

基本法第 19 條規定："香港特別行政區法院享有獨立的司法權和終審權。香港特別行政區法院除繼續保持香港原有法律制度和原則對法院審判權所作的限制外，對香港特別行政區所有的案件均有審判權。……"

第 82 條規定："香港特別行政區的終審權屬於香港特別行政區終審法院。" 終審權在很多地方都是與司法覆核或者違憲審查密切相關的。加之基本法第 158 條賦予了香港特區法院在審理案件時對特區基本法的條款進行解釋的權力，所以，由特區法院實施違憲審查（司法覆核）就是順理成章的了。

基本法第 8 條規定："香港原有法律，即普通法、衡平法、條例、附屬立法和習慣法，除同本法相抵觸或經香港特別行政區的立法機關作出修改者外，予以保留。"第 81 條又規定："原在香港實行的司法體制，除因設立香港特別行政區終審法院而產生變化外，予以保留。"香港法律界人士認為，既然在回歸前，香港已經形成了由普通司法機關即法院負責司法覆核（違憲審查）的制度，香港回歸後，根據基本法原有法律和司法體制予以保留的規定，這種司法覆核制度自然應該保留下來。[4]

所以，香港法律界認為，基於基本法的這些規定，也基於香港回歸前法院已經有司法覆核的現實，香港特區法院在回歸後應該繼續享有司法覆核權。

香港大學法律學院陳弘毅教授認為："基本法是比《英皇制誥》更全面和具體的憲法性文件，成為了香港社會未來發展的宏偉藍圖和總體規劃。香港特別行政區法院在根據基本法行使違憲審查權時，扮演的角色便是基本法實施的權威性的監護者，這是一個莊嚴和神聖的任務，可謂任重道遠。"[5] 因此，香港特區法院"在基本法下的（司法）審查範圍比原有制度廣泛。它是一個更有規範性的制度，（基本法）有很多對權利和自由的保障。它比《英皇制誥》更具規範性，尤其是有關經濟和社會政策的問題。有關財政政策、教育、職業組織、宗教自由、民航、公務人員退休金保障、知識產權的保護——只舉幾個例子——都可以是憲法問題"，都可能要進行憲法性審查。"現在的趨勢是擴大司法管轄權，法院可以管轄任何包括憲法解釋在內的問題，即使它不能非常明確的處理。"[6] 果然，香港回歸後，特區法院多次行使這項權力，在有關訴訟中對香港本地的立法和行政行為實施是否違反基本法的司法覆核。

2. 1997 年以來司法覆核的情況

香港特別行政區成立後第一個工作日，本地法律界就人為製造了一個測試性案件（test case），即馬維騉案。這個案件直接挑戰臨時立法會的合法性和觸及香港原有法律是否能夠保留的問題。法官運用了美國 1803 年馬歇爾首席大法官同樣的智慧，表面上判決政府勝訴，認定臨時立法會合法、合憲，實際上該判決使新的特區法院獲得了一個至關重要的權力，即通過審判權的行使，對特區立法機關和特區政府的行為乃至中央的行為行使司法覆核的權力，從而鞏固了香港法院回歸前已經取得的司法覆核權，不知不覺當中本地的立法和行政行為已經被法院進行了司法覆核，法院實際上已經凌駕於立法機關和政府之上了，政府的行為從此就要受法院的監督。

從此之後，香港社會一些人士自覺不自覺地把大量複雜敏感、法院傳統上從不涉足的案件起訴到法院，法院的大門也一時大開，對任何案件都來者不拒，詳加審查。香港法院司法覆核的範圍和程度都有極大的擴展和加深。

除了上述馬維騉案外，還有香港海外公務員協會訴香港特區行政長官案（有關基本法第 48 條第 7 款 "法定程序" 的定義問題）、[7] 詹培忠訴立法會主席案（有關基本法第 79 條第 6 項，解除立法會議員資格無須等待上訴完畢問題）、[8] 香港海外公務員協會訴公務員事務局局長案（有關合約公務員轉為長俸制時須符合一定的中文語文要求並未違反基本法第 100 條規定問題）、[9] 有關翁坤利及其他人案（關於《移交被判刑人士條例》第 10 條第 1 款符合基本法第 153 條問題）、[10] 陳華訴坑口鄉事委員會及謝群生訴八鄉鄉事委員會案（關於基本法第 40 條有關新界原居民的合法傳統權益的解釋、基本法第 26 條香港永久性居民選舉權的解釋問題）、[11] 張文慧訴社會福利署署長案（《社會工作者註冊條例》規定社會工作者必須註冊符合基本法第 144 及 145 條問題）、[12] Agrila Limited 訴差餉物業估價署署長案（關於基本法第 121 條中 "應課差餉租值" 的含意不僅限於該詞在《差餉條例》中的意義問題）、[13] 有關黃仲祺及陳樹英案〔關於《1999 年提供市政服務（重組）條例》符合基本法第 68 條第 3 款、第 97、98 和 160 條及附件二的問題〕、[14] 香港特別行政區訴吳恭劭、利建潤侮辱國旗區旗案（對國旗區旗的保護和表達自由之間的關係問題）等。[15]

另外還有居港權的系列訴訟案，包括陳錦雅等訴入境事務處處長案、[16] 吳嘉玲、吳丹丹訴入境事務處處長案、徐權能訴入境事務處處長案、入境事務處處長訴張麗華案、[17] 呂尚君及顏秀英訴入境事務處處長案、[18] 入境事務處處長訴劉港榕案等。[19] 這些案件涉及基本法第24條對香港特區永久性居民的定義、第22條關於內地居民赴港定居的手續、基本法第39條關於《公民權利和政治權利國際公約》的規定以及全國人大常委會對基本法的解釋的效力等問題。

2001年7月20日，香港特區終審法院作出三個重要判決，即談雅然、陳偉華、謝曉怡訴入境事務處處長案（香港永久性居民通過合法途徑在內地領養的兒童符不符合基本法第24條關於特區永久性居民的定義），[20] 入境事務處處長訴莊豐源案（父母不是香港永久性居民的中國公民本人在香港出生符不符合基本法第24條關於特區永久性居民的條件）、[21] Fateh Muhammad 訴人事登記處處長案（基本法第24條第2款第4項中通常居住連續七年不包括在香港服刑的日子）。[22]

著名的司法覆核案例還包括劉慧卿訴新華社香港分社社長姜恩柱案，儘管1999年6月香港高等法院裁定劉慧卿狀告姜恩柱"違反私隱條例"敗訴，但是實際上原告的目的已經達到。

2003年6月10日香港高等法院在 Lau Kwok Fai Bernard 代表部分香港公務員團體訴特別行政區政府立法減薪違"憲"一案中裁定，公務員團體挑戰特區政府立法減薪的司法覆核案敗訴。2005年7月香港終審法院審結此案，公務員團體仍然敗訴。

香港保護海港協會訴特區政府一案是就中環填海一事而提起的司法覆核，2004年3月法院裁定行政長官和特區政府有權修訂填海規劃圖，工程可以繼續。儘管政府勝訴，但是政策的執行已經受到很大影響。

2004年3月香港終審法院就劉芳案所進行的司法覆核，使得任何通過欺詐方法取得證件的人都可以到香港居留。[23]

最近的案例包括2004年12月的領匯上市案，特區終審法院裁定，由於沒有獲賦予權力縮短上訴期限，因此拒絕香港房屋委員會提出縮短領匯訴訟上訴期限的申請。

今年（編按：2005年）一些人士就特區新行政長官任期案提出的司法覆核，如果不是中央先採取了釋法行動，否則也會為在7月以前產生新特首帶來變數。

特區律政司司長梁愛詩曾經表示，回歸後，有超過 1/3 的基本法條文已經經過香港法院的解釋，[24] 而全國人大常委會僅僅作出三次解釋。在這些案件的審理中，特區各級法院已經多次對特區的立法和行政行為實施了司法覆核。不管法院最終判決政府勝訴或者敗訴，有一點是明確的，通過這些司法覆核，特區政府的行為毫無疑問地接受了法院的審查和監督。

三、如何認識香港目前的"司法覆核"——與香港過去的制度及英美的制度比較

（一）香港目前的司法覆核並非回歸前原有的司法制度

對於基本法規定的香港"原有"的法律和司法制度在回歸後基本保持不變（第 8 條和第 81 條），哪些才是"原有的"，一直有爭議。我們認為應該是《中英聯合聲明》簽訂時（1984 年），最遲是基本法制定時（1990 年）的法律和司法制度。但是英國和香港法律界一些人士認為，"原有"應該是指 1997 年回歸前所有的制度。無論怎麼計算，目前香港的司法覆核都不是回歸前已經存在的制度。這與《中英聯合聲明》和基本法保留"原有"法律和司法制度的精神是不符的。

香港的法律和司法制度來源於英國。但是即便在英國，香港目前這樣的司法覆核也並不存在。由於英國實行"議會主權"的體制，議會是國家的最高權力機關，因此在英國，法院是不可以審查議會的立法是否違憲的，更不得宣佈議會立法無效。雖然由於加入歐盟，這些年英國法院獲得了一定的"覆核"議會立法的權力，但是英國法院不會動輒宣佈議會立法無效。

一些人所謂的"司法覆核"實際上是美國"三權分立"體制下的司法制度。在這種制度下，法院完全獨立於立法和行政，三權互相獨立，法院可以"覆核"立法機關的立法和行政機關的行為是否違憲。

由此可以看出，目前香港的司法覆核是回歸前後才逐漸形成的。

（二）即便在美國司法覆核也是受限制的

但是，即使以美國為師，學習美國的司法覆核制度，司法覆核在美國也是受到各種嚴格限制的。

美國是世界上最早建立司法覆核制度的國家。如前所述，美國憲法本身並沒有賦予法院審查美國國會的立法和美國總統的行為是否符合憲法的權力。司法覆核在美國是通過著名的馬伯里訴麥迪遜案（*Marbury v. Madison*）確立的，這個判決因此被稱為是"沒有硝煙的戰爭"，是"偉大的篡權"。從此以後，美國法院主要是聯邦最高法院審理了大量司法覆核案件，包括一些有高度爭議的案件，例如美國要不要實行支持墮胎的政策（即計劃生育問題），未經國會批准美國對他國開戰是否違憲，2000 年總統大選爭議的裁決等等，以至於有學者評論說美國最高法院的九名大法官實際上是美國的"政治局常委"，對所有國家大事都有最終的裁決權，只要有人起訴到法院，只要你願意自投羅網。在上個世紀羅斯福總統實施"新政"期間，保守的最高法院頻頻出手，不斷對他的"新政"措施實施司法覆核，並宣佈其違憲而無效，使得"新政"難以展開。羅斯福總統不得不採取各種措施，甚至威脅要修改憲法，增加最高法院法官人數，任命新的法官，以改變法官的構成，從而改變最高法院的態度。當然，最後終於有一些年邁的法官退休，羅斯福得以任命支持"新政"的法律界人士擔任法官，最高法院才改變對"新政"的態度。美國歷史上還曾經發生過由於法院的不當司法覆核而引發國家大亂的情況，因此如何把握好一個恰當的"度"是法院進行司法覆核的關鍵。

美國是一個"泛司法"的國家，也就是說法院沒有受案範圍的嚴格限制，似乎任何問題包括政治問題都可以司法化，變成一個政治性的法律糾紛，由法官來處理。很多人覺得美國法院什麼案件都可以進行司法覆核，美國法官什麼案件都敢判。實際上，經過多年的實踐和磨合，美國已經形成一套比較成熟的司法覆核理論，對司法覆核實施了很多限制。

這種限制主要是通過司法機關的自制（judicial restraint）實現的。司法機關應該嚴格遵守自己的權限範圍，既不迴避問題，也不應過於積極主動；既不瀆職，也不越權。司法覆核要做到恰如其分，儘可能不與民意機關發生衝突，儘可能不否決民意機關的決定。法官始終要公正、理性，要有科學的態度，要保持低調、消極的姿態，不事張揚，要有消極的美德（passive virtues），應該尊重其他國家機構對各自職權的行使。司法覆核絕對不是越多就越好，法院既要履行司法的職責，又切記不要動搖國本，努力把司法覆核權力的運用局限在最低限度，這就是所謂的司法最小主義（judicial minimalism）。

在美國，有學者在研究最近這些年美國最高法院的憲法判決時，發現有一個規律，即法院通常傾向在解決具體問題的同時，把最根本的問題留下來，先不作出一個最後的決定。這種態度超出了傳統的保守主義或者自由主義的劃分，不屬任何其中一種，這是一種新的司法哲學或者說司法覆核哲學。在程序上，奉行司法最小主義的法院在作出決定的同時，留下許多事情不做決定，法院總是從狹義的角度來看問題，法院把自己視為民主討論（democratic deliberation）制度的一個環節，試圖通過自己的司法活動引起對有關問題更多的民主討論和協商。法院允許議會、行政機關和各地方就最終解決問題繼續進行參與，這樣使法院的判決建立在充分考慮各種意見、具有相當民意基礎之上。

在實體方面，司法最小主義強調法院應該維護被廣泛認可的美國憲法的核心本質、基本原則，例如對基本權利的保護和對法治原則的堅持。法院應該固守這些根本憲法原則，其餘的則儘量不要妄下結論。

司法最小主義者以美國最高法院近幾年的一些判決為例來說明自己的觀點。例如，最高法院儘管認為弗吉尼亞軍事學院拒絕招收女生是違憲的，但是法院並沒有明確指出其他機構這樣做是否違憲。[25] 關於安樂死問題，最高法院多數意見儘管否定了一般安樂死的權利，但是，對醫生協助的安樂死是否可以，並沒有下最後結論。[26] 在處理互聯網上的言論自由、平等保護問題、性和同性戀等問題上，最高法院都是儘量留下一定的空間，為未來發展留有餘地。芝加哥大學法學院的 Cass R. Sunstein 教授又把這種現象稱為 "決定最少主義"（decisional minimalism）。他認為，法院這樣做有兩個好處，一是減輕了法院判決的壓力和負擔，二是盡量降低了法院判決錯誤及其傷害的可能性。因此，"法院不應該決定那些對解決案件無關的問題；法院應該拒絕那些馬上做決定條件還不成熟的案件；法院應該避免決定憲法問題；法院應該尊重自己的先例；法院不應該發佈指導性的建議；法院應該遵循以前的正式判決但不是以前的附帶意見；法院應該有消極的美德，對當下的重要問題最好保持沉默。所有這些都涉及 '沉默的建設性運用問題（constructive use of silence）'"。[27]

Sunstein 認為，"當一個國家的民主處於道德或者政治上不確定狀態的時候，法院不一定有最後最好的答案。司法答案也許是錯誤的，即使是對的，但是可能發揮相反作用"。法院最好是以民主討論參與者的身份來加入這個過程。"司法最小主義不一定是最好的辦法，但是在憲法上它卻有特殊的作用，法官意識到自己的局限，知道有些時候最好的決定是對事情不作出決定。"[28]

司法自制或者說司法最小主義尤其表現在法院處理政治問題和公共政策問題時，一定要非常謹慎。如果法院過分積極介入政治問題和公共政策問題的解決，隨意否決民意機關制定的法律，甚至把自己變成糾紛的一方，那麼它就要冒很大的政治風險，即把自己變成像議會和行政機關一樣的政治機關，失去自己司法機關的本性，失去自己的方向，從而最終也失去自己的公信力。像美國最高法院 2000 年介入美國總統大選計票那樣高度的政治性糾紛的解決，結果自己元氣大傷，社會公信力急劇降低，招致很多批評。因此，對於政治問題法院盡量不要介入，法院不應從裁判的位置上跳入運動場上。這就是司法覆核的政治問題理論（political question doctrine）。

實際上，這種理論由來已久。即便 19-20 世紀自由主義代表人物如韓德法官（Bills Learned Hand, 1872-1961），對司法干預民選議會的決定也一直持懷疑態度。在他 50 多年的聯邦司法經驗中，他僅僅兩次否定國會立法，而且後來他還非常遺憾自己沒有保持一個 "完美的" 司法紀錄。他深信民主過程高於任何可能的選擇，幾乎所有多數人的意見都不比壓制這些意見更危險，法官的決定並不比人民的選擇或者他們代表的選擇更高明。[29]

這樣做的原因有以下幾點：首先，普通法的傳統本來就是如此，即儘量採取個案的方法、對社會影響最小的方法解決社會問題；其次，這樣做體現了司法尊重政治機關自我判斷、司法本分和矜持的精神；第三，面對複雜的現代社會，司法機關並不比議會和行政機關知道得更多，司法機關甚至可能完全不懂一些高度專業性、技術性的問題，因此，由議會和行政機關作出決定比法院作出決定要科學合理；第四，每當人們面臨新的問題、新的領域的時候，由於對這個新生事物知悉不多，因此，人們在採取行動的時候通常都會非常慎重，不輕易下結論。第五，也是最重要的是，法院的這種自我克制，體現了人民主權的憲政精神。法院不對有關政治爭議下最後結論，實際上是尊重人民的選擇，留下足夠的時間讓人民在實際生活中逐漸發現合理的規範到底應該是什麼。畢竟在一個民主法治社會，人民才是一切最重要問題的最終的裁決者，人民是最終的發言者、決策者，人民才是最好的法官，即使法院也不能越俎代庖。第六，法官自己不是民選的，缺少民意基礎，不要輕易否決民意機關和行政機關的決定，因此法官必須自制。

結語

可見，香港目前的司法覆核既非香港原來固有的司法制度，也不是英國的司法傳統，也不符合美國關於司法覆核的最新理念和做法。

司法覆核的大前提是捍衛憲法或者憲法性法律，把法官認為不符合憲法的立法和行政行為，由法官加以廢止。從表面上看，很難說法官不應該這樣做，因為畢竟憲法具有最高法律效力，法院作為司法機關在司法過程中遇到了與憲法衝突的法律，自然要說不。因此，我們不能對司法覆核的正當性本身提出質疑，我們總不能說法院可以不適用憲法，遇到立法或者政府行為與憲法衝突的情況，可以置憲法於不顧。這顯然不符合情理。特區政府一直認為這樣的司法覆核是可以接受的，是正常的。因此，如何處理香港目前的司法覆核問題，必須認真研究，要非常慎重。

總之，香港回歸後，作為一個事實，香港特區法院已經肩負起解釋基本法、監督基本法實施的責任。通過特區法院的司法活動，基本法的許多條款的含義更明確了，基本法得到了豐富和發展。我們既要肯定特區法院對基本法正確的解釋，也要防止社會濫用司法覆核的情況出現。應該通過適當方式在香港法律和司法界形成一種新的法律和司法文化，養成一種"消極的美德"，學會自制，從而恢復香港法律和司法的原貌。根據西方發達國家司法實踐的經驗，法院在行使司法覆核權力的時候，不要輕易介入政治問題的解決，政治問題應該由政治機關（即立法和行政機關）去解決；法院一般也不要過度介入公共政策問題的決定；法院對於一些新型案件，例如環境保護和高科技案件，在行使司法覆核權的時候，要為社會發展和政府施政預留比較大的迴旋空間，不要把新生事物一棍子打死。

回歸前，香港沒有司法終審權，回歸後香港司法制度應該說發生了很大變化。我們經常討論香港行政和立法機關如何貫徹實施"一國兩制"和基本法的問題，但是對香港司法界如何重新給自己定位，如何貫徹實施"一國兩制"和基本法，也就是法院如何處理憲制性的司法覆核案件，則討論甚少。這個問題應該引起我們的高度重視。

| 註釋 |

1. 見 1970 年的 *Rediffusion (Hong Kong) Ltd v. Attorney-General of Hong Kong* [1970] AC 1136。又見 1984 年的 *Winfat Enterprises (HK) Ltd v. Attorney General* [1984] HKLR 32。這兩個案件有一定的司法覆核的因素。Peter Wesley-Smith, "Legal Limitations Upon the Legislative Competence of the Hong Kong Legislature," (1981) 11 *HKLJ* 3, also *Constitutional and Administrative Law in Hong Kong*, LongmansAsia, 1995, pp.186-213.

2. 陳弘毅：《論香港特別行政區法院的違憲審查權》,《中外法學》1998 年第 5 期，12-18 頁。

3. 王叔文主編：《香港特別行政區基本法導論（修訂本）》，138 頁，北京，中共中央黨校出版社，1997。

4. 陳弘毅：《論香港特別行政區法院的違憲審查權》，12 頁。

5. 同上，18 頁。

6. Ghai Yash, *Hong Kong's New Constitutional Order*, Hong Kong University Press, 1999. p.306.

7. (1998) 1 HKLRD 615.

8. (1998) 2 HKLRD 552.

9. HCAL No. 9 of 1998.

10. (1999) 3 HKLRD 316.

11. 137 & 139/1999, CACV 278 & 279/1999.

12. HCAL 25/1999.

13. CACV 107/1999.

14. HCAL 151/1999.

15. (1999) 1 HKLRD 783.

16. (1999) 1 HKLRD 304.

17. (1999) 1 HKLRD 315, 339I–340J.

18. (1998) 1 HKLRD 265.

19. FACV Nos. 10 and 11 of 1999.

20. 終審法院民事上訴 2000 年第 20、21 號。

21. 終審法院民事上訴 2000 年第 26 號。

22. 終審法院民事上訴 2000 年第 24 號。

23. 終審法院民事上訴 2004 年 3 月 26 日。FACV No. 10 of 2003.

24. 梁愛詩：《基本法爭議難預知》,《文匯報》2005 年 5 月 5 日。

25. *United States v. Virginia*, 116 S. Ct. 2264 (1996).

26. *Washington v. Glucksberg*, 117 S. Ct. 1781 (1997).

27. Cass R. Sunstein, *One Case at a Time: Judicial Minimalism on the Supreme Court*, Cambridge, Harvard University Press, 1999, pp.4-5.

28. 同上，263 頁。

29. Gerald Gunther, *Learned Hand: The Man and the Judge*, New York, Alfred A. Knopf. INC., 1994, p.xii.

結語

香港為什麼依然重要？

—————— • ——————

目前，關於"一國兩制"和香港問題的討論，有兩種錯誤認識。有人認為，20 年前香港 GDP 佔中國的 18.45%，是絕對的老大，2016 年佔比下降到 2.85%，內地個別省市超過了香港；過去 30 多年，香港一直是內地最大的境外投資來源地，現在內地自己的資金都用不完，還要想辦法投出去；現在全國都已經開放，"走出去、請進來"無需再經過香港，香港作為國家最大國際貿易窗口的功能和風光早已不復存在。這種情況下，香港還有什麼用？況且"一國兩制"運行起來成本很高，還不如讓香港與內地特別是深圳完全融合，變回"一國一制"的常態算了。與此同時，一些極端人士認為，20 年來"一國兩制"不成功，中央不斷"干預"香港"內部"事務，特別是不給"真普選"，香港乾脆"獨立"、重新回到"兩國兩制"算了。

這兩種觀點都是極其錯誤的。20 年前香港的回歸是永久回歸，177 年前、175 年前的歷史絕對不會重演，香港既不可能"獨立"，也不可能重新"歸英"，任何人都必須誠心誠意接受這個政治現實。中國積貧積弱的時候我們都不曾放棄香港的主權，以今日中國之強大更不可能重新丟失領土主權。既然如此，香港作為中國的一部分，在"一國"之下有兩種選擇，要麼繼續堅持"一國兩制"，要麼"內地化"，與內地其他省市一樣實行"一國一制"。主張"一國一制"的人，顯然沒有弄清楚"一國兩制"的來龍去脈、精神實質和戰略考慮，沒有看到保持"兩制"不變，不僅是香港繁榮穩定的需要，也是國家發展的戰略需要。比如，中國每個城市都可以講中文，我們還需要增加一個可以講中文的城市嗎？我們缺少的是可以普遍講英文、可以雙語工作的城市，香港就應該保持自己的英語特色。因此，堅持

"一國兩制" 不改變、不動搖，確保 "一國兩制" 在香港的實踐不走樣、不變形，繼續深化 "一國兩制" 的貫徹實施，嚴格依照基本法辦事，完善與基本法實施相關的制度和機制，無論對香港或者整個國家都是最佳選擇。我們既不會允許香港 "獨立"，也不會允許香港 "內地化"，"一國兩制" 是必須長期堅持的基本國策，是中國特色社會主義和中華民族偉大復興事業的重要組成部分。

2006 年我寫過一篇文章，談香港為什麼仍然很重要，今天看來這篇文章的觀點仍然不過時。我認為，1949 年中華人民共和國成立後，香港以其獨特的地位一直在中國經濟社會發展，尤其在中國與西方溝通方面發揮着非常重要的作用。由於西方國家對新中國的封鎖，在相當長的歷史時期，香港幾乎是中國與外界聯繫的唯一窗口，是中國開展外貿的主要渠道，是中國外匯收入的主要來源地。對於西方，香港就像一個巨大的 "中國城"（Chinatown），西方人通過香港認識中國；而對於廣大的中國腹地，香港就像一個巨大的 "西洋城"（Westtown），中國內地人通過香港認識西方，在中國與西方之間，香港發揮着獨特的橋樑和紐帶作用。這些年隨着中國改革開放步伐的不斷加快，西方世界不再必須通過香港才能與中國開展交往，中國也不再必須通過香港與外界聯繫，香港的地位作用似乎降低了，其重要性似乎不如以前了，中國在迅速現代化，世界在快速全球化，香港會不會被自己的祖國和世界雙重邊緣化呢？

我認為，香港回歸祖國後，其重要性不僅沒有降低，反而無論從國內或者國際來看，香港的地位都在提升。只要香港能夠把握中國現代化和世界全球化提供的歷史機遇，善加利用 "一國兩制" 的制度優勢，在中國與世界之間給自己一個合適的新定位，就不會被邊緣化。這可以從香港對國家改革開放、對解決台灣問題和對國際社會三個層面來觀察 1997 年後香港地位的提升。

第一，"香港經驗" 仍然是中國內地進行市場經濟改革和現代化建設的重要參照。香港是資本主義市場經濟高度發達的地方。中國改革開放的重要目標是建立社會主義市場經濟體制，實現國家的全面現代化。在這個方面，中國當然可以向西方發達國家學習，但香港經驗卻是無可代替的。香港有其獨特的優勢，除了地緣外，她畢竟是一個華人社會，擁有完善的市場經濟體制和法治，加上香港中英文兩種語言的優勢，對國家經濟體制改革具有重要借鑒意義。與蘇聯等社會主義國家比較，中國市場經濟改革能夠成功的一個重要原因就是中國人對市場經濟並不陌生，因為在中國大地上除了社會主義制度外，本來就已經有了成熟發達的市場經濟體系，那就是香港，其他社會主義國家則不存在這種情況。相比其他社會主義國家在市場經濟改革中迷失方向，甚至導致國家崩潰，中國能夠駕馭市場經濟，能夠成功應對國際金融風暴，很快適應 WTO 的挑戰，香港經驗和貢獻彌足珍貴。這是 "一國兩制" 帶來的獨特的制度優勢。今天，儘管中國在建立社會主義市場經濟體制和現代化建設方面已經取得了很大的進步，但是這一切才剛剛開始，還有很長一段路要走，尤其在法治和政府管理體制方面與發達經濟體相比還有很大差距。作為特別行政區的香港在這個方面仍然發揮着其他地方包括上海所無法代替的作用。

此外，香港無論過去、現在或者將來，仍然扮演着中國與世界 "超級聯絡人" 的角色，前港督衛奕信勳爵（Lord David Wilson，1987-1992 年在任）曾經說香港是 "亞洲的國際都會"（Asia's World City），我認為香港首先是中國的世界城市（China's World City），一如紐約之於美國和世界。

第二，香港經驗對解決台灣問題的影響。一個現代化的中國必然是一個統一的中國。香港不僅要為中國的市場經濟改革和現代化建設做貢獻，而且在最終實現國家統一方面也發揮着獨特的作用。儘管越來越多人主張把台灣問題與香港問題分開來處理，不要把香港發生的事情與未來的台灣聯繫在一起。的確，台灣問題與香港問題很不一樣，不應該事事都把二者聯繫在一起。但是，不管我們願意不願意，總是有人拿香港來說事，一定會拿香港來比較，來攻擊中國大陸的 "一國兩制" 政策，這二者實際上是無法脫節的。"一國兩制" 在香港的成功實施，儘管不可能說服所有的台灣人接受它，更不可能改變極端 "台獨" 分子的態度，但是肯定會說服更多台灣同胞接受 "一國兩制"，至少會使更多的台灣同胞對中國大陸產生更大的好感。因此，無論如何，把香港治理好，確保 "一國兩制" 在香港的成功實施，對於解決台灣問題意義重大。

第三，回歸後香港的國際重要性。中國成功運用和平方式和"一國兩制"的模式解決香港問題，對於其他國家也是一個很好的參照。人類發生的很多戰爭都是因意識形態和宗教信仰不同造成的。不同的人民、不同的種族選擇不同的信仰、不同的社會制度這是正常的。任何一種社會制度都是我們中的一部分人對自然、對歷史和社會長期思考的結果，都有其產生的客觀依據。我們可以不同意它，甚至可以批判它，但是武器的批判不可隨意取代批判的武器。人類必須學會與自己的同類和諧和平相處，國與國必須學會共存雙贏乃至多贏。"一國兩制"就是中國人運用東方智慧提出的解決類似歷史遺留問題的中國方案。把"一國兩制"的成功經驗推而廣之，運用於解決國家與國家之間的關係，那就是不讓意識形態和社會制度的不同成為國家與國家之間不和平的理由，乃至成為戰爭的藉口。"一國兩制"的持續成功具有特別的國際重要性。確保"一國兩制"的成功和香港的繁榮穩定，不僅符合香港同胞的利益，符合中國的國家利益，而且也符合香港居民中外國公民的利益，符合他們自己祖國的利益，全世界也是"一國兩制"的受益者。

　　其實，香港不是依然重要，而是永遠重要。上述這些分析固然有很多道理，但是，最根本的一點應該是，屬於自己的國土不應該僅僅用經濟利益來衡量其重要性，不是富了就重要，窮了就不重要。我們國家儘管很大，但是每一寸土地都不是多餘的，都同等重要。1793年英國國王喬治三世派使團向乾隆皇帝請求："相近珠山地方小海島一處，商人到彼，即在該處停歇，以便收存貨物。"對此，乾隆皇帝在給英國國王的敕諭中嚴正指出，"天朝尺土俱歸版籍，疆址森然。即島嶼沙洲，亦必劃界分疆，各有專屬，……此事尤不便准行"，堅決加以駁回。在中華民族接近全面復興的今日，香港與祖國其他地方一樣，永遠都重要，與祖國永遠不分離。

　　總之，香港1997年回歸祖國不是"一國兩制"的終點，而是一個起點。同樣，今年香港回歸祖國20年也不是"一國兩制"的終點，只是一個起點，而且是更高的起點。處理好香港問題，確保"一國兩制"持續成功實施、基本法全面落實，對於國家的改革開放和現代化建設、對於實現台灣與大陸的統一有重要意義，對於其他國家乃

結語

至對於建構一個和諧和平的世界秩序也具有相當的重要性。無論就國家層面或者國際層面而言，香港的地位都在上升，作用都在加大。對於國家而言，"一國兩制"是全新的開創性事業，已經積累了很多經驗，還需要解放思想，大膽做依據憲法和基本法應該做的事情，真正承擔起中央作為主權者的責任。對於香港而言，也要解放思想，把握歷史機遇，善加利用"一國兩制"和基本法提供的各種便利和好處，找準自己在國家中和國際上的合適位置，認真研究如何把香港現有優勢與中國現代化和全球化的需要結合起來，不斷擴大現有優勢，發展新的優勢，搭上國家現代化的快車，與祖國一起迎接全球化的挑戰，香港才不會在國家現代化的偉大事業和全球化的浪潮中被人遺忘，被雙重邊緣化。

回顧總結20多年研究"一國兩制"與基本法的歷程，我有兩個基本出發點：其一，把"一國兩制"和基本法當成一門科學來研究，我堅信一切社會科學研究必須採取科學的立場、態度和方法，這樣才不至於泛政治化，誤國誤民，傷人傷己。作為學者，我熱愛真理，追求真理。我只求講出自己真實的想法，講實話，講真話。我不追求華麗的辭藻，不奢望語不驚人死不休。後來我才知道，一個人這樣做要付出不小的代價。我的一些學術觀點，有時會被人誤解、曲解、攻擊。即便如此，我還是要這樣做，不會改變自己對真理的終極追求，不會改變自己的學術風格和志趣。

其二，熱愛祖國，這是任何一個學者應該有的基本政治取態。法國19世紀著名科學家路易‧巴斯德（Louis Pasteur）是微生物學和細菌學的奠基人，他講過科學沒有國界，成果是屬於全人類的財富，但科學家是有祖國的。他還說，科學家沒有必要在意當下人們是辱罵還是稱讚，而要考慮多年後後世的評價。在很多國家，不管左中右派，不管建制派還是反對派，都共同堅守的政治底線就是愛國，愛國是光榮的，不愛國是可恥的。例如在美國選舉中，共和、民主兩黨都對愛國沒有爭議，大家在這一立場上團結一致，誰也不敢在國家安全方面說三道四。參選人比的是誰更愛國、誰更能維護國家安全，這就是美國的"政治正確"。

這也應該是一切做學問的人必須堅守的政治底線和學術倫理。永遠擁有一顆赤子之心和家國情懷，對人民和大地真誠的熱愛，應該體現在一切科學研究之中。特別是中國學者，關心中國人民，讓中國人民幸福，能夠解決中國問題，這本身就是對人類莫大的貢獻。因此，任何學科的學者都應該愛國愛民。正如著名詩人艾青在《我愛這土地》中的詩句："為什麼我的眼裡常含淚水？因為我對這土地愛得深沉。"清華校園中矗立着聞一多先生的塑像，下面鐫刻着他的一句名言：詩人主要的天賦是愛，愛他的祖國，愛他的人民。我以前在清華大學的同事、來自香港的何美歡教授畢生奉獻給中國市場經濟法治建設和卓越法律人才的培養，她的座右銘就是 "一切學術為中國"。

自然，這也是我 20 多年來研究 "一國兩制" 與基本法的根本出發點和立足點：追求科學，追求真理；熱愛香港，熱愛祖國，熱愛"一國兩制" 事業；為了香港，為了祖國，為了人類和平進步。

後記

　　三聯書店（香港）2014 年重新編輯出版了我多年前的《中央與特別行政區關係：一種法治結構的解析》一書。之後三聯書店的侯明女士就約我再寫一本關於基本法的著作。我也想趕在 2017 年香港回歸祖國 20 週年之際，出版一本關於"一國兩制"和基本法的專著，系統總結 20 年的實踐經驗，研究"一國兩制"事業發展的規律，探尋中國作為一個崛起大國的治港治澳之道和特區高度自治的"藝術"。但是一直苦於沒有大段時間可以靜下心來研究、寫作。我想，不如把 20 多年來自己寫的幾十篇相關文章，加工編輯，彙編成書，這樣可以忠實記載 20 多年來香港發生的重大政治法律事件以及自己當時的解讀，讓讀者對今日香港是如何形成的有一個完整的歷史認識；同時把自己這一兩年在各種場合發表的最新觀察的文章收入，分析今日香港面對的現實問題和挑戰，展望未來發展前景，這比寫一本學術專著更有歷史動感和現實意義。

　　沒有想到，即便這麼一項工作也不輕鬆。梳理總結 20 多年對"一國兩制"和基本法的研究成果，從中找出學術脈絡和中心思想，比重新寫作更難。經過長時間的努力，現在終於完成了。這裡要說明的是，由於要忠實記載 20 年來的歷史原貌，除了個別文章的資料略有更新或者補充外，大部分文章是"原汁原味"的。讀者看到的數字或者情況是寫作當時的，例如回歸前幾年、十週年、15 週年時寫的文章提到的數字，這不是作者偷懶，而是為了便於與現在的情況比較。每篇文章都註明了寫作時間和原載刊物，演講稿也註明了時間和活動名稱。有些文章當時寫出來了，沒有發表，就只註明寫作時間。還有，對文章之間有重複的內容，我儘可能進行了處理，但是有些為了保持原文的完整性，沒有刪節，這裡一併做個解釋。

　　在這裡，我特別感謝三聯書店的朋友們。我在三聯出版的第一本書《中央與特別行政區關係：一種法治結構的解析》曾得到李安女士的大力支持；我還要特別感謝侯明女士和顧瑜女士，要不是她們持續不斷的催促提醒和理解支持，本書不可能在這個時間節點出版發行。

　　此時此刻，2017 年 6 月 28 日深夜十一點半，在維多利亞港岸邊的辦公室裡，我下意識地瀏覽手機，發現有朋友發來微信文章，標題是“鴉片戰爭爆發 177 年後的今天，我國新型萬噸級驅逐艦下水”，這引起我的注意：在今天這個特殊的日子，我國完全自主研製建造的首艘萬噸級大型驅逐艦下水，這將是目前亞洲乃至世界體型和威力最大的水面戰艦，其意義甚至超過我國自主建造的第一艘航母。文章提到，就在 177 年前的今天，1840 年 6 月 28 日，英國發動了臭名昭著的鴉片戰爭（我一直稱其為“毒品戰爭”），擁有近百萬軍隊、當時 GDP 總量世界第一的大清竟抵擋不住區區一萬多英國遠征軍的進攻，大刀長矛抵不過堅船利炮，兩年後這場戰爭以中國的完敗而結束。1842 年 8 月 29 日，175 年前，在南京簽署了中國近代第一個不平等條約，祖國母親痛失香港島，一切關於香港的故事就此開始。中國首艘萬噸級大型驅逐艦下水的消息讓中國網民立即沸騰起來，有人馬上建議，為了牢記當年的國恥，為了慶祝香港回歸祖國 20 週年，今天下水的中華民族首艘萬噸級大型驅逐艦應該命名為“香港號”！經過改革開放多年的奮鬥，今天我們終於有了屬於自己的、21 世紀的堅船利炮，中華民族屈辱的歷史將永遠成為歷史，今日不同尋常，值得載入史冊！

王振民
2017 年 6 月 28 日深夜於香江之畔

憲法與基本法研究叢書

主編　　　　　王振民

責任編輯　　　程豐餘　陳多寶
書籍設計　　　孫素玲

書名　　　　　"一國兩制"與基本法：歷史、現實與未來
著者　　　　　王振民
出版　　　　　三聯書店（香港）有限公司
　　　　　　　香港北角英皇道 499 號北角工業大廈 20 樓
　　　　　　　Joint Publishing (H.K.) Co., Ltd.
　　　　　　　20/F., North Point Industrial Building,
　　　　　　　499 King's Road, North Point, Hong Kong
發行　　　　　香港聯合書刊物流有限公司
　　　　　　　香港新界大埔汀麗路 36 號 3 字樓
印刷　　　　　美雅印刷製本有限公司
　　　　　　　香港九龍觀塘榮業街 6 號 4 樓 A 室
版次　　　　　2017 年 7 月香港第一版第一次印刷
規格　　　　　16 開（170mm×245mm）344 面
國際書號　　　ISBN 978-962-04-4207-0